高等职业教育国家规划教材

信息技术基础（1）

XINXI JISHU JICHU

（第二版）

主　编　姬小龙　王海燕
副主编　靳晓磊　刘文化

河南大学出版社
·郑州·

图书在版编目(CIP)数据

信息技术基础.1/姬小龙,王海燕主编.—2版.—郑州:河南大学出版社,2018.4(2020.9重印)

ISBN 978-7-5649-3043-1

Ⅰ.①信… Ⅱ.①姬… ②王… Ⅲ.①电子计算机—高等职业教育—教材 Ⅳ.①TP3

中国版本图书馆 CIP 数据核字(2018)第 067802 号

责任编辑　薛建立
责任校对　柴桂玲
封面设计　陈盛杰

出版发行	河南大学出版社		
	地址:郑州市郑东新区商务外环中华大厦2401号	邮编:450046	
	电话:0371-86059750(高等教育与职业教育出版分社)		
	0371-86059701(营销部)	网址:hupress.henu.edu.cn	
排　版	郑州市今日文教印制有限公司		
印　刷	河南育翼鑫印务有限公司		
版　次	2014年5月第1版 2018年8月第2版	印　次	2020年9月第6次印刷
开　本	787mm×1092mm　1/16	印　张	15.5
字　数	262千字	定　价	34.00元

(本书如有印装质量问题,请与河南大学出版社营销部联系调换。)

前　言

随着社会信息化的发展,信息技术教育已经超越了单纯计算机技术训练的阶段,成为与社会需求相适应的信息素养培养的教育。信息技术课程的设置适应了信息技术的迅猛发展,满足了信息时代对人才培养提出的新要求,是五年制高职学生的一门必修基础课程。它以培养学生的信息素养和信息技术操作能力为主要目标,以操作性、实践性和探究性为特征,以提升学生的信息素养为宗旨,并为其后续的信息类课程学习奠定基础。

根据教育部制订的《信息技术课程标准》,结合五年制高职学生的现状,我们对课程的内容进行了整合,重点是信息处理技术,即信息的获取、加工、管理、表达和交流方面的技术。整个课程由"信息技术基础"、"计算机基础"、"输入法教程"、"Internet 应用"、"Windows7 系统简介"、"Word 基础应用"、"Excel 基础应用"、"PPT 基础应用"、"Access 数据库基础应用"九个模块组成。课程全为必修内容,每位同学应完成全部课程的学习。

作为一本讲解信息技术的基础性教材,我们在义务教育阶段的基础上,以进一步提升学生的信息素养为宗旨,让学生在信息的获取、加工、管理、表达与交流的过程中,掌握信息技能,感受信息文化,增强信息意识,内化信息伦理。因此,在编写过程中对课程内容的设计,我们始终坚持有利于学生个性发展的课程结构形式、切实针对学生身心发展特点的课程内容、信息技术应用能力与人文素养培养相融合的课程目标。

本教材分为两册,第(1)册内容包括信息与信息技术、信息获取、信息加工与表达、信息资源管理、信息技术与社会、计算机基础知识、中文输入法、Internet 应用等,共八章。结合目前五年制高职学生的实际情况,本册内容的建议授课时数约为 64 学时,供五年制高职一年级学生使用。

与其他同类教材相比较,本教材在以下几个方面有其显著特点:

(1) 通俗易懂,深入浅出,强调实用性。坚持培养学生信息素养和信息技术操作能力的课程目标,强调学生在信息技术学习过程中的自主选择和自我设计,提倡通过课程内容的合理延伸,充分挖掘学生潜力,实现学生个性化发展。

(2) 在坚持实用性的同时,注重课程内容的体系化设计。结合五年制高职学生的实际水平,循序渐进,从信息技术的基础性概念入手,进一步系统地讲解计算机知识,逐步加强学生的动手操作能力,能够熟练地运用网络解决实际问题。

(3) 因地制宜,特色发展。本教材充分考虑五年制高职学生起点水平及个性方面的差异,降低编写起点,编写过程中,结合初中信息技术教材、高中信息技术教材、高职计算机基础教材,一方面做到"无障碍"教学,另一方面能够全面系统化地渗透各阶段计算机基础知识,照顾到各层次学生的特点。

(4) 前5章概念性较强,内容较为抽象,在每一节开篇都引入案例,使学生能够切实感受到身边的信息与信息技术;第7章区别于一般的打字软件,对键盘操作进行了系统化讲解,结合实际,重点引入常用的几种输入法进行详细讲解。每章后都设有习题,方便教师与学生互动学习,达到本课程的教学目标。

本教材由姬小龙、王海燕主编。本册编写分工如下:姬小龙第1章,王海燕第2、3、5章,刘文化第4、8章,靳晓磊第6、7章;姬小龙承担策划、统稿等工作。

由于编者水平有限,加之时间短促,不足之处在所难免,真诚欢迎使用本教材的教师、学生、专家和其他学者批评指正,以便修订时进一步完善。

编 者

2018年2月

目 录

第1章 信息与信息技术 /1

§1.1 信息及其特征 /1
　1.1.1 信息 /3
　1.1.2 信息的特征 /4
§1.2 信息的编码 /6
　1.2.1 二进制代码的特征 /7
　1.2.2 二进制数与十进制数的转换 /8
　*1.2.3 字符编码 /10
　*1.2.4 多媒体信息编码 /10
§1.3 信息技术及其影响 /12
　1.3.1 信息技术及其发展 /14
　1.3.2 信息技术的应用与影响 /18
　1.3.3 迎接信息社会的挑战 /21
复习题 /22

第2章 信息获取 /24

§2.1 信息需求及其确定 /24
　2.1.1 确定信息需求 /26
　2.1.2 确定信息来源 /27
　2.1.3 采集信息 /29
　2.1.4 保存信息 /30
§2.2 获取网络信息的策略与技巧 /33
　2.2.1 网络信息检索的方法 /34

2.2.2 使用搜索引擎 /35
2.2.3 合法下载网络中的文件 /37
§2.3 信息的鉴别与评价 /39
2.3.1 从信息的来源进行判断 /42
2.3.2 从信息的价值取向进行判断 /43
2.3.3 从信息的时效性进行判断 /44
复习题 /45

第3章 信息的加工与表达 /48

§3.1 文本信息的加工与表达 /49
3.1.1 常见文本类型 /49
3.1.2 常见文本信息的加工与表达 /50
3.1.3 报刊类文本信息的加工与表达 /56
§3.2 表格信息的加工与表达 /61
3.2.1 明确任务需求 /62
3.2.2 建立表格 /63
3.2.3 利用数值计算分析数据 /64
3.2.4 利用图表呈现分析结果 /65
3.2.5 形成报告 /68
§3.3 多媒体信息的加工与表达 /69
3.3.1 制作多媒体作品的基本过程 /70
3.3.2 需求分析 /70
3.3.3 规划与设计 /71
3.3.4 素材的采集与加工 /74
3.3.5 信息的集成与交流 /78
复习题 /80

第4章 信息资源管理 /84

§4.1 认识信息资源管理 /84
4.1.1 走进信息资源管理 /85
4.1.2 信息资源管理的方式 /87
4.1.3 信息管理发展的四个阶段 /91

§4.2 使用数据库 /92
  4.2.1 使用数据库应用系统 /93
  4.2.2 使用数据库管理信息的优势 /96
复习题 /99

第5章 信息技术与社会 /101

§5.1 信息技术与社会生活 /102
  5.1.1 信息技术对个人的影响 /102
  5.1.2 信息技术对社会发展的影响 /104
  5.1.3 信息技术引发的矛盾与问题 /106

§5.2 信息技术与青少年 /109
  5.2.1 充分、合理利用信息技术 /109
  5.2.2 自觉遵守信息社会的法律规范和道德 /110
  5.2.3 加强自我保护意识，提高自我保护能力 /112
  5.2.4 培养良好的信息素养 /115

§5.3 信息安全及系统维护措施 /116
  5.3.1 信息系统安全及维护 /117
  5.3.2 计算机病毒及预防 /118
  5.3.3 计算机犯罪及预防 /121

复习题 /123

第6章 计算机基础知识 /126

§6.1 计算机概述 /126
  6.1.1 计算机的概念 /127
  6.1.2 计算机的发展 /127
  6.1.3 计算机的特点 /130
  6.1.4 计算机的分类 /131
  6.1.5 计算机的应用领域 /134

§6.2 计算机系统组成 /136
  6.2.1 计算机的基本结构 /136
  6.2.2 硬件系统 /137
  6.2.3 软件系统 /140

§6.3　微型计算机简介　/142
　　6.3.1　微型计算机的系统组成　/143
　　6.3.2　微型计算机的分类　/152
　　6.3.3　微型计算机的主要性能指标　/152
§6.4　计算机中信息的表示　/154
　　6.4.1　数据的表示　/154
　　6.4.2　字符的表示　/157
§6.5　电脑配置　/161
　　6.5.1　中央处理器 CPU(Central Processing Unit)　/161
　　6.5.2　内存　/162
　　6.5.3　显卡　/163
　　6.5.4　硬盘　/163
复习题　/165

第7章　中文输入法　/167

§7.1　认识键盘分区　/167
　　7.1.1　键盘简介　/167
　　7.1.2　主键盘区　/168
　　7.1.3　功能键区　/170
　　7.1.4　控制键区　/170
　　7.1.5　数字键区　/171
　　7.1.6　状态指示灯区　/171
§7.2　键盘操作规范　/172
　　7.2.1　主键盘区手指分工　/172
　　7.2.2　数字键区的手指分工　/172
　　7.2.3　击键方法　/173
　　7.2.4　打字姿势　/173
　　7.2.5　指法练习　/174
§7.3　输入法设置　/177
　　7.3.1　打开/关闭汉字输入法　/177
　　7.3.2　切换汉字输入法　/177
　　7.3.3　输入法状态说明　/178

7.3.4 添加输入法 /178
7.3.5 删除输入法 /179
§7.4 五笔字型输入法 /180
7.4.1 汉字的构成 /180
7.4.2 五笔字根 /181
7.4.3 汉字的拆分原则 /181
7.4.4 汉字的输入 /182
§7.5 紫光拼音输入法 /183
7.5.1 紫光拼音输入法介绍 /183
7.5.2 紫光拼音输入法操作 /184
7.5.3 使用软键盘 /185
7.5.4 特殊输入 /185
7.5.5 输入法的定制 /186
§7.6 搜狗拼音输入法 /188
7.6.1 搜狗拼音输入法介绍 /188
7.6.2 搜狗拼音输入法操作 /189
7.6.3 搜狗拼音输入法主要特色 /191
7.6.4 搜狗手机输入法 /192
§7.7 打字练习 /195
7.7.1 安装金山打字通 /195
7.7.2 金山打字通主界面 /196
7.7.3 打字练习 /196

复习题 /199

第8章 Internet 应用 /200

§8.1 计算机网络和 Internet 的基本知识 /200
8.1.1 计算机网络概述 /200
8.1.2 Internet 简介 /203
8.1.3 Internet 基本服务 /203
8.1.4 Internet 常用术语 /204
§8.2 用 Internet Explorer 浏览网页 /206
8.2.1 进入 Internet /206

8.2.2 浏览网上新闻 /207
8.2.3 设置 Internet Explorer 主页 /209
§8.3 资源搜索与下载 /210
8.3.1 使用搜索引擎查找信息 /210
8.3.2 网络资源下载 /214
§8.4 使用"收藏夹" /215
8.4.1 添加收藏网页 /215
8.4.2 整理"收藏夹" /217
8.4.3 访问收藏网页 /218
§8.5 浏览器设置与应用 /219
8.5.1 清除电脑的"记忆" /219
8.5.2 设置安全级别 /221
§8.6 Internet 应用 /223
8.6.1 网上购物 /223
8.6.2 网上求职 /225
8.6.3 网上娱乐 /226
8.6.4 收发电子邮件 /227
8.6.5 网络即时通信 /229
§8.7 实例演练 /233
复习题 /235

第1章 信息与信息技术

学习目标

◎ 掌握信息的概念及特征。
◎ 了解信息编码的各种形式,熟练进行二进制数与十进制数的转换。
◎ 掌握信息技术的概念、发展历史及发展趋势。
◎ 客观评价信息技术带来的影响,培养良好信息素养。

随着信息技术的发展,人类已经步入了信息社会,信息技术在人们各种活动中发挥着越来越重要的作用。可以说,谁能更充分地利用信息技术,更快捷并有效地利用信息资源,谁就可以在未来的发展中占据更大的优势。

§1.1 信息及其特征

新华网墨尔本1月25日体育专电 25日21点20分,墨尔本公园拉沃尔球场,掌声热烈,红旗飘展,笑容灿烂。第三次站在澳网决赛主场的中国球手李娜,没有再次摔倒,当之无愧地捧起了女单冠军杯(如图1-1所示)。

三次闯关终夺冠,李娜成为41年来首位超过30岁的澳网女单冠军,同时也是首位获得澳网单打冠军的亚洲球手。

今天,墨尔本公园的聚光灯属于李娜,她是最耀眼的明星;今天,世界网球的至高荣誉属于李娜,她是女网的皇后。

今年的澳网,李娜占尽天时地利人和。第一周炙热异常,李娜基本是第一场进行,避开了严酷天气;澳网一直是中国选手的福地,中国选手特有的冬训大多数会在澳网得到回报;李娜与教练的合作找到"化学反应",李娜的战术和体能都处于生涯巅峰;澳网今年前六场,她没有遇到排名前20位的种子,身体没有被过度消耗,决赛的对手也只是20号种子。所有一切都预示,李娜必将夺冠。(摘自新华网)

图 1-1　李娜在 2014 年澳大利亚网球公开赛女单决赛上

　　李娜四年收获两个大满贯,中国网球世界格局从一个顶点迈向另一个巅峰。法网夺冠,国内曾掀起过前所未有的网球热潮;澳网再封后,李娜的成就有望成为推动中国网球继续前进的热带风暴。李娜成功的背后具有一双隐形翅膀,将激励更多人在网球场上飞翔。即将32岁的李娜,在墨尔本公园捧杯的一刻,会让更多的中国家长相信自己的孩子可以打网球,能打好网球,也会有更多的人送孩子去学网球。李娜的成功之路也是中国网球一次成效显著的探路之旅。李娜网球生涯前半程是国家培养,北京奥运后转入"单飞",这种传统结合职业化的模式已被证明行得通。另外,现在中国家庭的富裕程度越来越高,部分家庭有了自费培养网球选手的条件,条件成熟的再转入职业化,这同样可以造就出未来的李娜。

　　本届澳网,中国参赛选手超过20人,参加正赛的有8人,这从侧面体现了前人带后人的良性发展。尽管"小花小草"这次整体出局很早,但我们至少第一次有两名男单进入正赛,孙子玥打进女子青少年组四强,更是让人眼前一亮。李娜之后,中国下一个大满贯得主的出现需要等待,但这种等待是力量的积蓄,是为了未来爆发出更汹涌的中国力量。有了前人的路,后人便可按图索骥;有了强者的标杆,更容易找到前进的方向。任何伟大球手都会有谢幕的一刻,李娜也不例外,但李娜留下的,将绝不仅仅是奖杯,相信"娜"面旗帜会得以传递,久久飘扬。

上面的内容来自于网络，现如今，科学技术日益发达，信息传播的速度越来越快，人们获得信息的途径越来越多，李娜获得澳网冠军就是一个典型例子。

今天，我们处在信息社会，人们可以通过种种方法获得各种各样的信息（Information）。然而，信息是什么？它有何特征？它对人类社会的各种活动有何影响？

1.1.1 信息

人类生活离不开信息。早在远古时代，我们的祖先就懂得了用"结绳记事"、"烽火告急"、"信鸽传书"等方法来存储、传递、利用、表达信息。"信息"一词古已有之，但关于它的定义至今仍未取得共识，从不同的角度有不同的描述。

信息论的奠基人之一香农（Shannon）认为，信息是"用来消除不确定性的东西"，也就是说，人们通过信息，来加深对事物本质属性的了解和认识。例如，申办奥运会时，中国人多年的梦想能否成功，在国际奥委会主席萨马兰奇先生正式宣布之前，人们的心都是悬着的。当结果宣布后，不确定性消除了，这个信息便成为令海内外华人振奋的消息，迅速传播。

控制论的奠基人维纳（N·Wiener）则提出"信息就是信息，不是物质，也不是能量"，信息和物质、能量一样也是客观事物存在的基本形态之一。

我国信息论学者钟义信教授认为信息是"事物运动的状态和方式，也就是事物内部结构和外部联系的状态和方式"。

信息已经成为当今社会一个最基本、最重要的概念。尽管人们时时处处接触信息、用到信息，但究竟什么是信息，却很难有一个十分确切简明的说法。人们从不同的角度给信息提出了各种定义和说法，但至今还没有一个公认的定义。

信息是指数据、信号、消息中所包含的意义。电视上有重大新闻的消息，报纸上有足球比赛结果的消息，这些消息都是信息。

信息是事物的运动状态和关于事物运动状态的描述。世界上的万事万物都在不停地运动、变化，万事万物里都有信息。信息既是世界上各种事物的特征和事物运动变化的反应，又是事物之间相互作用和联系的表示。

用符号传送的报道，其内容是接受者预先不知道的东西，都被认为是信息。即信息是指对消息接受者来说是预先不知道的东西,具有"不确定性"。当获得信息之后,这种"不确定性"就可以减少或消除。信息量的大小可用消除"不确定性"的多少来表示。如广播天气预报时,收听者预先不知道明天是阴天、雨天还是晴天,本次天气预报对急需了解明天天气状况的收听者来说就是很要紧的信息。天气预报越详细、越出乎收听者的意料,则信息量越大。假如广播时有外界干扰,收听受到影响,则广播的信息也受到损失。

人类自古以来就不断地通过感官摄取信息,通过头脑处理信息,通过科学研究和创造性思维产生新的信息,通过语言、文字、图画等交流信息,并根据所积累的信息去进一步地认识世界和改造世界。因此,信息既是主观与客观相互联系的媒介,又是物质世界与精神世界相互作用、相互联系的桥梁。信息是我们人类的宝贵财富。

1.1.2 信息的特征

从不同角度对信息的描述来看,可以发现信息具有以下特征。

(1) 普遍性

只要有物质存在,有事物运动,就会有它们的运动状态和运动方式,就会有信息存在。信息的存在可以被人们感知、获取、传递和利用。人类对信息的认识和利用自古就有,"结绳记事"就是在文字发明之前,人们常用的一种记事方法;近代电报电话的发明也是为了传递信息;现代社会网络技术的发展更为信息的传递带来了便利。由此可见,信息普遍存在于自然界和人类社会的始终。

(2) 依附性

信息的表示、传播、储存必须依附于某种载体,载体就是承载信息的事物。语言、文字、声音、图像以及纸张、胶片、磁带、磁盘、光盘、U盘等,甚至人的大脑,都是信息的载体。一方面,所有的信息都必须依附于某种载体,但载体本身并不是信息。例如,从电台听到的气象预报,信息是通过语言、声音和电磁波等信息载体传递的;从报纸上读到的新闻,信息是通过文字和纸张等信息载体来传递的;从手机上读到的短信、微信消息,信息是通过文字、图片、音频、视频的形式,依靠手机和电脑等信息载体来传递的。不存在没有载体的信息。

另一方面,相同的信息可以依附于不同的载体。信息生成后,可以用各种载体来表示、储存和传播。这就是为什么我们通过书籍、录音、影像可以看见或听到以前发生的事,而不需要把以前的真实事物原封不动搬来的原因。正是信息的此项特征,可以使我们了解过去,甚至是自己出生之前发生的事情,也可以让我们了解距离遥远、甚至无法到达的地方的事情。

（3）价值性

信息与物质和能量一样是人类社会的三大资源之一,因此信息是有价值的。信息是可以加工处理的,经过加工、处理,特别是经过人的分析、综合和提炼,使信息具有更高的实用价值。例如,国家统计部门每年都要统计反映国家经济特征的一些数据。这就需要在统计过程中对大量的信息进行处理,得到的结果就可以概括地表示当年国家的经济运行状况,也可以利用这些统计分析结果对下一年进行预测,制订计划,做出决策。另外,人们还可以利用各种信息技术,把信息从一种形态转换为另一种形态。例如,打电话时,要把发话人讲话的声音转换成电信号,通过电话线路传送,在收话端再把电信号转化成声音的形态。信息的价值取决于信息接收者的信息需求以及对信息的理解。

（4）共享性

信息是可以传递和共享的,信息可以被重复使用,而不会像物质和能源那样产生损耗。比如,电视台每晚播放的新闻,有很多人同时在观看,而新闻节目主持人却不会因为播放这些信息而失去它们。信息的共享性特点与物质和能源相比,有很大的不同,物质和能源一旦被人占有,其他人就得不到了。例如,某位同学把一支钢笔送给了好友,他自己就失去了那支钢笔。而信息在共享的过程当中,本身不会有损失。正如萧伯纳所说:"你有一个苹果,我有一个苹果,彼此交换一下,我们仍然只有一个苹果;但你有一个思想,我有一个思想,彼此交换,我们就都有了两个思想,甚至更多。"

（5）时效性

信息具有时效性,人们总要及时掌握最新的、有用的信息。比如,上个月某天的气象资料对于安排明天的出行通常是没有用的。又如,对股票投资者来说,及时掌握股票市场的即时行情信息是至关重要的。为此,需要有能力识别信息,能够判定哪些是最新的信息,哪些是过期的信息。现代社会中,信息的使用周期越来越短,信息的价值实现取决于对其及时的把握和运用。

§1.2 信息的编码

小红自从家里买了电脑以后,就对电脑产生了浓厚的兴趣。他觉得电脑太牛了:可以聊天、看视频、玩游戏……尤其是认识了百度,小红不论遇到什么困难,百度一下,什么都有了!她对在网络公司上班的爸爸说:"爸爸,电脑好神通广大,什么语言都能识别,什么问题都能解决,它是通过什么途径获取复杂的信息呢?"

爸爸语重心长地说:"与人脑用语言来进行思维一样,电脑也必须有自己的语言才能进行运转。所谓程序设计,正是依靠这种专用语言来实现的。电脑是使用二进制来进行计算的,而不是用人们所熟悉的十进制。"

小红接着问:"那爸爸,究竟什么是二进制呢?我从小到大,只学过十进制啊……"

电脑的二进制计数法最早由德国数学家莱布尼兹所创。莱布尼兹受中国八卦图的启发,认为八卦图就是二进制计数的。二进制计数就是逢二进一的计数方法。形象地说,二进制就是两瓶酒装一盒,两盒装一箱,两箱装一柜,依此推进记录数值。如果是一柜一箱一盒零一瓶酒,用二进制就表示为1111,而十进制的表示则是15。电脑毕竟是一种机器,由于它独特的内部构造,只有采用二进制,计算和存储才很方便。

信息本身是看不见摸不着的,但它可以用一定的方式表现出来。通常人们把用来表示信息的符号组合叫作信息的代码。例如,由18位数字组成的我国公民身份证号码,前6位代码用来描述居民户籍所在的省、市、地区信息,接下来8位是该公民的出生年、月、日的信息,最后4位是序列号及检验码。又如,我国的电话号码是由两组数字连接而成的,前一组数字表示地区代码,如上海市021、北京市010、郑州市0371等,接下来的一串数字则是本地固定电话的号码。

在信息科技中,特别是在计算机领域,"代码"两个字具有特殊性,是指由

"0"、"1"两个符号组成的数字代码。因为数字计算机只能识别和处理由"0"、"1"符号串组成的代码,所以,其他信息代码都要转换成这种由"0"、"1"符号串构成的代码,才能被计算机识别和处理。

客观世界的大量事物、概念的存在状态与变化方式都可用"0"、"1"两种符号的组合来表示。17 世纪,德国数学家莱布尼兹提出了二进制数系统。19 世纪爱尔兰逻辑学家乔治·布尔创立了逻辑代数,实现了用数字方法来研究逻辑命题,把对逻辑命题的思考过程转化为对符号"0"、"1"的某种代数演算,20 世纪 40 年代以后,在自动控制和电子技术中大量应用开关线路,迫切需要用数学工具来处理开关线路中日益复杂的逻辑问题,进一步推动了布尔代数的发展,使其内容日益丰富。电子计算机本身是由众多的高速电子开关组合而成的。著名科学家冯·诺依曼关于电子数字计算机系统结构的经典型建议中,有一条是关于计算机内码的信息,包括数据程序都应采用二进制代码表示,这已成为业界共同遵守的标准。电子计算机将所有输入的数据、程序等都转化为机器能识别和能处理的二进制数字代码。由于二进制代码中用到的只有"0"、"1"两个符号,从而可以方便地用电脉冲、点位、电路的状态、磁化的极性方向来表示。

在使用计算机进行信息处理时,首先要对信息进行编码,把问题转化成二进制代码的计算问题。要使计算机能够处理文字、声音、图像和视频等信息,采用正确的编码方法是首先要解决的问题之一。

1.2.1 二进制代码的特征

计算机采用二进制代码可以方便地存储、处理和传送信息。二进制技术系统的特点是:

(1) 有两个基本数码:0,1。

(2) 采用逢二进一的进位规则。

(3) 每个数码在不同的数位上,对应不同的权值。

例如,$(1101.01)_2 = 1 \times 2^3 + 1 \times 2^2 + 0 \times 2^1 + 1 \times 2^0 + 0 \times 2^{-1} + 1 \times 2^{-2}$。

为了区别各种进位制的数码,通常用一个下标来表示该数的进位制(十进制数可以省略),也可以在该数的最后以字母来标识,如表 1-1 所示。

表 1-1　进位制标识

进位制	二进制	十进制	八进制	十六进制
标识	B	D	O	H

电子计算机中的数是用二进制表示的,在计算机中也采用二进制代码表示字母、数字字符、各种各样的符号、汉字等。在处理信息的过程中,可将若干位的二进制代码组合起来表示各种各样的信息。但由于二进制数不直观,人们在计算机上实际操作时,输入、输出的数据使用十进制,而具体转换成二进制编码的工作则由计算机软件系统自动完成。其如表 1-2 所示。

表 1-2　二进制数和十进制数换算对照

十进制	二进制	十进制	二进制
0	0000	8	1000
1	0001	9	1001
2	0010	10	1010
3	0011	11	1011
4	0100	12	1100
5	0101	13	1101
6	0110	14	1110
7	0111	15	1111

采用二进制数的算术运算也比较简单,制造成本更经济。二进制的加法运算和乘法运算公式都各有四条规则:

加法有:$0+0=0,0+1=1,1+0=1,1+1=10$。

乘法有:$0\times0=0,0\times1=0,1\times0=0,1\times1=1$。

1.2.2　二进制数与十进制数的转换

(1) 二进制数转换成十进制数

由二进制数转换成十进制数的基本做法是,把二进制数首先写成加权系数展开式,然后按十进制加法规则求和。这种做法称为"按权相加"法。

例如,$(1101.01)_2 = 1\times2^3 + 1\times2^2 + 0\times2^1 + 1\times2^0 + 0\times2^{-1} + 1\times2^{-2}$。

2. 十进制数转换为二进制数

十进制数转换为二进制数时,由于整数和小数的转换方法不同,所以先将十进制数的整数部分和小数部分分别转换后,再加以合并。

① **十进制整数转换为二进制整数**

十进制整数转换为二进制整数采用"除 2 取余,逆序排列"法。具体做法是:用 2 去除十进制整数,可以得到一个商和余数;再用 2 去除商,又会得到一个商和余数,如此进行,直到商为零时为止;然后把先得到的余数作为二进制数的低位有效位,后得到的余数作为二进制数的高位有效位,依次排列起来。如图 1-2 所示。

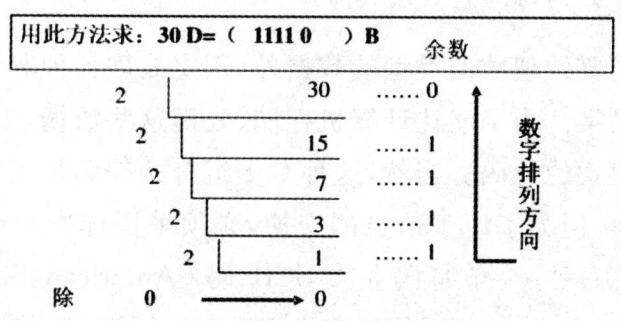

图 1-2 十进制整数转换为二进制数示例

② **十进制小数转换为二进制小数**

十进制小数转换成二进制小数采用"乘 2 取整,顺序排列"法。具体做法是:用 2 乘十进制小数,可以得到积,将积的整数部分取出,再用 2 乘余下的小数部分,又得到一个积,再将积的整数部分取出,如此进行,直到积中的小数部分为零,或者达到所要求的精度为止。

然后把取出的整数部分按顺序排列起来,先取的整数作为二进制小数的高位有效位,后取的整数作为低位有效位,如图 1-3 所示。

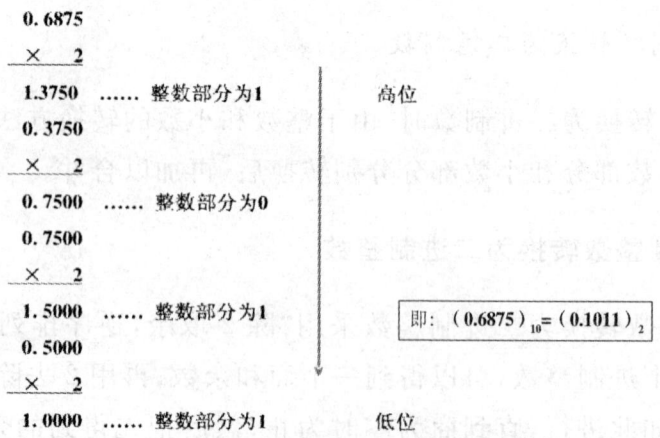

图 1-3　十进制小数转换为二进制数示例

*1.2.3　字符编码

计算机除了要处理数值类型的数据外,还要处理各种非数值类型的数据,如英文字母和汉字。为了能让计算机存储、处理这些数据,需要为每个字符规定一个二进制形式的代码。当然,这种 0、1 组合的编码是人为的,可以有各种各样的编码方案,但为了便于信息的交换,必须采用标准化编码。目前,国际上普遍采用的一种字符编码是 ASCII 码（American Standard Code for Information Interchange,美国信息交换标准码）。该编码使用 7 位二进制数,由 128 个代码组成（码制范围为 0~127）。ASCII 码包含两个部分:94 个图形字符码和 34 个控制字符码。图形字符包括 52 个大小写英文字母、10 个数字符号、32 个标点及其他常用符号,它们的十进制代码值的范围从 33 到 126。控制字符有 34 个,包括 10 个传输控制符、6 个版面调整符、4 个设备控制符、4 个信息分隔符和 10 个特殊控制符,它们的十进制代码值为 0~32 和 127。（详见 6.4.2）

*1.2.4　多媒体信息编码

在汽车刹车过程中,汽车不会立刻停止,只能逐渐地慢下来,直到停止。根据钟摆平滑的摆动,我们可以预测它的轨迹。打开水龙头,水流量也是逐步地增加。汽车的速度、钟摆的位置和水流量都是连续、平滑变化的量,通常称为模拟量。计算机如果要存储、处理它们,首先要将它们数字化,即将它们变成一系列二进制数据。

传感器的作用是进行能量方式的转换,例如,它可以把各种物理量的变化转换成电流或电压的变化形式。常见的传感器有话筒、温度传感器、光敏传感器、红外传感器、距离传感器等,如图1-4所示。通过对它们获得的电流或电压波形进行取样和量化,变为数字形式的数据,计算机就可以存储和处理这些信息了。

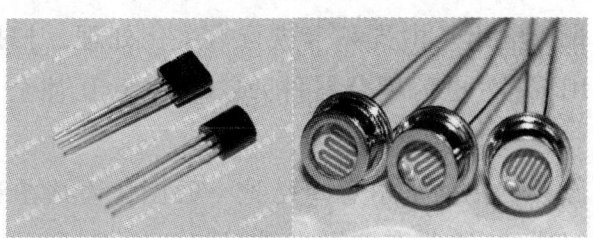

图1-4 传感器示例

(1) 声音数字化

声音是人们用来表达和传递信息最方便、最常用的一种载体。从物理学上看,声音是一种波,声波通过空气的振动传递到人的耳膜,引起耳膜震动,由听觉神经传到大脑产生听觉效果。话筒以及相关电压放大电路把声波转换成电压的波形,这仍然是一种连续、平滑变化的模拟信号。

模拟信号怎样才能转换成数字信号呢?基本的方法是"采样"和"量化",通过"采样"和"量化"可以实现模拟量的数字化,这个过程称为"模数转换"(A/D转换),承担转换任务的电路或芯片称为"模数转换器"(Analog-to-Digital Converter,简称ADC)。

采样就是按一定的频率,即每隔一小段时间,测得模拟信号的模拟量值。例如,CD采用的采样频率为44.1 kH$_z$,即每秒钟要采样44 100次。

采样时,测得的模拟电压值要进行分级量化。方法是按整个电压变化的最大幅度划分成几个区段,把落在某个区段的样本值归为一类,并给出相应的量化值。

通过采样和量化,一个连续的波形变成了一系列二进制数字表示的数据。数字化声音的质量取决于采样频率和量化分级的细密程度。采样频率越高,量化的分辨率越高,所得数字化声音的保真度也越好,但它的数据量也就会越大。

在播放声音时,计算机还要进行"数模转换(D/A转换)",即将数字化的声音数据转换成模拟声音信号,通过喇叭来播放。

（2）图像和视频数字化

扫描仪、数码相机和连接在计算机上的摄像头等都可以把图像和视频数字化，在操作系统和有关应用软件的作用下，图像和视频被转换成数据文件存入内存或磁盘。在一些视频处理卡的输入端口可以输入模拟视频信号（如录像机的视频输出），由视频卡进行数字化处理。扫描仪和数码相机等图像设备大多采用CCD（电荷耦合器件）或CMOS（互补金属氧化物半导体）图像检光部件。

图像数字化的基本思想是把一幅图像看成由许许多多彩色或各种级别灰度的点组成的，这些点按纵横排列起来构成一幅画，这些点称为像素。每个像素有深浅不同的颜色，像素越多，排列越紧密，图像就越清晰。每个像素的颜色都被数字化成一定的数值。

用扫描仪扫描文字稿，一般只需要区分黑、白两种颜色。这时，一个像素使用一个二进制数就能表示了。黑白照片一类的单色的灰度图像，每个像素可以用一个字节来表示，一个字节可以表示256种不同的灰度。彩色图像中的每个像素可以使用3个字节来表示，每个字节分别表示此像素中的红、绿、蓝成分，每个字节用来存储该成分在256个等级中的某一量值。

视频是由连续的图像帧组成的。我国使用PAL制式，每秒显示25帧。也有使用NTSC制式和SECAM制式的国家。

一幅画、一首歌或一段视频，经过数字化后产生的数据量很大，为了提高存储、处理和传输这些数据的效率，很多种关于图像、声音、视频的压缩标准被制订出来。JPG是静态图像常用的压缩格式，MP3是音乐信息常用的压缩格式，VCD和DVD格式的影视内容分别使用MPEG-1和MPEG-2压缩标准来压缩、存储数据。

§1.3 信息技术及其影响

1＋2＝3，这是一个简单的数学表达式，但在探月工程里面它却有不同寻常的含义。它首先代表着：继前两次成功之后，中国探月工程又取得了一项重大成就,那就是嫦娥三号昨晚落月成功。同时这也标志着继美苏两国之后又有一个新成员成功实现了月球软着陆,拥有这一能力的国家达到了三个。

2013年12月14日21点00分,嫦娥三号距离月球15公里,急速下降,瞬息万变。

从距离月球3公里开始,嫦娥三号开始用几十秒的时间调整姿态,如果调整不到位就可能重重地撞在月球上。

距离月球100米,惊心动魄,机不可失。

21点11分,发动机关机,嫦娥三号依靠自身重力下落。着陆腿稳稳地"站"上月面,嫦娥三号成功着陆。中国首次落月之旅在嫦娥与月球的轻柔相拥之中完美实现。

尽管玉兔迟迟没有从探测器中探出头来,但就在着陆4分钟后,嫦娥三号就展开太阳能电池帆板开始了下一步的工作——准备补充能量,联系地球。

原来在漫漫的奔月路上,为了避免意外分离,嫦娥三号的着陆器一直把巡视器,也就是玉兔号背在背上。就像被绑绳绑在背上的婴儿一样,玉兔号被牢牢地固定在着陆器的顶部。落月后要经过地面指挥部门的确认,着陆器和巡视器各项指标正常后下达解锁指令。但是,解锁后玉兔号还不能立即开拔,毕竟经过了38万公里的飞行,在走下着陆器之前玉兔号还得先补充能量,这大概需要8个小时左右。

12月15日4时35分,"玉兔号"踏上月球,在月面印出一道深深的痕迹。着陆器监视相机完整地记录下这一过程,并及时将成像数据传回地面。

外行人看热闹,内行人看门道,或许这些照片对于外行人来说只能惊叹,但对于我国的航天事业却意义重大。这是人类探测器时隔37年后再次登陆月球,是中国航天器第一次在地外天体成功软着陆,中国成为继美国、苏联之后第三个实现月面软着陆的国家。同时,中国也因此成为世界航天史上唯一在月球上一次性成功着陆的国家。苏联直到第12次尝试才首获成功,美国也在品尝了3次失败苦果后平安着陆。与此同时,这也是世界上第一次同时携带着陆器和月球车一起奔月工作,月球,我们来了。

图 1-5 嫦娥三号奔月

嫦娥三号奔月(如图 1-5 所示)是中国探月工程"绕、落、回"的第二步,它承前启后,意义重大。按计划 2020 年前后我们还将发射"月球采样返回器",她不仅能够"举头奔明月",而且还能"低头归故乡"。所以,永驻月球的嫦娥三号不仅功不可没,而且也不会寂寞,她一定可以不断见证中国航天的更多成就。这些成就的获得离不开信息技术的发展。由此可见,信息技术的迅猛发展已经对社会的方方面面产生了重大的影响。

1.3.1 信息技术及其发展

(1) 什么是信息技术

对于信息技术(Information Technology,简称 IT),人们从不同的角度会有不同的描述。

信息技术是指有关信息的收集、识别、提取、变换、存储、处理、检索、检测、分析和利用等的技术(中国公众科技网 $http://cost.net.cn$)。

信息技术是指利用电子计算机和现代通信手段获取、传递、存储、处理、显示信息和分配信息的技术(《新华词典》,商务印书馆,2001 年修订版)。

我国有些专家学者认为,信息技术是指研究信息如何产生、获取、传输、变换、识别和应用的科学技术。

信息技术是指在信息的获取、整理、加工、存储、传递和利用过程中所采用的技术和方法。信息伴随着人类社会的出现而存在,整个人类社会的进化史,同时也是一部人类信息活动的演化史,人类自古以来都在不断探索各种方法,制造各种工具来提高自身的信息活动能力。因此,从广义来看,凡是能扩展人的信息功能的技术,都可以称作信息技术。

目前,信息技术主要包括计算机技术、通信技术、传感技术、微电子技术等。形象地说,计算机技术延伸了人的思维器官进行信息处理和决策的功能;通信技术延伸了人的神经系统传递信息的功能;传感技术延伸了人的感觉器官收集信息的功能;微电子技术帮助人们实现各种元器件的构建和集成,不断满足人们对信息产品高性能、小体积、低价格的需求。当然,这种划分只是大致的,没有严格的标准。

① 微电子技术

微电子技术使得越来越复杂的电子系统可以集成在一小块硅片上,使电子设备和电子系统的微型化、低能耗成为可能,这是信息技术之所以应用到社会、经济各个方面,并产生巨大影响的首要因素。集成电路的快速发展被总结为著名的穆尔定律,即平均每18个月集成电路芯片上集成的电子器件数翻一番,而价格却保持不变甚至下降,它创造了以集成电路为基础的信息技术产业以同样的规律飞速发展,而价格不断下降的奇迹。

② 计算机技术

计算机的诞生开始了人类利用机器实现自动计算和信息处理的计算机时代。随着硬件技术和软件技术的快速发展,计算机的运算速度、存储容量和处理能力不断提高。今天,计算机已经从单一的计算功能发展成能处理符号、声音、图形、图像、视频等多种信息,计算机的一些主要速度推进,使得计算机应用领域覆盖了社会各个方面。按系统的规模和功能分,计算机可分为巨型机、大型机、中型机、小型机和微型机等成员,而微型机有台式计算机、笔记本型计算机、掌上型计算机等多种,如图1-6所示。

图1-6 计算机分类示例

③ 通信技术

通信技术使信息以物理信号的形式实现快速、可靠、安全的传递。电报、电话、广播、电视等应用显示了通信技术早期的发展成果,它使人们能够进行点对点、点对面的简单通信。随着数字通信、卫星通信、微波通信、光纤通信等通信技术的发展,信息传递的速度更快、范围更广、质量更好、能力更强。计算机网络的产生和发展标志着计算机技术和通信技术走向融合,创造了远远大于这两个区域简单叠加的应用空间。从电子邮件到电视会议,从网上浏览到网上购物、网上银行等丰富多彩的服务,无不是计算机与通信技术融合的成果。

④ 传感技术

传感技术几乎可以扩展人类所有感觉器官收集信息的功能。传感技术发展了一大批敏感元件:普通的照相机能够收集可见光波的信息,微音器能够收集声波的信息;红外、紫外等光波波段的敏感元件能收集人眼所见不到的信息。如今,传感技术已经发展到高度敏感元件时代,各种嗅敏、味敏、光敏、热敏、磁敏、湿敏以及一些综合敏感元件使人类收集信息的能力越来越强。传感技术已被广泛应用于生产、生活、国防、科研、航天、航空等众多领域。

(2) 信息技术的发展

随着信息技术的不断发展进步,信息技术产业越来越受到世界的关注。然而,信息技术的过去、现在以及未来是怎样的呢?

① 信息技术的发展历程

从古到今,信息技术共经历了五次重大变革,每一次变革都对人类社会的发展产生了巨大的作用。

第一次信息技术革命是语言的产生。

人类最初通过肢体动作和嗓音来表达和传递信息,在生产劳动中逐渐产生了语言。语言的产生是一次根本性的革命,人类能够把大脑中存储和加工的信息通过语言进行交流和传递,人类的信息能力有了一次质的飞跃。

第二次信息技术革命是文字的发明和使用。

人类为了长期记录各种活动信息，创造出一些符号用于记录信息，慢慢地这些符号演变成了文字。文字使人类信息的存储和传递取得了重大突破，首次超越了时间和空间的局限，使人类可以跨越时间、跨越地域地传递和交流信息。

第三次信息技术革命是造纸术和印刷术的发明和应用。

造纸术和印刷术的发明结束了人们单纯依靠手抄、篆刻文献的时代，把信息的记录、存储、传递和使用发展到更广阔的空间。使人类信息传递的速度和范围急剧扩展，信息存储的能力进一步增强，并初步实现了广泛的信息共享，为人类近代文明奠定了基础。

第四次信息技术革命是电报、电话、广播、电视等电信技术的发明和普及应用。

1837年，莫尔发明了电报，解决了信息不能远距离实时传送的问题，开创了用电来传递信息的新篇章。1877年，贝尔发明了电话，利用电话人们可以短时间内交流大量的信息。随着科学技术的发展，出现了广播、电视等技术，出现了开放式的通信手段，使信息的传播途径、传播载体、传播方式都有了更高层面的发展，它结束了人们单纯依靠烽火和驿站传递信息的历史，进一步突破了时间和空间的限制，信息传递的手段和效率再次发生了质的飞跃。

第五次信息技术革命是电子计算机的普及使用与现代通信技术的结合。

电子计算机的应用是第五次信息技术革命的第一个重要标志。电子计算机和现代通信技术的有效结合使信息的存储、处理和传递能力得到惊人的提高。从此，快速发展的现代信息技术使人类的信息活动能力得到了空前的发展。以多媒体技术、网络技术、人工智能等为代表的新兴技术正掀起新一轮的信息革命浪潮。

② 信息技术的发展趋势

多元化。信息技术的不同层面不同领域的需求使得多学科的结合成为必须，即使诸多的有关学科紧密地结合在一起，并成为信息研究群体的重要组成部分，产生更多的交叉学科，使得信息技术成为一个多学科技术的组合。

网络化。各种通信设备构成的"天网"、"地网"将交织成立体化的信息传送网络，信息高速公路的完善将使信息的传递没有距离的障碍。人们生产生活中使用的各种工具也可以连接成网络，各项活动都可以在网络系统中完成。

多媒体化。多媒体技术的发展使得信息处理的媒体形式将更加多样化，文字、声音、图形、图像、动画、视频等多种媒体信息的综合应用将更加广泛，信息的传递更加人性化，人机的交流更加灵活方便。

智能化。信息技术与认知科学等学科融合产生的人工智能成为令人瞩目的发展方向，人们期待提高机器思维和脑力劳动自动化的水平，减轻人的劳动负担。各种应用系统将不断增加智能化功能，如智能教学系统可以在一定程度上代替教师进行教学。

虚拟化。由计算机仿真生成虚拟的现实世界可以给人一种身临其境的真实感觉。在虚拟现实中，人们仿佛进入了"真实"的世界之中，可以通过虚拟现实情境去感知客观世界，获取有关知识、技能。

1.3.2　信息技术的应用与影响

(1) 信息技术的应用

阅读参考以下案例，以"信息技术在某方面的应用"为主题，选择3～5个主题，列举你所了解的信息技术的应用实例，并探讨其作用。

例1：人们进行信息交流的手段越来越丰富，我们现在不但可以通过手机通话、发送短信，还可以使用因特网收发电子邮件、发表看法、进行在线讨论，甚至可以通过网络视频功能进行远程可视通话。

例2：企业领导通过建立办公自动化管理系统，了解每天的生产运转情况，以便调整工作计划，及时做出工作决策。

例3：建筑、服装、汽车等行业采用计算机辅助设计（Computer Aided Design，简称CAD）技术，可以更精确地把握未来的真实产品，提高了设计质量，缩短了设计周期。

例4：天文工作者将通过太空望远镜、人造卫星等收集的太空信息存入计算机系统，由计算机分析数据并描绘出星球模型，模拟其活动状态，使得千年难得一见的天文现象得以再现。

例5：专家网上会诊已经成为现实，来自不同地方的医学专家在网上共同研究一些疑难病例的医治方案，合作攻克医学难题。

参考选题：

信息技术在家庭生活方面的应用；

信息技术在日常学习方面的应用；
信息技术在通信服务方面的应用；
信息技术在金融和商业中的应用；
信息技术在医疗保健方面的应用；
信息技术在工业生产方面的应用；
信息技术在科学技术方面的应用。

信息技术在日常生活、办公、教育、科学研究、医疗保健、企业、军事等方面的广泛应用已经对各个领域的发展产生了巨大的推动作用，其影响是深远的，将从根本上改变人们的生活方式、行为方式和价值观念。

(2) 信息技术的影响

结合前面的任务，试从正反两面谈谈信息技术给人类社会带来哪些影响。

① **信息技术产生的积极影响**

a. **对社会发展的影响**

科学技术是第一生产力，如今信息技术已经走在了科学技术的前沿，人类社会正在从工业社会步入信息社会。

随着信息技术的广泛应用，它已经引起了社会各个方面、各个领域的深刻变革，加快了社会生产力的发展，促进了人们的生活质量的提高。

信息资源成为继物质、能源之后推动经济发展的新资源，知识创新形成的知识产品成为新的经济增长方式，信息产业将成为信息化社会的主要支柱产业之一。

信息技术的发展使得世界变成一个地球村，如今人们能够及时分享社会进步带来的成果，减少地域差别和由经济发展造成的差异，这样不仅促进了不同国家、不同民族之间的文化交流与学习，还使文化更加开放化和大众化。

b. **对科技进步的影响**

信息技术促进了新技术的变革，极大地推动了科学技术的进步。计算机技术的应用帮助人们攻克了一个又一个科学难题，使得原来用人工需要花几十年甚至几百年才能解决的复杂计算，用计算机可能几分钟就能完成；应用计算机仿真技术可以模拟现实中可能出现的各种情况，便于验证各种科学的假设。以微电子技术为核心的信息技术带动了空间开发、新能源开发、生物工程等一批尖端技术的发展。此外，随着信息技术在基础学科中的应用及与其他学科的融合，这些促进了新兴学科（如计算物理、计算化学等）和交叉学科（如人工智能、电子商务等）的生产和发展。

c．对人们生活与学习的影响

信息技术的广泛应用促进了人们的工作效率和生活质量的提高，人们的工作方式、生活方式和学习方式也正在发生转变。足不出户可知天下事，人不离家照样能办事。一部分人可以由原来的按时定点上班变成为可以在家上班，网上看病、网上授课、网上学习、网上会议、网上购物、网上洽谈生意、网上娱乐等成为人们一种新型的生活方式。网络技术、多媒体技术在教学上的应用使人们的学习内容更丰富，学习方式更灵活。

② 信息技术可能带来的一些消极影响

对信息技术可能带来的一些负面影响，我们必须要有足够清醒的认识，设法清除其不利影响。

a．信息泛滥

一方面是信息急剧增长，另一方面是人们消耗了大量的时间却找不到有用的信息，信息的增长速度超出了人们的承受能力，导致信息泛滥地出现。

b．信息污染

一些错误信息、虚假信息、污秽信息等混杂在各种信息资源中，让人们对错难分、真假难辨；人们如果不加分析，便容易上当受骗，受其毒害。

c．信息犯罪

随着信息技术应用的普及，人们对信息系统的依赖性越来越强，信息安全已成为日趋突出的问题。一些不法分子利用信息技术手段及信息系统本身的安全漏洞，进行犯罪活动，如信息窃取、信息诈骗、信息攻击和破坏等，造成了社会危害。

d．对人们身心健康可能带来的不良影响

人们如果不具备一定的信息识别能力，就容易受到一些不良信息的影响和毒害，它导致了一些行为偏差。如果过多依赖于计算机网络等现代媒体，人们阅读书本、亲身实践、人际交往等方面的能力容易被弱化。网络环境的虚拟世界里，网络中的匿名化活动给人们带来了新的伦理问题，容易使人产生双重人格，现实生活中是一种身份，在网络虚拟世界中又扮演另外一种身份。有少数同学长期沉溺于网络,以致诱发实际生活中的社交恐惧症。长期使用电脑,如果不注意自我调节,容易引发视力下降、颈椎疼痛等疾病。

1.3.3 迎接信息社会的挑战

信息社会的到来给我们带来了新的机遇和挑战,信息化生存成为新的生活方式,在这种生活下,一个人的信息观念、信息能力、信息行为将极大地影响他的生活质量,如果不具备一定的信息能力,就会成为"信息盲",就不能有效地进行信息交流,这样不但在学习、工作、生活上受到很大的影响,而且在日益激烈的社会竞争中必将处于不利的境地。

作为新世纪的青年学生,为迎接信息社会的到来,我们应该做好生活在信息社会里的思想准备、知识准备和能力准备,努力培养自身的信息素养,提高信息社会的生存能力。具体来说,应注意以下几点。

(1) 培养良好的信息意识

简而言之,信息意识是指信息的敏感程度。要学会甄别有用信息、无用信息和有害信息,在信息的海洋中及时地捕捉对自己有用的信息,同时提高对负面信息的鉴别能力和自我防护意识。

(2) 积极主动地学习和使用现代信息技术,提高信息处理能力

在信息社会中,我们除了学习语文、数学等基本文化知识,具有读、写、算等基本技能外,还必须学习信息技术及其相关文化,培养运用工具获取信息、处理信息、创新信息、表达信息、交流信息、协作学习以及信息免疫等方面的能力。

(3) 养成健康使用信息技术的习惯

长期使用信息技术,特别是在使用计算机的时候,要保持正确的操作,注意用眼卫生和劳逸结合,坚持锻炼身体,以免损害健康。

(4) 遵守信息法规,培养良好的信息情感和信息道德

作为信息社会的公民,我们应该努力培养高尚的信息道德,自觉遵守相关法律、法规,不制造、不散布无用、有害、虚假的信息,不剽窃他人作品,不使用盗版软件,自觉抵制损害信息安全的行为,为实现一个安全的信息社会而努力。

复习题

1. 下列叙述正确的是_____。
   A. 信息技术就是现代通信技术
   B. 信息技术是有关信息的获取、传递、存储、处理、交流和表达的技术
   C. 微电子技术与信息技术是互不关联的两个技术领域
   D. 信息技术是处理信息的技术

2. 下列属于信息载体的是_____。
   A. 新闻报道　　B. 天气预报　　C. 报纸杂志　　D. 市场行情

3. "爸爸去哪儿"系列剧在湖南卫视网站上供世界各地网友点播观看,这一事例说明信息具有_____。
   A. 依附性　　B. 共享性　　C. 时效性　　D. 必要性

4. 王明收到某大学录取通知书时,该大学已经开学一个月,王明因错过了报到期限而被取消入学资格。这件事情主要体现了信息的_____。
   A. 共享性　　B. 时效性　　C. 价值性　　D. 可处理性

5. 从古到今,人类共经历了五次信息技术的重大发展历程,我们现在正处于_____。
   A. 语言的产生和应用
   B. 电子计算机和现代通信技术的应用
   C. 电报、电话及其他通信技术的应用
   D. 文字的发明和使用

6. 现在我们常常听人家说到(或在报纸电视上也看到)IT行业各种各样的消息,那么这里所提到的"IT"指的是_____。
   A. 信息　　B. 信息技术　　C. 通信技术　　D. 感测技术

7. 信息技术的高速发展,也给社会带来了一些消极的影响,如_____。
   ①计算机病毒泛滥　　　　②信息真伪难辨
   ③网上不健康信息　　　　④信息共享
   A. ①③④　　B. ②③④　　C. ①②③　　D. ①②④

8. 《三国演义》中有关"蒋干盗书"的故事说:在赤壁之战时,蒋干从周瑜处偷走了人家事前伪造好的蔡瑁、张允的投降书,交给曹操,结果曹操将二人斩

首示众,致使曹操失去了仅有的水军将领,最后落得"火烧三军命丧尽"的下场。这说明信息具有_____。

   A. 共享性   B. 时效性

   C. 真伪性   D. 价值相对性

9. 李红的手机收到一条很有意思的短信,她马上复制文字,编辑转发到了朋友圈,希望大家看了会开心。这体现了信息的_____。

   A. 共享性   B. 时效性   C. 依附性   D. 普遍性

10. 下面应用了信息技术的事件是_____。

    ①三维动画游戏   ②网上购物   ③发送电子邮件   ④使用手机通话
    ⑤语音输入

    A. ①③④   B. ②③④⑤

    C. ①②③⑤   D. ①②③④⑤

11. 信息技术广泛地融入经济与社会生活的各个领域,促进了社会经济的全面进步与发展。下列说法不正确的是_____。

    A. 电子商务配合先进的物流系统,给我们带来网络购物的全新感受

    B. 网上会诊成为一种医疗方式

    C. 网络将给人们带来不良影响

    D. 远程教育成为终身教育的一种途径

12. 十进制通常用_____表示,二进制用_____表示,八进制用_____表示,十六进制用_____表示。

13. ASCII码包含两个部分:_____个图形字符码和_____个控制字符码。

14. 十进制数127对应的二进制数为_____;二进制数10110011对应的十进制数为_____。

15. 人类生活的三大要素是什么?

16. 结合生活中的例子,说出信息具有哪些特征。

17. 举例说明信息和信息的载体。

18. 计算机为什么要使用二进制作为专用语言?它有什么优缺点?

19. 列举信息技术的发展历程及发展趋势。

20. 请结合自身情况谈谈如何迎接信息社会的挑战。

第 2 章 信息获取

学习目标

◎ 学会根据任务和问题确定信息需求。
◎ 了解信息的不同来源，根据信息需求确定信息来源。
◎ 掌握信息价值判断的基本方法，学会鉴别与评价。
◎ 掌握因特网信息检索的方法。

当今社会每个人都被各种各样的信息包围着，各项活动也会产生大量的信息。人们通过各种途径获取需要的信息，并对信息进行有效的处理与评价，以解决各种问题。从我们所处的信息时代中获取有用的信息，已经成为人们学习和工作必须拥有的技能之一。而要在信息的"海洋"里准确、高效地获取我们需要的信息，并非易事！

信息的来源是多种多样的，获取信息的方法也是多种多样的，我们要学会根据问题确定信息需求和信息来源，选择恰当的方法获取信息；掌握获取网络信息的主要策略与技巧，并能合法地获取网上信息；掌握信息价值判断的基本方法，提高鉴别与评价信息的能力，自觉识别和抵制不良信息；学会利用现代信息交流渠道广泛地开展合作，解决学习和生活中的问题。现在就让我们开始逐步实现这些目标吧。

§2.1 信息需求及其确定

某校五年制 1208 班的同学在《健康教育课》学习过程中，准备以"拒绝不良习惯,倡导饮食文明"为主题开展探究活动。各位同学利用图书馆、因特网查阅了大量资料,同时对全校学生进行了问卷调查,还与学院营养学专家网上交谈,最终整理归纳出以下十大不良饮食习惯。

电视佐餐,食不知味。不少同学吃饭时端着饭碗也要跑到电视机面前坐着,眼睛一动不动地盯着屏幕,嘴巴做着机械式的咀嚼,筷子往嘴里塞着食物。长此以往,就会引起肠胃消化道疾病。吃饭看电视还让部分中学生与父母的沟通减少,容易造成性格孤僻,成为一个既不健康又不快乐的人。

润喉片当糖,口腔"遭殃"。润喉片可用来治疗咽喉炎、声音嘶哑、口腔溃疡、口臭等疾病。它有甜味,于是有的同学没病时用它当糖解馋。俗话说"是药三分毒",因此润喉片也不能随便服用。如果咽喉无明显炎症时滥用润喉片,可抵制口腔及咽喉内正常菌群的生长,导致疾病发生。

偏食肉或蔬菜,很"受伤"。1210班的小辛是"荤食主义者",三岁开始就不吃蔬菜,几年下来小辛的个头没有同龄人高,体检各项指标都与同龄人有差距,健康状况也不好,便秘,气色不好,易患呼吸道疾病,小辛的父母后悔莫及。而只吃菜不吃肉的孩子各项发育指标同样不理想,营养不良,易感冒,身体抵抗能力差。

零食当正餐,上课昏昏然。如今的零食名目繁多,包装考究,惹得学生心头痒痒,加之"减肥"思想作怪,校园出现"零食当正餐"这一现象也就不足为怪了。零食过量会影响食欲,妨碍正餐的摄入量,从而影响身体正常功能的发育。

电脑好玩,肠胃受害。电脑逐渐成为学习工具,学生接触电脑的时间也越来越长,甚至有许多学生吃饭时间也在上网,随之而来的就是身体状况越来越差。用餐时及餐后长时间坐在电脑前,使肠胃功能消退,另外大多数上网的同学对饮食没有选择,食物营养摄入不足。

食用色素超标食品,慢慢损害健康。色素是一种化学品,对食用色素的使用和限量国家有严格的卫生标准。一些小食品加工厂为扩大销售,降低成本,大量使用色素,甚至使用非食用色素,利用色素来吸引孩子们购物,长期食用色素超标的食品对身体极为有害。

常光顾街边小食摊,不知不觉潜伏疾病。街边小食摊,特别是校门口的临时食摊,缺乏卫生条件,食品易受灰尘、废气等带菌空气污染,加上有的油炸食品原料来源不明,特别是正处于发育阶段的学生长期食用不洁净的油炸食品,后果将不堪设想。

饮料当水,喝得鼻血淌。口渴了喝饮料,出去玩还是喝饮料,有的同学都不会喝水了,喝饮料喝得上了瘾,身体也出了毛病,经常无缘无故地流鼻血,弄得一家人都很不安。其实口渴了应该多喝水,饮料适当喝一点是可以的,但不能完全代替水。

不喝牛奶,身体营养不良。牛奶对于每一个人来说都很重要,它是提供优质蛋白质的食物,具有人体必需的微量元素和氨基酸,但有的学生偏食,拒绝喝牛奶,造成身体营养不良。其实,养成每天喝牛奶的习惯后,健康离孩子会很近。

烧烤好吃,代价太大。学生吃熏烧食物太多是有害健康的。如果经常在饭前摄入大量热量高、但没有营养价值的零食,天长日久会引起胃肠功能失调,而且体内长期摄入熏烧太过的蛋白类食物易诱发癌症。

上面列举的十大不良饮食习惯是生活中常见的问题,当我们发现一个问题希望解决或选择了一个课题着手研究时,许多同学都会感到不少相关知识以前没有学过或了解得很少,课本又没有现成的答案,怎么办?只有靠我们自己想办法去获取。那么,怎样才能有效地获得想要的信息呢?一般需要经历如图 2-1 所示的过程。

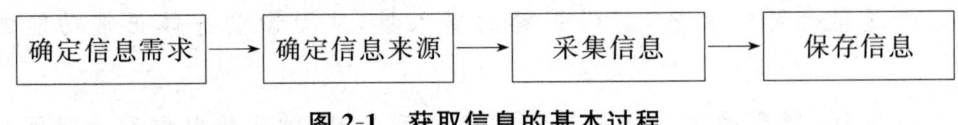

图 2-1　获取信息的基本过程

2.1.1　确定信息需求

获取信息,首先要从分析问题开始,确定需要哪些方面的信息以及最后希望达到怎样的目标。

人们在日常生活中要对获取什么样的信息进行思考、判断和选择。例如,早上上班,要不要带伞或添减衣服,自然会去关心天气预报;初中毕业,同学们很自然地会根据各自的成绩、爱好去了解各所高中及职业院(学)校的专业设置、办学特色、发展前景等;甚至行走在路上,人们也无时无刻不在观察行人车辆的位置、速度、方向等,保证自身安全。

学习工作过程中,人们会遇到大量复杂的问题,对需要什么样的信息不易作出判断。这就需要对信息需求进行仔细分析,以便做出规划设计和选择。信息需求包括两层意思:一是所需信息的内容,即信息本身所表达的意义;二是所需信息的载体形式,如文本、图形、声音、视频等。

我们可通过上述案例,了解确定信息需求的过程。

(1) 制定信息需求内容大纲

学习小组围绕"拒绝不良习惯,倡导饮食文明"的主题,研究制定了以下信息需求内容大纲:

① 此次探究活动的调查范围、调查对象、内容形式、参与者及其分工。
② 具体的不良饮食习惯有哪些?
③ 各种不良饮食习惯对人体的危害有哪些?
④ 人体健康指数正常指标。
⑤ 合理健康的饮食习惯有哪些?
……

(2) 确定成果目标形式及所需载体类型

文本提供的"事实材料"为问题的解决提供了客观依据;文本中的观点可以启发解决问题的思路,也可作为自己观点的有力佐证;数据可以增加准确性;图形可以增强直观感受,对操作性问题的解决尤为有用;声音和视频既生动又形象,能体现强烈的真实感。

不同的使用目标对采集信息的要求会不同。如果目标是论文或板报形式,则以获取文字、图片方面的信息为主;如果目标采用演示文稿形式,则还要考虑声音、视频等类型的信息;如果目标采用宣传片的形式,则主要以获取视频、动画方面的信息为主。

(3) 列出信息需求清单

信息需求主要包括信息需求内容、所需载体类型、成果目标形式等。

2.1.2 确定信息来源

虽然信息无处不在,但要能及时准确高效地获取信息,就必须充分利用一切可能的信息来源。大千世界,信息在哪里?概括起来,可从表 2-1 所列的三个方面去寻找。

表 2-1　信息来源示例

来　源	示　　　例	说　　　明
事物本身	动物　山河　风雨　表情　行为　化学反应　活动过程　事件现场　其他	包括各种自然现象、社会现象及人的各种特征等,可获取没有加工过的信息
他人	老师　父母　同学　朋友　专业人员　其他	能为你提供所需信息或教你如何找到所需要信息的人
媒体	报纸　书刊　广播　电视　音像制品　网络　其他	包括各种纸质媒体、电子媒体、网络媒体等,提供的是人们加工过的信息或转载信息,要考证其出处及权威性

一般来说,信息源越广阔,收集到的信息量就越大;信息源越可靠,收集到的信息就越真实可信。因此,应尽量拓展信息来源,以保证信息的数量和质量,但同时也要从实际出发,因为选择的信息源应当是在你的能力范围内可触及的。

确定合适有效的信息来源一般要考虑以下两个问题。

(1) 可用的信息来源

在确定信息来源时,要从自身所处的环境出发,拓展信息来源。具体操作时,列出自己所有可利用的信息来源,从而保证信息的数量和质量。

(2) 可靠的信息来源

从可利用的信息来源中挑选出最合适、最有效、最可靠的信息来源。例如,要获取与健康合理的营养学有关的信息,最好查看营养学书籍,或咨询营养学专业人士,访问医疗健康方面的网站。

为了使采集到的信息更具说服力,选择信息源的时候,应尽量选择可靠的信息源,同时力求信息来源具有多样性和代表性,避免从单一渠道获取信息。

2.1.3 采集信息

(1) 采集信息的方法

充分利用人体的感官功能获取信息,始终是人类信息获取的主要渠道。人通过眼睛观看大自然、观察社会获得各种信息,通过耳朵听到各种声音,通过鼻子嗅到各种气味,通过舌头尝到各种味道,通过皮肤感觉到客观世界对人体的触摸。

采集信息的方法很多,根据不同的信息来源会有不同的采集方法,主要的方法如表2-2所示。

表2-2 采集信息的方法

信息来源	采集信息方法示例
事物本身	观察 实验 调查 体验 其他
他人	听讲座 请教专家 讨论 网上交流 问卷调查 其他
媒体	阅读书刊 收听广播 收看电视 检索光盘 观看电子音像制品 搜索网页 其他

① **通过检索媒体采集信息**

在信息爆炸的今天,大量的信息通过各种媒体传播,我们应学会从各种媒体中采集信息,如图书馆的文献资料检索、音像制品的分类检索以及按时间类别、节目类别收听、收看广播电视节目等。

② **通过与他人交流采集信息**

与人交流是我们获取信息的主要渠道之一。学习上有问题可以请教老师或与同学讨论,课题研究中碰到困难可以请教有关方面的专家。当你需要了解不同的人对某个问题的看法时,可以通过设计问卷向调查对象了解你所需要的信息。信息技术的发展使人与人交流的形式更加多样化,除了面对面直接交流外,还可以通过电话交流、网上交流等,使得人们传递信息更加便捷。

③ **通过亲自探究事物本身获取信息**

有时候他人或媒体提供的信息不一定准确,或不一定能满足我们的要求,需要通过直接观察事物本身或事件发展过程获取信息,"要知道梨子的味道,最好亲口尝一尝"。当你要了解一个活动的过程时,往往需要亲临现场观察与体验,获取第一手资料;当你需要知道某个实验结果时,则需要反复做实验获取数据。

信息获取手段和方式的变迁,信息获取技术的进步,充分反映了信息科技的进步,这种变迁和发展也改变了人类自身的生活方式。

(2) 采集信息的工具

除了传统的纸和笔,采集信息的工具越来越多,我们要善于借助工具来采集信息,当然还要注意掌握工具的使用方法,这样才能更好地进行信息采集。

下面简要介绍常用的获取信息的工具,如表 2-3 所示。

表 2-3 采集信息的工具

工 具	用 途
扫描仪	扫描图片,还可扫描印刷体文字,并能借助文字识别软件
照相机	主要可采集图像信息,部分数码相机还兼有摄像功能
摄像机	主要可采集视频和音频信息
录音设备	可采集音频信息
计算机	通过多种软件工具,可以把来自光盘、网络等多种类型的信息采集到计算机中

2.1.4 保存信息

有效获取信息后就要保存信息。采集来的信息往往比较零散杂乱,需要进行分类整理和保存,以便更好地使用这些信息。

(1) 整理信息,分类保存

采集到的信息可能是书里的一段话、报刊里的一篇文章或一段录音、录像,也可能是从网上下载的一个网页或光盘里的一段动画,还可能是拍摄下来的一些图片或记录下来的一组数据……这些信息通常可以按内容或按类型进行分类整理,并登记在信息采集卡上,以便今后使用。这个过程既是信息的整理过程,同时也是一个知识的积累过程。表2-4 是李帅同学填写的信息采集卡的部分内容。

表 2-4 信息采集卡

编号	信息内容	信息类型	信息来源
1	人体营养所需要的物质	文字、图片	《吃的营养与治疗》第 169 页
2	人体正常的健康指数	录音	采访高级营养师李真教授
3	我们所食何物,因何而食	文字、图片	http://www.people.com.cn 来源
4	小吃街食用情况调查	文字、图片、录像	李帅等同学的调查资料

(2) 输入计算机保存

把采集到的信息输入计算机中保存起来是目前越来越普遍采用的保存信息的方法。计算机一般以文件的形式存储用户信息,不同的文件格式存储不同类型的信息,包括文字、图形、图像、动画、声音、视频等。我们应根据信息的特点和信息使用的要求来选择恰当的存储格式。

如果采集到的信息已经是计算机可以存储的数字化格式,则可直接输入计算机中存储;如果不是,则需要通过软件工具输入计算机或转换为计算机的文件形式,这个过程也称为信息的数字化,即把各种非数字化信息转换为数字化信息。例如,用文字处理软件输入文字,用图表处理软件处理表格数据等。

在计算机中,文件的管理可以使用操作系统提供的文件夹,它对不同类型的文件或不同用途的文件分类存储。此外,还可以通过建立数据库对采集到的大量同类信息进行有效存储和管理。

(3) 计算机中常用的信息存储格式

计算机中存储信息的文件格式有多种,不同的文件格式有其相应的特点和适用范围,使用相应的软件工具生成或打开。

① **文字格式**

a. txt,纯文本文件,不携带字体、字形、颜色等文字修饰控制格式,一般文字处理软件都能打开它。

b. doc,使用 Microsoft Word 创建的格式化文件,用于一般的图文排版中。

c. html，用超文本标记语言编写生成的文件格式，用于网页制作中。

d. pdf，便携式文档的格式，是由 Adobe 系统公司开发的一种文件格式，主要应用于电子文档、出版等方面。

② 图形图像格式

a. jpg，JPEG 文件格式是静态图像压缩的国际标准，是应用广泛的图像压缩格式，多用于网络和光盘读物中。

b. gif，支持透明背景图像，文件很小，色彩限定在 256 色以内，主要应用于网络方面。

c. bmp，Microsoft paint 的固定格式，文件几乎不压缩，占用磁盘空间大，普遍应用于 Windows 中。

③ 动画格式

a. gif，通过同时存储若干幅图像，进而形成连续的动画，主要用于网页中。

b. swf，应用 Macromedia 公司的 Flash 制作的动画，具有缩放不失真、文件体积小等特点，采用了流媒体技术，可以一边下载一边播放，目前被广泛应用于网络中。

④ 音频格式

a. wav，该格式记录声音的波形，声音文件能够和原声基本一致，质量非常高，主要应用于需要真实记录原声的地方。

b. MP3，一种压缩储存声音的文件格式，是音频压缩的国际标准。其特点是声音失真小、文件小，目前网络上下载的歌曲多为此格式。

c. midi，MIDI 是数字音乐/电子合成乐器的统一国际标准。MIDI 文件存储的是一系列指令，不是波形，因此它需要的磁盘空间非常小，目前主要用于音乐制作。

⑤ 视频格式

a. avi，是 Microsoft 公司开发的一种数字音频与视频文件的格式，主要应用在多媒体光盘上，用来保存电影、电视等各种影像信息。

b. mpg,MPEG 文件格式是运动图像压缩算法的国际标准,其兼容性较好,应用普遍。

c. mov,是 Apple 计算机公司开发的一种音频、视频文件格式,用于保存音频和视频信息,具有先进的视频和音频描述能力。

d. rm,是 RealNetworks 公司开发的一种新型流式音频、视频文件格式,主要用在广域网上进行实时传送和实时播放。

§2.2 获取网络信息的策略与技巧

"中国谜语大会"是电视台一个集趣味益智、紧张幽默于一体的有奖竞猜活动,吸引了很多观众。现在假定你的同学亮相在"中国谜语大会"的现场,而在大奖离他只有一步之遥之际,只剩下最后一个问题了,他碰到了一个难题:

水下有间房,只有两面墙,开个珠宝店,人来就打烊。

谜底打一水生动物。

这是一个激动人心的时刻,他就要打电话来向你求助了。这时的你已经组织了一个小团队,电脑已经连线上网,你们可以分别采用各种方法来检索信息。时间在"嘀嗒"声中一点点地流逝,你们能在协作中通过网络迅速找出准确的答案吗?

在上面案例中,当我们遇到问题时,我们想从网络上获取有用的信息。我们在日常生活和学习中所碰到的问题是多种多样的,获取信息的方式也是多种多样的,利用网络来获取信息是其中一种重要且快捷的方式。有人形象地说:"信息就在指尖上。"因为因特网的本质就是一个连接全球的无穷无尽的信息资源库。我们要在其中获取信息,只需要按下手中的鼠标就可以了。

但是,因特网上的信息爆炸式地增长,而且毫无秩序,缺乏足够的加工深度,从中寻找需要的信息无异于大海捞针。为了能够快速地从网络中获取有用的信息,我们应该懂得借助工具,针对需求进行有效的收集,并掌握信息搜索的策略与技巧。

2.2.1 网络信息检索的方法

虽然因特网为我们提供了一个世界范围的信息共享资源,但如果不熟练掌握其检索方法,其方便、快捷的特点就很难体现。

每3~5人为一组,借助网络开展"水生动物"谜语大会。注意进行方法的优化和信息的筛选,作好分析和比较,并详细记录检索过程。

活动过程及要求:

(1) 根据检索的过程和结果,填写表2-5。

表 2-5 网络信息检索方法分析

采用的方法	信息检索结果	效 率
直接访问相关信息网页		
使用搜索引擎	参考选项:	参考选项:
直接访问在线数据库	A. 找 到	A. 低
使用 BBS 论坛	B. 找不到	B. 中
其他		C. 高

(说明:从各栏目的"参考选项"中选择合适的答案,填入左边相应的空白处)

(2) 根据表2-5,分析这些方法的差异性及各自的优势。

网络信息检索的方法多种多样,可以根据不同的检索内容选择不同的检索方法。一般可以归纳为表2-6所列的几种方法。

表 2-6 网络信息检索的方法

分 类	使用方法	例 子
直接访问网页	知道信息所在的网页的地址或网络实名,可快捷地检索到结果	要了解中央电视台《谜语大会》节目的答题规则,可访问: http://www.cctv.com
使用搜索引擎	利用分类目录和关键词,在特定的搜索引擎中查找所需信息	要了解水生动物的相关信息,可访问新浪搜索引擎,在其分类目录中,搜索"动物"、"水生动物"或直接运用关键词"水生动物"进行搜索
查询在线数据库	利用网上的在线数据库进行查询	可访问中国科学院科学数据云: http://www.csdb.cn

2.2.2 使用搜索引擎

为了方便查找信息,一些网站提供了搜索引擎服务。搜索引擎是指自动从因特网上搜集并保存信息,按照一定规则编排后,提供给用户进行查询的系统。

(1) 使用不同的搜索引擎

根据表 2-7"常见搜索引擎的使用方法",选择两种不同的搜索引擎,搜索"水生动物"的相关信息。要求:每 2 人一组,分别使用不同类型的搜索引擎,看谁能最快查找到结果。

表 2-7 常见搜索引擎的使用方法

类 型	搜索方法	示 例	特 点
目录类搜索引擎	按目录检索。目录类搜索引擎不断搜集网上信息,并进行整理,以分类目录的形式链接起来,供用户检索。用户通过逐级层层点击浏览这些类目,寻找自己所需的网站信息,如雅虎、搜狐、新浪等	要了解目前水生动物基本情况,可访问新浪搜索引擎,在其分类目录中,搜索"动物"、"水生动物"	利用分类目录逐级查找,只能找到相关的网站,而不是这个网站上某个网页的内容。用户可以通过其目录结构了解其对信息的组织、存储情况
全文搜索引擎	按关键词检索。全文搜索引擎将不断搜到的网上网页及网址信息以数据库的形式组织存储,如谷歌、百度等	要检索目前世界水生动物的种类,可访问百度搜索引擎,输入关键词"水生动物"	利用关键词查找,则可令搜索引擎自动搜索到与关键词匹配的网站和网页。其对信息的组织、存储是通过数据库来进行的

搜索引擎可以看作一个提供信息检索服务的工具平台,它使用某些程序把因特网上的网站信息进行收集和归类,以帮助人们搜寻所需要的信息。搜索引擎提供给用户搜索信息的方法主要有按目录索引搜索和按关键词搜索。搜索引擎的种类很多,其搜索范围及搜索效率各有不同特点。仅限于使用某一个搜索引擎是不明智的,因为再好的搜索引擎也有局限性,合理的方法应该是根据具体需要选择不同的搜索引擎。

(2) 用好关键词

关键词查询就是利用指定的关键词查询信息的方法。一般来说,使用关键词查询可以准确地找到与该关键词相匹配的信息。

目前,有很多大型网站提供关键词查询服务,如 Google、百度等,它们通常通过一种叫作"蜘蛛"的程序自动在网上提取信息,利用蜘蛛搜集来的信息建立自己的数据库,并向用户提供查询服务。随着蜘蛛不断地搜集新的信息,搜索引擎会不断地更新自己的数据库。这样,搜索引擎数据库里的信息储备会日益增加。

用户输入关键词后,搜索引擎会按照关键词搜索数据库,最后将结果以页面的形式反馈给用户。页面上记录了与关键词匹配的一些网页信息索引,索引内容包括主题、作者、来源等一些简单信息。根据这些信息,通过链接可以找到原始网页,也可以给出进一步查询的关键词继续查询。

同一搜索引擎,使用的关键词越具体,搜索的结果越精确。但每个搜索引擎都有其局限性,搜索信息时不能依赖于同一个搜索引擎,要互相补充。

① 提炼关键词

首先要明确获取信息的意图和目标,然后分析信息的共性与特性,最后在具体的搜索条件中提炼出最具代表性或指示性的词语。

提炼关键词时,应尽量采用具有代表性或指示性的词语。提炼关键词时,尽量不要选用通俗的、常见的词语。提炼关键词时,尽量不要采用多义词。例如,"笔记本"既指日常记事用的本子,也是笔记本电脑的简称,要了解笔记本电脑的相关知识,应以"笔记本电脑"作为关键词。

提炼关键词时,应考虑使用短语进行强制搜索。使用短语搜索就是要求搜索引擎严格按照短语的内容和文字的书写顺序检索信息,不允许拆分关键词。使用短语搜索时,需给短语加上英文双引号或中文书名号。例如,想了解贺岁片《爸爸去哪儿》的信息,如不加书名号限制,搜索的结果将是与"爸爸去哪儿"这个话题相关的信息。又如,"室内足球"不限制为短语搜索时,将被拆分为"室内"和"足球"两个关键词,限制为短语搜索时,搜索引擎把它作为一个固定的词组进行检索。

② 组合关键词

在关键词较多的情况下,将多个关键词用布尔运算符组合起来,可以细化搜索条件,优化搜索结果,提高搜索效率。布尔运算符的意义如表 2-8 所示。

表 2-8 布尔运算符的意义

布尔运算符	意　　义	实　　例	说　　明
AND 或"＋"、空格	表示必须同时符合所列出的关键词	水果 AND 苹果 水果＋苹果 水果(空格)苹果	既含有"水果",又含有"苹果"
OR 或"｜"	表示只需符合所列关键词中的一个	水果 OR 苹果 水果｜苹果	含有"水果",或含有"苹果"
NOT 或"－"	表示把含有该关键词的排除在外	水果 NOT 苹果 水果－苹果	含有"水果",不含有"苹果"

搜索技巧和其他的技术一样,都是在不断实践中总结出来的。在网络中进行高效的搜索,可以把人从纷繁杂乱的信息中解放出来,提高学习效率。

2.2.3 合法下载网络中的文件

因特网像一个信息的海洋。网络中大量的文字、图片、图表、动画、音频、视频、软件等信息以文件的形式存储在世界各地的计算机中。我们可以非常便利地享受这些信息,但在获取这些信息的同时,也要注意对网上信息的合法使用,注意知识产权的保护问题。

MP3 音乐因其小巧而受到不少青睐,有些同学经常上网下载最新的 MP3 音乐。为了提高下载效率,这些同学希望可以成批地下载音乐。

(1) 分组按要求完成如下子任务

① 选择某一类或某位歌手、词曲作家的 MP3 音乐并下载。
② 下载与选择 MP3 音乐相关的图片、文字说明。
③ 搜索并下载以所选择的 MP3 音乐为主题的 MTV(可以是动画作品,也可以是视频文件)。

(2) 过程及要求

① 计算机是以文件的扩展名来判别其类型的,其图标也会因文件类型的

不同而不相同。请讨论上述各项下载要求中所涉及的文件类型,并对网络中常见的其他文件类型进行同样的分析。如表2-9所示。

表2-9 常见下载文件类型

文件类型	扩展名	软件的运行环境
音频	MP3、rm……	Winamp、RealOne Player……
动画	Swf、gif……	网页浏览器、SWF播放器

② 下载文件的途径多种多样,因人而异,因下载任务不同而不同,请上网搜索了解表2-10的各种下载途径,补充、交流你所常用的下载途径。

表2-10 常见下载文件的途径

途 径	优 点	示 例
专题网站下载	在某一专题范围内,专题网站收录的文件比较丰富	百度MP3搜索 音乐极限
FTP下载	FTP服务器是专为文件传输服务的,可用于多个文件及大文件的下载	北大天网

③ 下载文件的方法也是多种多样的,既可以直接点击下载,也可以利用下载工具进行下载。利用下载工具可达到高效下载的目的。表2-11是一些常用下载工具的介绍,请讨论为了完成任务需要选择什么下载工具。

表2-11 常用下载工具

工具类型	特 点	软 件
通用下载工具	支持文件的自动、批量、定时下载及断点续传,管理功能强大	网际快车、迅雷
网站下载工具	按设定的参数,下载某网站的特定栏目,甚至整个网站的全部文件	WebZip
FTP下载工具	自动登录FTP服务器,快速浏览文件目录,多服务器多文件下载	WebCopier
流媒体下载工具	将流媒体服务器传送出来的影音片段收集成完整的影音文件	影音传送带
其他专用工具	面向特定应用领域的专用下载工具,多是与相应的应用软件集成	超星图书阅读器

④ 根据上述交流、分析,完成任务中各项内容的下载,并就下载的合法性问题(如知识产权等)进行讨论,填写表 2-12。

表 2-12 下载各类文件的方法及合法性探究

分类	获取的方法	合法性问题
文字	使用"复制"、"粘贴"或"另存为"文本格式的方法把网页中的文字保存到本地计算机中	把文字保存到本地机之后,可用于学习;如果需要引用到论文等作品中必须注明出处;有些网页明确声明其内容不得转载,要尊重原创者知识产权
图片	使用"复制"、"粘贴"或"另存为"的方法把网页中的图片保存到本地计算机中	
视频		
音频		
动画		
软件		自由软件: 共享软件:

为了高效地下载网络中的文件,我们在下载的过程中需要留心观察,比较和分析自己所采用的方式,并在实践中不断地总结下载的经验和技巧。

人们越来越关注网上信息的知识产权,许多服务商或者个人试图通过各种技术或者法律手段保护自己的利益,但网络信息的知识产权保护依然十分脆弱,各种侵权盗版行为屡见不鲜。随着人们法律意识的提高,网络也将变成一个法治社会。

§2.3 信息的鉴别与评价

继《非常 6+1》之后,《我是歌手》、《中国好声音》等电视栏目热播,一些诈骗团伙再次借机假冒节目组,通过手机群发中奖信息诱骗他人上当。大兴检察院检察官调研后发现,和其他诈骗案相比,此类案件受害人群整体素质较高,博士、厂长等高素质人员也中招。检察官在揭开中奖短信背后层层圈套后提示:"如果不贪,不会被骗。"

"您将获得梦想基金8万元及苹果笔记本电脑一台,活动今日截止。详情请用电脑登录活动网页查询领取。"去年3月20日,某汽车修理厂厂长张某收到一条中奖短信。短信中称,该活动已通过公证处审批,由《我是歌手》栏目组系统发出。

有些怀疑的张某半信半疑地用电脑登录短信中标注的网站,输入手机号及验证码后,他发现网页最右侧一个滚动获奖名单中确有自己的手机号。于是,张某确信自己中奖。张某称,他随即用手机拨打了网页上显示的"400"开头中奖咨询电话。他说:"接电话的是个男的,外地口音,他告诉我说要领取奖金需要先交4 000元的保证金,汇款账号可以在网站上查到。"张某从网站上抄下一个银行账户,到ATM机上汇款4 000元给对方。汇款后,张某再次拨打"400"电话,对方称钱已收到,但仍需缴纳1.6万元的所得税。张某仍没意识到被骗,反而四处筹钱,再次将钱款打到对方账户。此时,张某再给对方打电话时,电话那头却只传来"谢谢,再见"的声音。发现被骗后的张某赶紧报警。

然而,张某只不过是诸多受害者中的一个。据了解,2013年3月至5月间,王某等8人通过发送中奖短信的方式骗取17名事主共计30余万元。本案的17名受害者中年纪最小的20岁,最大的58岁,以25岁以内的年轻人居多。被害人整体素质较高,女博士、团级干部、大学生等纷纷中招,其中一人被骗9万余元,被骗数额明显超过骗子承诺的中奖价值。

在信息时代,信息给人们带来了巨大的物质和精神财富,极大地促进了社会的发展和进步。但各类信息鱼龙混杂、真伪难辨,特别是随着信息产业、电子产业的迅速崛起,信息传播的途径、速度、范围、数量发生了巨大变化,各种信息目不暇接,扑朔迷离。上面的短信诈骗案例就是不法分子利用网络信息进行诈骗,随着信息的快速发展,诈骗手段也越来越高明。那么,应当如何对获得的信息进行鉴别和评价呢?

一般情况下,对于获得的信息可以从准确性、客观性、权威性、时效性等方面来判断;需要通过信息解决实际问题时,还要判断所获信息的适用性。

(1) 信息的准确性

信息的准确性是指信息中涉及的事物是否客观存在,构成信息的各要素是否都接近真实状态。通常可以从信息是否符合事物发展的一般规律、是否具有内在逻辑性、是否与其他信息矛盾等角度来考察信息的准确性。

(2) 信息的客观性

信息的客观性是指信息揭示的是事物的本来面目。过于强烈的主观目的易使信息偏离客观事实,可以通过考察信息提供者的目的和意图来考察信息的客观性。此外,信息发布机构的性质也可以作为信息是否客观的一面镜子,一般来说,政府部门提供的信息比较客观。

(3) 信息的权威性

信息的权威性是指信息是否具有令人信服的力量和威望。信息提供者在提供信息的同时会运用自己的知识经验对信息进行判断,同时信息提供者的身份也是衡量信息权威性的重要指标。

(4) 信息的时效性

信息的时效性是指该信息在某段时间或某一时期内是否有效。信息的时效性主要是针对与发展变化的事物相关的信息而言。一般通过考察信息内容发布是否及时、是否最新、是否可观和是否准确来加以判断。由于不同的信息来源本身也具有不同的时效性,因此,信息的来源也是判断信息时效性的参考指标之一。

(5) 信息的适用性

信息的适用性是指信息对于问题的解决是否有用以及作用的大小。一般可以从信息是否达到使用者对信息的要求和信息对于解决问题的作用大小这两个方面进行判断。对信息的价值进行判断,需要用批判的眼光,从不同角度提出问题,并进行分析和思考。我们还可以采用其他方法对信息的价值进行判断。方法不是绝对的,可以在个人经验的基础上积累形成。

2.3.1 从信息的来源进行判断

（1）针对上述案例就下列问题进行讨论交流

① 张某从哪里获得"中奖"的信息？这个信息源所提供的信息是否真实可靠？为什么？

② 张某登录网站，并通过手机短信验证，网站所提供的信息是否真实可靠？为什么？

③ "张某收到短信后立即上网验证"这一做法是鉴别信息的方法之一，还有没有其他的方法？

④ 诈骗者是如何获得张某等人的手机号码呢？在平常生活中你有没有在网站登记时留下了自己的姓名、地址、电子邮箱等个人资料的行为。

⑤ 列举你或者你身边的人曾经碰到的类似的案例，进行比较和分析。

（2）从信息的来源对其价值进行判断，可考虑以下几种方法

① 可以通过查看信息来源，判断信息的各项要素是否齐全，运用逻辑推理和资料查阅的方法进行考证，判断信息中涉及的事物是否客观存在、构成信息的各个要素是否真实。

② 可以通过把获取的信息与同类信息作比较，考察信息来源是否具有权威性，考察其研究方法是否科学，研究此信息是否具有代表性、普遍性。

③ 一般来说，在一些知名网站上获取的信息，可靠性比较高。浏览搜索结果时，也要尽量选择与知名网站相关的超链接。例如：查找新闻时，可以浏览 Tom 网、新浪、雅虎、网易、央视国际（www.cctv.com）等网站；查找政策法规时，可以浏览政府部门的网站，如教育部（www.moe.gov.cn）、国家航天局（www.cnsa.gov.cn）、中国邮政（www.chinapost.com.cn）、中国交通运输部（www.mot.gov.cn）的网站等。

我们需要做到的是：鉴别该信息所反映的问题是否发生，该事物是否存在，数据是否准确无误；鉴别该信息所反映的情况是否有偏差，确保其不仅在局部是正确的，而且在全局也是正确的；鉴别该信息所反映的情况在具体时间和具体范围内的真实性。

另外，我们在使用各类信息时要学会分析和鉴别，去其糟粕，取其精华，千

万不能有"拿来主义";要善于动脑,善于学习,多掌握一些信息知识,谨防上当受骗。同时要及时揭露和制止信息"陷阱",以免造成更大的损失。当人们尽情享受信息所带来的方便和快乐时,应记住天上不会掉馅饼,切莫忘记提防信息"陷阱"!

2.3.2 从信息的价值取向进行判断

一个人不可能接受所有的信息,他只关心与自己有关的信息,因为这些信息对于他来说才是有价值的。

阅读案例"天气预报",就下列问题进行讨论交流。

(1) 天气预报给我们提供了未来天气的信息,它影响着人们的衣食住行。描述各种不同角色的人对天气预报的关注程度及他们采取的应对措施。

(2) 你关注天气预报吗?其准确性是否对你的关注程度有所影响?为什么?

(3) 对天气预报结果进行综合判断,这样做有什么好处?

天气预报

收看、收听天气预报是很多人每天的"必修课",李明同学的妈妈也不例外。就因为有妈妈对天气预报的关注和对李明的叮嘱,李明今天才没有在寒冷的冬天且气温突降10℃的情况下受冻。

天气变化会给很多人、很多行业带来影响,于是人们希望能尽早地依据天气预报所提供的信息采取一些预防措施,或采取一些适当的手段。例如,天气预报说要降温,我们会多穿些衣服,社会福利院会为老人们送去保暖设备,医院会加强感冒门诊的工作,消防部门会提醒人们安全使用煤气和各种取暖设备,百货零售业和饮食业商家会为生意兴旺而兴奋不已,农民会为大棚里的蔬菜采取保暖措施……

信息对于每个人的价值是各不相同的。例如,昆虫学家关心蚂蚁间的通信和信息交流,自然保护组织关心城市建设中树木被砍伐的情况。与天气预报一样,我们在日常学习、生活中所获取的信息对于我们来说,有的有用、有的无用,有的真实、有的虚假……因而,社会角色的不同也决定了信息价值取向的多样性。

2.3.3　从信息的时效性进行判断

某些信息具有很强的时效性，如天气预报，我们在获取这类信息时，根据其时效性来确定该信息的价值。判断信息的时效性的方法可以归结为：对突发性或跃进性的事实，在第一时间里作的报道具有很强的时效性；渐进式的事实，应在事实变化中找到一个最新、最近的时间点来判断其时效性；过去发生的事实，最近才发现或披露出来的可以通过说明自己获取信息的时间和获取信息的方法来弥补此信息的时效性。

信息网络既是信息的万花筒，也是信息的垃圾场。如果人们不具备相应的审视和判断能力，就会被一大堆信息垃圾所湮没。因此，对获取的信息需要进行辩证分析，通过价值判断，剔除糟粕；然后，对有用信息进行深层挖掘，寻找其中隐含的价值和意义，来满足人们的需求。

分析和判断的过程就是去粗取精、去伪存真的过程，这个过程我们可以从如下几方面进行：

(1) 信息是否真实可靠？
(2) 信息来源是否具有权威性？
(3) 信息是否可用？
(4) 信息是否具有时效限制？
(5) 信息包含哪种情感成分？
(6) 信息是否具有实用性？

看到(听到)一些新闻，尤其是一些重要新闻后，不要轻信，应向家长、老师求证，或通过报纸、电视、广播等媒体了解相关情况。不要借助微信朋友圈，随意打开或转发敏感类文章。

复习题

1. 获取信息的基本过程有四个阶段，分别是：
   ①采集信息　②确定信息来源　③保存信息　④确定信息需求
   请将它们按获取信息的正确步骤进行排序_____。
   A. ①③②④　　　B. ①③④②　　　C. ④②①③　　　D. ②④①③

2. 下列不属于采集信息工具的是_____。
   A. 扫描仪　　　B. 打印机　　　C. 摄像机　　　D. 照相机

3. 信息来源决定了信息的可靠程度，下列最可靠的信息来源是_____。
   A. 报纸杂志　　　　　　　　　B. 朋友、同学
   C. 亲自进行科学实验　　　　　D. 因特网

4. 一般在两个关键词之间用"and"或空格来连接，可表示逻辑运算符_____的操作。
   A. 或　　　　　B. 与　　　　　C. 非　　　　　D. 并

5. 下列不属于音频文件格式的是_____。
   A. mp3　　　　B. wma　　　　C. mpg　　　　D. midi

6. 下列属于动画文件格式的是_____。
   A. html　　　　B. swf　　　　C. txt　　　　D. ppt

7. 下列符号中_____不是布尔运算符。
   A. ＋　　　　　B. －　　　　　C. amd　　　　D. 空格

8. 李老师出差到新乡，想住在河南师范大学附近，工作生活比较方便。你认为如何最好地利用网络来给李老师查找住宿和用膳的地方_____。
   A. 搜索引擎——关键词
   B. 访问专业数据库——电子地图
   C. 访问河南师范大学网站
   D. 访问新乡之窗——新乡市政府门户网站

9. 小刚在网上找到了一部好电影，他想把这部电影下载到自己的电脑上，由于该影片的容量比较大，他应该怎样提高下载速度呢_____？
   A. 直接下载　　　　　　　　　B. 单击鼠标右键，选择"目标另存"
   C. 使用网际快车进行下载　　　D. 通过复制来达到目的

10. 李林在网上看到自己喜欢的图片,想将其下载到自己的电脑里,以下操作能正确帮助其实现图片下载的是_____。
   A. 直接按鼠标左键　　　　　B. 按鼠标右键,选择"图片另存为……"
   C. 按鼠标中间键　　　　　　D. 双击鼠标

11. 参加社会实践的时候,假设你是某个品牌学生饮用奶的地区开发代表,为了确定是否在本地区设置批发点及销售网点,你必须获得相关情报。请你认真思考,通过哪些方法来获取情报,才能使你做出一个较好的决策。

12. 请列举几个常用的搜索引擎,同时利用其中一个查询"信息"一词的最早出处。

13. 用新浪网的分类目录查找关于中国足球的最新消息。
    (1) 启动 IE,输入网址 news.sina.com.cn/guide,敲回车,打开含有分类目录的网页,在分类目录中,可以看到许多栏目,如"新闻"、"体育"、"娱乐"等。要查找哪类信息,就单击相应的栏目。
    (2) 单击"中国足球"子栏目,打开一个新窗口,显示链接的网页。

14. 用 Sogou 查找郑州到上海的火车时刻表:
    (1) 输入网址 www.sogou.com,访问 Sogou 网站。
    (2) 输入关键词"铁路"。
    (3) 打开铁路官网,点击进入"新版售票"。
    (4) 输入起始、终点站,点查询。也可以用手机扫描官网首页二维码,下载手机客户端。

15. 用 Google 搜索引擎查找历届奥运会的会徽。

16. (1) 以"病毒的传播途径"为关键词进行搜索。观察搜索结果。
    (2) 以"病毒的传播途径——计算机"为关键词进行搜索。观察搜索结果有无变化。
    (3) 以"病毒的传播途径——计算机"(一号应为半角符号)为关键词进行搜索。观察搜索结果。

17. 以自己的姓名为关键词进行搜索,看看有没有和你重名的人;再以自己的生日为关键词进行搜索,看看当时世界上发生了什么事情。

18. 综合练习:
    你知道你的家乡名称的由来吗?假如让你担任临时导游,你能够向游客介绍你的家乡吗?收集相关资料,撰写一篇介绍性文章,在班级中进行交流。

要求:用自己的语言对这些资料进行加工整理,并提出自己的看法;不能照抄原文;

引用的资料必须注明出处。

第3章　信息的加工与表达

📖 **学习目标**

◎ 能够根据任务需求,对信息加工作初步整体规划。
◎ 熟练使用文字处理、图表处理等工具软件加工信息。
◎ 能够熟练制作简单的电子报刊、多媒体作品。
◎ 了解作品的交流方式,规范使用因特网等媒介发布信息。
◎ 了解计算机信息处理的基本过程。

人们在生活、学习和工作中通常会遇到各种各样的问题,利用信息技术来解决这些问题,不仅方便快捷而且效果显著,因此,信息技术越来越受到人们的喜爱。如今,掌握用信息技术解决问题的方法已经是现代公民应该具备的基本素养。

在计算机问世以前,信息加工主要是依靠人工方式来完成的,如学生成绩汇总表、图书馆图书分类目录编制等。单纯依靠人力对信息加工,不但速度慢、差错多、成本高,而且在很多情况下无法满足要求,如天气预报、航天飞机运行轨迹的测定等,计算量大,对结果的实时性、准确性要求非常高,单靠人力是无法完成的。计算机信息处理系统可以帮助人们快速、准确、及时地加工信息,但所得到的结果还是要由人来判断。

通过本章的学习,我们将学会使用文字处理、图表处理等工具软件加工信息,表达意图;选择恰当的工具软件处理多媒体信息,呈现主题,表达创意。初步掌握用计算机进行信息处理的几种基本方法,认识其工作过程与基本特征。广泛开展交流与合作,初步解决学习、生活乃至以后工作中的问题。

§3.1 文本信息的加工与表达

五年制学生将要举行学校运动会(简称校运会),体育老师叫赵攀同学用计算机制作一份有关校运会的通知和校运会的宣传标语。赵攀向学校校刊编辑请教,编辑告诉他,为了引起同学们的注意,校运会通知的标题应选用较大的字号,正文重要信息内容的字体要进行加粗处理;为了营造热烈活泼的气氛,标语的字体应选用较为醒目生动的字体,如华文彩云、幼圆等。

用计算机进行文本信息的加工处理,目的是为了能够把你想要表达的思想以清晰明了的形式准确地传递给读者。加工信息是为表达服务的,是为了更好地表达。在加工信息之前,要明确图3-1所示的问题。

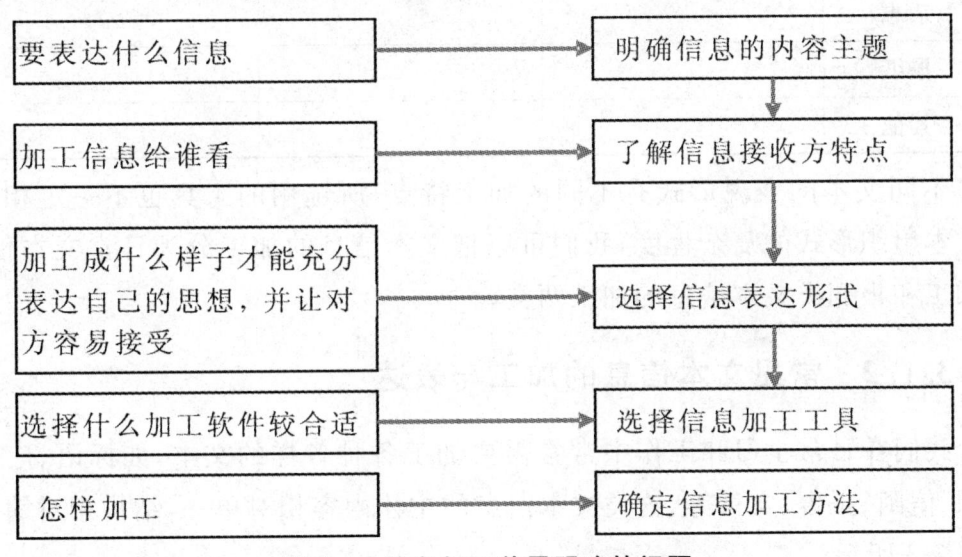

图 3-1 信息加工前需明确的问题

3.1.1 常见文本类型

随着信息技术的日益普及,人们在日常生活和学习中越来越习惯于通过计算机加工处理各种日常文本信息,如信函、论文、报告、通知、书籍、杂志、报纸等,从而更加快捷有效地表达自己的意图。使用文字处理软件对文本信息进行加工表达,已经成为现代人必备的基本技能。

(1) 讨论

① 你使用过哪些文本加工软件？
② 你使用这种软件加工过什么？
③ 你对这种软件的了解程度怎样？

(2) 任务

按照表 3-1 的分类搜集文本实例，从版面大小、页边距大小、版式等方面进行分析。分组讨论常用的文本加工软件的特点及使用情况。

表 3-1　常见文本的特点及制作方法

形式	版面大小	页边距大小	版式特点
信函			
报告			
杂志			
报纸			
其他			

不同文本的表现形式有不同的加工特点，所选用的工具也不一定相同。按文本组织形式的复杂程度，我们可以把文本信息的加工分为日常文本信息的加工和报刊类文本信息的加工两类。

3.1.2　常见文本信息的加工与表达

我们在日常学习和工作中常常需要加工各种各样的文本，如标语、广告、通知、信函、报告、文章等，这类文本信息的主体内容相对单一，结构相对简单，如图 3-2 所示。

参考评价要素：

文本表达的主题、意图是否鲜明？

版面样式是否符合阅读对象特征及应用场合？

版面布局是否合理匀称？内容层次结构是否清晰？

文字、标点是否恰当？排版是否符合同类文本的一般规范？

文本版式能否给人留下深刻印象？

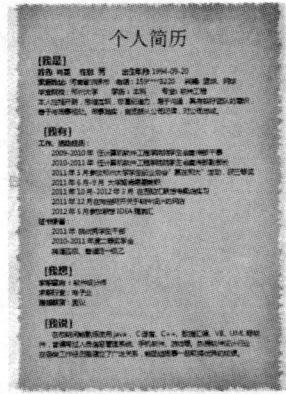

图 3-2　文本版式示例

目前,大多数常用工具软件对文本信息的加工处理方法大体相似,下面我们以 WPS 文字处理软件为例,归纳出日常文本信息的加工处理要点。

打开 Word 窗口,输入文章《荷塘月色》中的两个自然段。输入过程中请观察 Word 的自助换行功能。如图 3-3 所示。

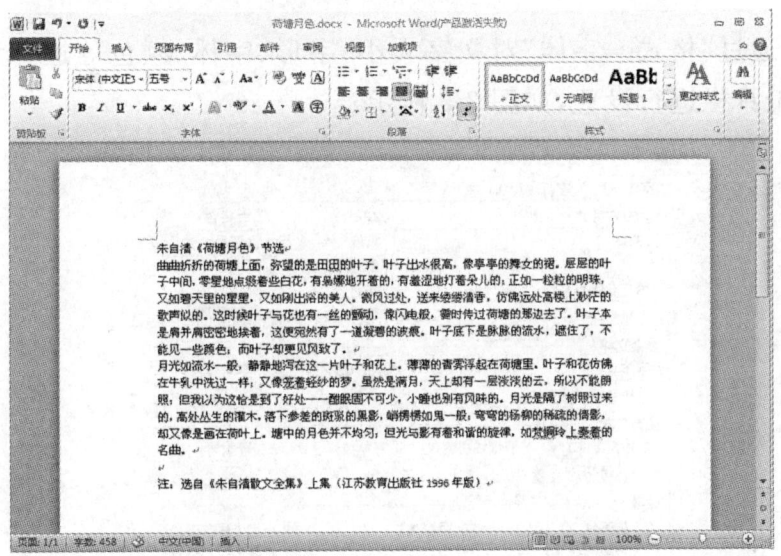

图 3-3　Word 的自助换行功能示例

(1) 设置版面规格

方法:通过单击"页面布局—页边距",确定纸张规格大小、上下左右的页边距离、每页行数和每行字数等,如图 3-4 所示。

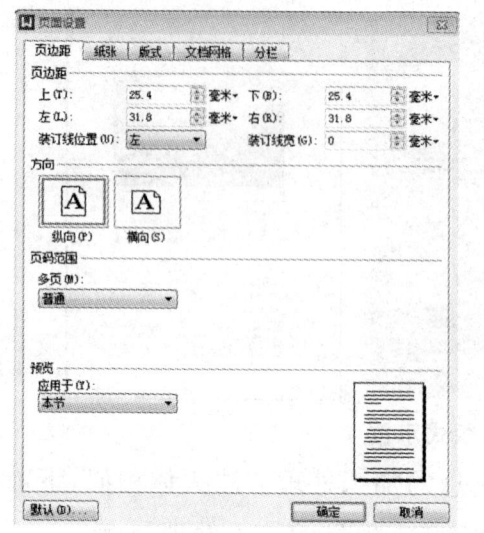 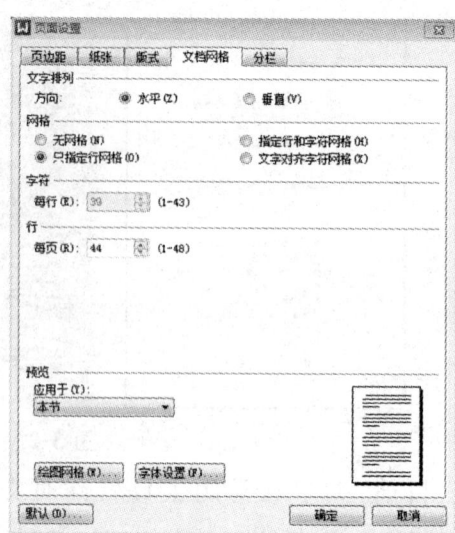

图 3-4　页面设置窗口

（2）对需要强调的文本内容添加相应的显示效果，如各级标题字的设定等

方法：通过"格式—字体"对文字大小、字形、字体、颜色等进行设置，也可直接通过工具栏进行设置，如图 3-5 所示。

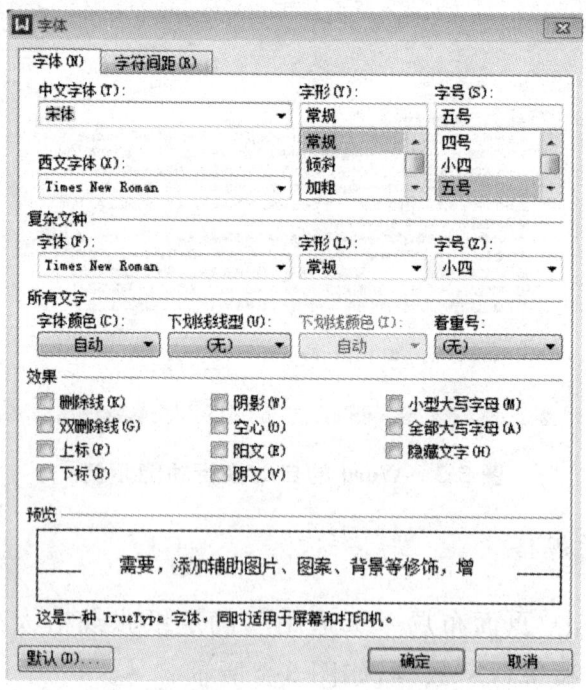

图 3-5　字体设置窗口

在 word 中打开《荷塘月色》节选，打开字体列表框，看看其中的字体名

称。打开字号列表框,看看有多少种字号。打开字体颜色列表框,看看有多少种颜色色标。

① 选定文字。

② 改变字体。设置标题为"黑体"。

③ 改变字号。标题字号设为"三号",正文文字设为"四号"。

④ 改变颜色。标题字体设为"红色",用"先选定,再设置"的方法,设置文稿中其他字体、字号和颜色。

⑤ 改变字形。也可以把选定的字体变成粗体、斜体,加下画线、边框和底纹等。选定"月光如流水一般,静静地泻在这一片叶子和花上",变为粗体,并加底纹。

⑥ 让文字动起来。通过设置"文字效果",可以使文字不断移动或闪烁。如图 3-6。

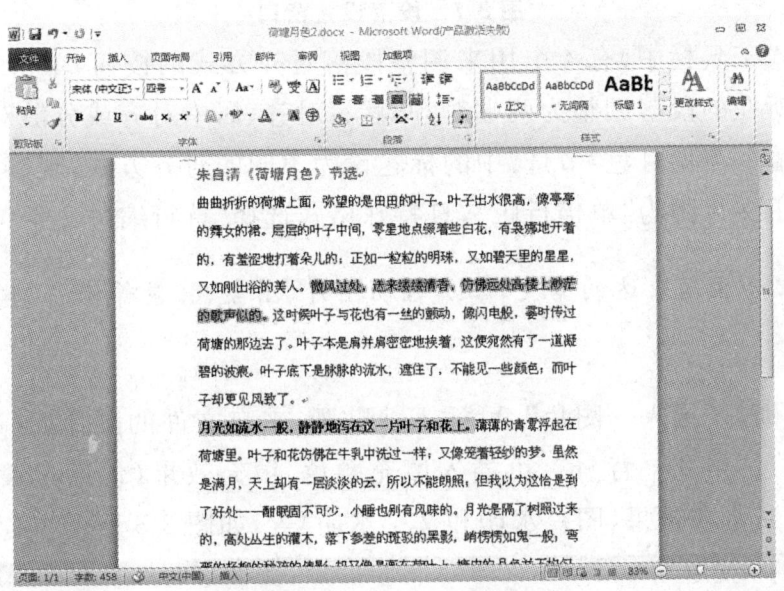

图 3-6 设置"文字效果"

(3) 确定文本正文主体样式

方法:选中文本,通过"格式—段落/字体"设置行距、段距、字距、字体、字形、字号等,也可以通过样式表进行设置,如图 3-7 所示。

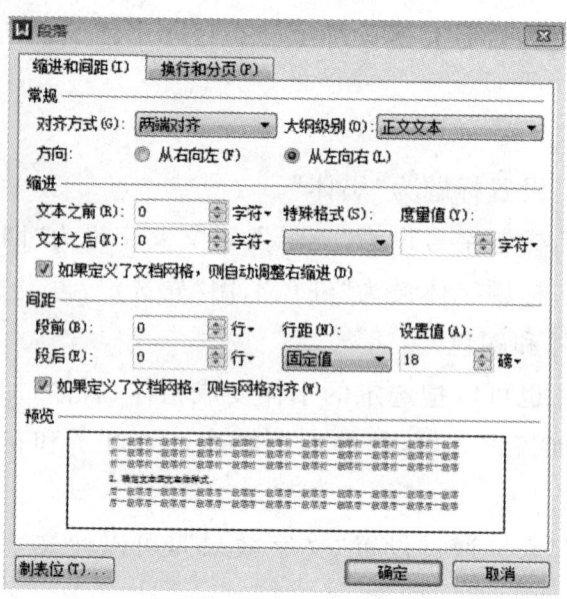

图 3-7　段落设置窗口

在格式工具栏中,有 4 个用来调整段落对齐方式的按钮,单击它们,可以把插入点所在的段落调整为两端对齐、靠右对齐、居中对齐或分散对齐。

把文稿"《荷塘月色》节选"中的标题设为不同的对齐方式,观察显示效果。设置正文行距为"单倍行距",且特殊格式选择"首行缩进 2 字符"。

(4) 配合主题表达的需要,添加辅助图片、图案、背景等修饰,增强文本的表现力

方法:通过"插入—图片",可插入剪贴画、来自文件的图片、自选图形、艺术字等;通过"格式—背景",可插入填充颜色、填充效果(包括过渡、纹理、图案、图片等)、水印效果(图片水印和文字水印)等,如图 3-8 所示。

图 3-8　"插入"菜单栏

在"《荷塘月色》节选"中插入两幅荷花的图片,最后在"注释"旁插入植物类的剪贴画,正文里插入艺术字"荷塘月色",如图 3-9 所示。

第 3 章 信息的加工与表达

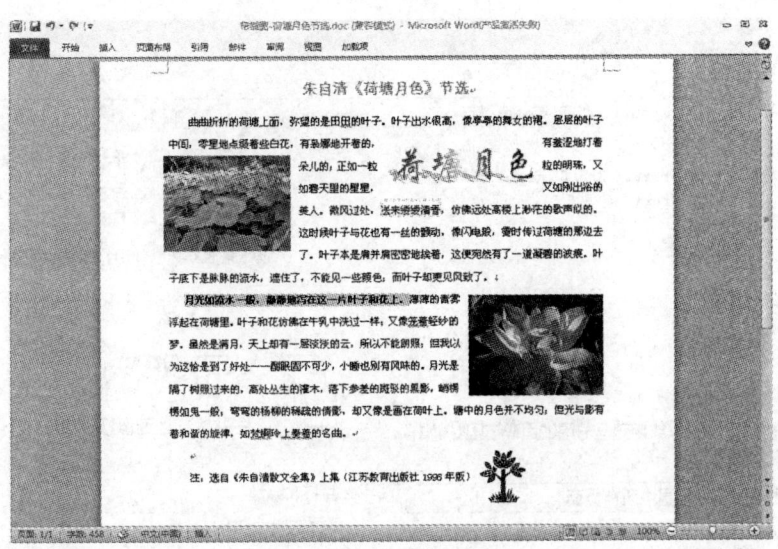

图 3-9 插图示例

(5) 对多页文本添加页面提示信息

方法：通过"插入—页码"设置页码形式，通过"页眉和页脚"设置页眉与页脚内容。

(6) 输出文本

加工好的文本通常打印成纸质文稿，供人阅读；或输出为演示文稿格式，以便在屏幕上展示；还可以存为网页格式，在 IE 浏览器中浏览。

方法：通过"文件—打印"，设置打印范围、打印方式、打印份数和打印质量等，如图 3-10 所示。

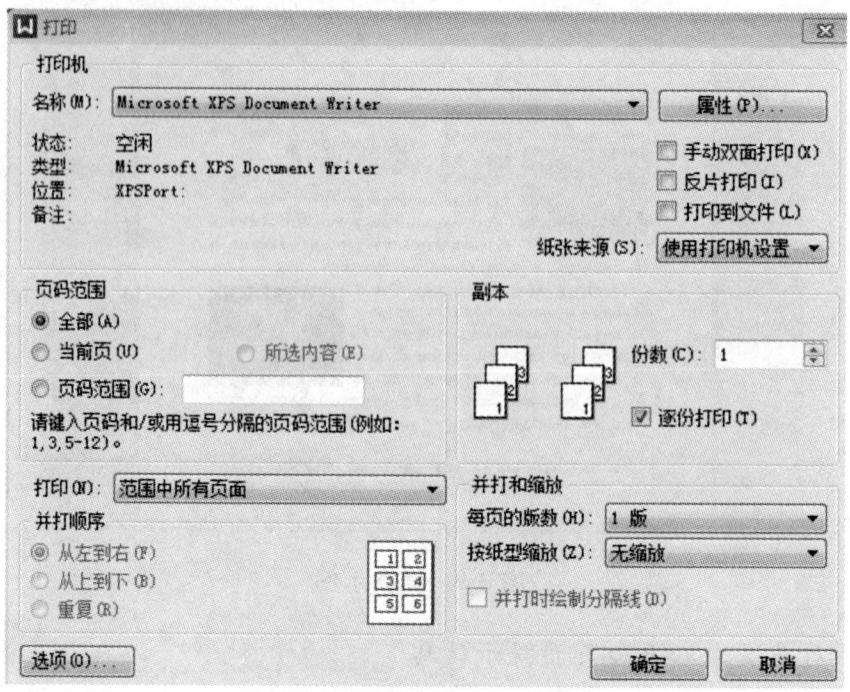

图 3-10 打印设置窗口

3.1.3 报刊类文本信息的加工与表达

为了表达更丰富的内容,我们经常把文本信息加工组合成为图文并茂的电子报刊作品形式。电子报刊是电子板报和电子刊物的合称,根据表现主题和内容的不同,其表现形式和表现风格也各不相同,但总的来说,其加工制作过程通常都需要经过五个阶段,如图 3-11 所示。

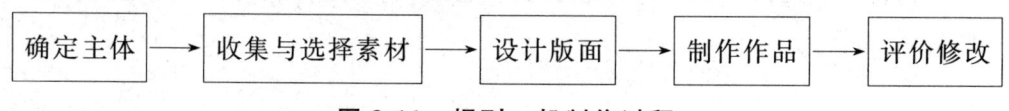

图 3-11 报刊一般制作过程

(1) 电子报刊制作前思考的问题

① 该作品表达的主题是什么?

② 该作品的素材选择有何特点?与主题是否吻合?

③ 该作品的表现形式、排版布局有何特点?风格与主题是否一致?

④ 该作品的技术实现形式有何特点?

(2) 电子报刊制作流程

① **确定主题**

电子报刊是信息的一种呈现形式,它应该主题明确、内容健康。选题时还要开阔视野,培养关注生活、关注社会的良好意识。

例如,电子报刊《清明特刊》以清明相关的习俗为主题,设计"扫墓"、"植树"、"踏青"、"插柳"等栏目,如图 3-12 所示,反映中华民族清明节的优良传统及丰富多彩的民风民俗,满足大多数中学生的阅读需要。

图 3-12 电子报刊封面图例

② **收集与选择素材**

要围绕主题内容收集和选择素材,素材类型包括文本、图片等。获取素材的途径和方法很多,前面已经学习了多种方法。收集来的素材通常比较繁杂,需要进行筛选,选择合适的素材进行加工。

③ **设计版面**

电子报刊的版面是指对构成版面的各元素进行编排后所形成的整体布局,形成一定的风格特色,突出主题。版面中各个元素(如文字、图片、图案、色彩等)的合理搭配能令人赏心悦目,给人留下深刻印象,如图 3-13 所示。设计时要注意形式和内容的和谐统一,这样可以使作品具有艺术性、思想性和创造性。通常先绘制出版面布局草图,再进行制作。

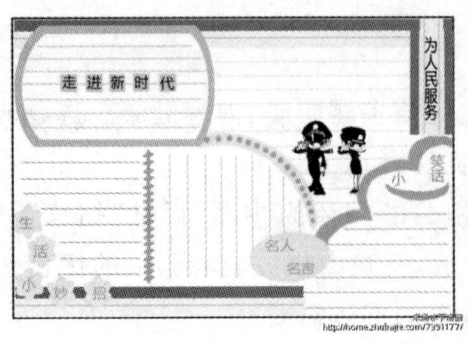 

图 3-13　版面设计示意图例

a．版面设计要点

确定版面尺寸大小和页边距。版面大小通常为 A4 纸,也可以为 A3 纸或自定义纸张。页边距的设置注意与日常文本加工的区别,太大或太小会给人空洞或拥挤的感觉,常设置为 1.5 cm 左右,如图 3-14 所示。

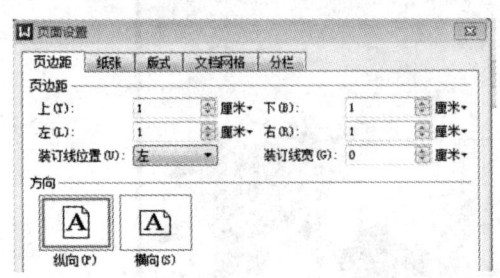 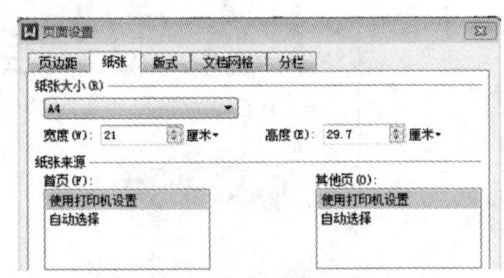

图 3-14　页边距与纸张设置

b．确定主、次版面

排版所用的素材内容和蕴涵的意义各不相同,有些重要,有些位居其次。要把较为重要、能烘托主题的内容排放在第一版即主版,并编排版面次序。

c．确定版面的表现形式和风格

版式编排要新颖、活泼、有朝气,版面形式的整体感要强,色彩搭配要和谐轻快,能充分展现浓郁的青春气息和时代感。

d．确定版面结构

报头:报头是一份报纸的标志,起着报徽的作用,要醒目有分量。它包括报纸的名称、刊号、出版单位、出版日期、责任编辑等要素。

报眉:位于版心的最上行,起着装饰版面和栏目划分的功能。

标题:标题是版面的眼睛,也是正文的摘要,标题设计得好,起着画龙点睛的作用,使文章生色,版面生辉。

正文:正文是版面的主体,其行文可横排,也可竖排,要注意文章的连贯性,不能有文法、语法错误和错别字;文章不宜太长,文字要清晰易读;同一版面正文字号、字体变化不要多,以免分散读者的注意力。正文字体以宋体和楷体为主,字号选用五号或小五号为宜。

图片:图片是版面结构中不可缺少的部分,其重要性仅次于正文,起着美化版面的作用,使版面图文并茂、形式丰富,更具层次感。

装饰图案:包括花边、框线、纹样等,是表达版面的视觉效果、构成版面形式的重要手段。

(3) 制作作品

在报刊类作品制作过程中通常运用到下面一些方法。

① **艺术字的使用**

标题是版面的眼睛,通过艺术字与图形的组合加工,使标题形状、大小和位置有所变化,增加版面的美感,如图 3-15 所示。

图 3-15　艺术字的使用

② **文本框的使用**

在编排报刊类文档时,经常用到能在版面中灵活放置文本的工具——文本框,它可实现横排或竖排,通过与空格键的结合使用,可排出不同形状效果,如图 3-16 所示。

图 3-16　文本框的使用

请在 word 中制作如图 3-17 所示三个文本框的例子。

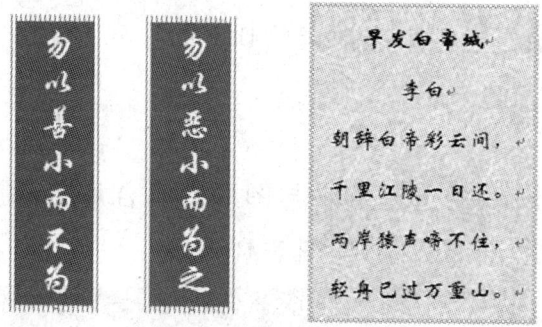

图 3-17　Word 文本框示例

③ 图形对象的组合

排版时通常需要把若干个图形对象、艺术字、文本框等组合成一个大的对象，以方便整体的移动等排版操作。操作方法是按住上档键不放，单击要组合的各个对象，单击鼠标右键，最后单击"组合"按钮，如图 3-18 所示。

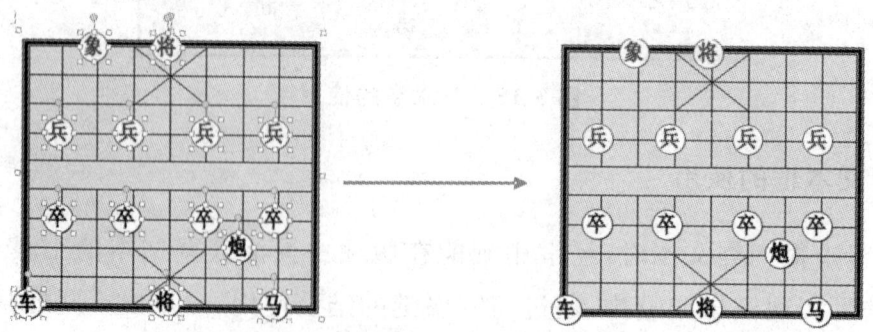

图 3-18　图形对象的组合

④ 设置图形对象的移动步长

排版时通常会碰到要把图形对象移到适当的地方却移不到位的情况,这时可以通过打开"视图—工具栏"里的"绘图"工具,修改"绘图网格"对话框里的"水平间距"与"垂直间距"的参数,设置精确的移动步长。

加工制作作品的方法还有很多,但加工制作时不是使用的方法越多越好,关键是能有效地表达作品的主题。

(4) 评价修改

一个作品做下来不可能一步到位,需要反复地进行自我评价或与同组的同学讨论交流,找出存在的问题,反复修改完善。如图 3-19、3-20 是电子报刊的作品示例。

图 3-19 《重阳特刊》示例

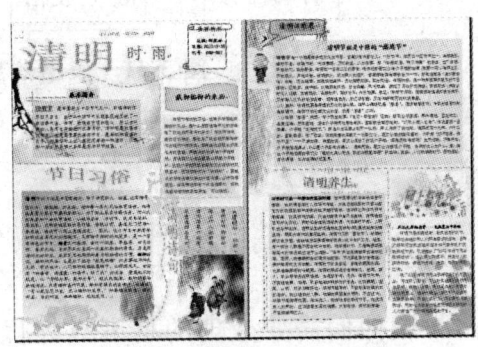

图 3-20 《清明特刊》示例

§3.2 表格信息的加工与表达

五年制学生自入校以来,坚持开展"文明班集体评优活动"。该活动作为班级管理的重要内容,每三周评比一次,同时公布评比结果,以促进各班形成你追我赶、争创文明班集体的良好风气。评比的项目主要有四项(纪律、卫生、学习和礼仪),各项均以 100 分为满分。团支部对各班在创优活动中的表现进行分析和跟踪,这些记录下来的成绩将作为年度先进班级考核的重要依据。

张琪和其他一些同学协助老师进行该活动的资料收集和数据统计分析工

作。他们很快就发现了问题,即收集到的评比数据看起来很费劲,需要逐个数据比较才能知道哪个班级的评比成绩排在年级的前面、哪个排在后面,哪个班级在进步、哪个班级在退步,哪个班级的总体成绩最好,整个年级的总体情况是进步了还是落后了……如何才能在分析报告中图文并茂、直观准确地反映评比的结果,并挖掘提取出可以激发各班你追我赶的有效信息呢?

在日常学习和工作中,我们经常要处理各种各样的表格,如考勤表、学籍表、绩效考评表等,并对这些表格数据挖掘、提炼后进行统计和分析,形成科学准确的分析报告,以便于人们能快速地接收和提取所需要的信息,做出有效的判断和决策。

表格信息的加工和表达过程如图 3-21 所示。

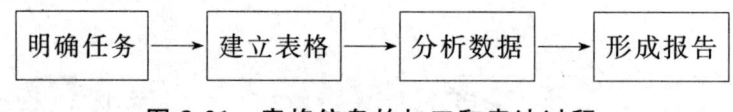

图 3-21 表格信息的加工和表达过程

3.2.1 明确任务需求

(1) 需求分析

张琪他们需要处理的是班级评优活动所产生的数据,并由此形成一份带有结论性的分析报告。具体而言,他们要完成以下两项任务:

① 根据各班的"纪律分"、"卫生分"、"学习分"及"礼仪分"得到各班各项评优指标得分的比较情况。

② 通过比较各班每三周评比总得分的情况,了解各班之间、各班自身的发展趋势。

根据以上任务我们发现,需要处理的数据对象是各班每周的"纪律分"、"卫生分"、"学习分"及"礼仪分"等。我们可以采用二维表格的形式对数据进行管理和统计,然后利用图表的形式将数据之间的对比情况直观地展示出来。最后配上文字说明,以简短的分析报告形式提出一些建设性意见或结论。

(2) 选择合适的工具软件

用数据说话,是时下提倡的作风和文风。数据可真实反映事物的本质特征;数据能增加观点的说服力,增强受众的直观感受。例如,在"关注吸烟对青少年产生的危害"的讨论中,某媒体报道:"45%高中男生吸烟……有关专家对186所中学的1万多名学生进行了调查,结果显示:其中9~12岁的小学生有10%~15%吸烟;12~15岁的初中生有35%以上吸烟;16岁以上的高中生、大学生吸烟者则占到75%……"一连串的数据立刻使参与者感受到问题的严重性。数据已经成为人们摆事实讲道理的重要信息类型。事实上,上述报道中的数据信息是经过对原始数据的加工处理而得到的。

一般来说,在获得原始数据时,数据总有它的意义,都可以表格化表达。日常学习和工作中用表格表达的数据信息众多,如学生学习档案表、体育运动比赛成绩表、文明班级考评表、考勤表等。

对于上述任务,我们可以利用图表处理工具软件来完成,这里我们选用大家熟悉的 Excel 来进行。

3.2.2 建立表格

数据信息的加工是指表格数据的处理和表格数据的图形化。利用电子表格软件,在计算机中将需要处理的数据对象创建成表格后,根据需要可以对数据进行相应的管理和统计。表格是记录和表达数据或实物类别的一种有效方式,具有简洁、清晰、准确的特点,逻辑性和对比性很强,因而表格在文本信息加工中具有重要的地位。使用表格可以节省文字,以较少的篇幅容纳较多的信息量,有利于提纲挈领地分析事物的特征。表格的设计应该科学、明确、简洁、规范。

表格通常由标题、行、列、单元格和边框组成。

标题:用于说明表格主题的文字称为标题。

行:水平方向所有的单元组织在一起称为一行。

列:垂直方向所有的单元组织在一起称为一列。

单元格:在表格中,每个方格称为一个单元格。

边框:边框是表格重要的组成部分,它在表格的四周。设置合适的边框属性可以产生意想不到的效果。

任务1:建立各班三周以来"评优活动"得分统计表。

方法如下:

(1)如图3-22所示,建立"五年制创建文明班集体评比得分统计表",输入第一周数据。该表格记录了一组与评优指标相关的项目,如"班级"、"纪律"、"卫生"和"礼仪"等。

	A	B	C	D	E	F
1	五年制创建文明班集体评比得分统计表					
2	班级	纪律	卫生	礼仪	学习	总分
3	1301班	76	90	89	70	
4	1302班	65	87	67	87	
5	1303班	80	65	90	65	
6	1304班	78	75	70	79	
7	平均分					

图 3-22 第一周评优活动成绩

(2) 以同样的方法输入第二、三周的原始分数(如图 3-23、3-24 所示)。

	A	B	C	D	E	F
1	五年制创建文明班集体评比得分统计表					
2	班级	纪律	卫生	礼仪	学习	总分
3	1301班	65	80	90	67	
4	1302班	90	79	75	80	
5	1303班	77	65	84	89	
6	1304班	78	68	70	69	
7	平均分					

图 3-23 第二周评优活动成绩

	A	B	C	D	E	F
1	五年制创建文明班集体评比得分统计表					
2	班级	纪律	卫生	礼仪	学习	总分
3	1301班	65	65	60	87	
4	1302班	80	79	75	70	
5	1303班	63	77	74	67	
6	1304班	76	87	80	77	
7	平均分					

图 3-24 第三周评优活动成绩

建立表格的过程就意味着要将各种信息建立起一定的联系。我们来看图中的表格,横向看,可以直观地看到各个班级纪律、卫生、礼仪、学习四个项目的成绩;纵向看,可以看到每一项目各班级的成绩。

3.2.3 利用数值计算分析数据

通过以上三个表格中的数据对比,我们可以看出各周纪律得分哪个班最高、哪个班最低,卫生得分哪个班最高、哪个班最低……为了反映每周各个班的总成绩和各个项目年级的总体情况,可以在表格中增加一些项目,如总分、平均分等。

任务 2:统计"评优活动"各班级每周得分和各个项目年级平均分。

方法如下：

(1) 选定图 3-22 第一周表格中 B3:E3 区域,在工具栏中单击"自动求和"按钮,完成总分统计。用同样的方法完成各个班级的总分统计。

(2) 选定 B7 单元格,在工具栏中单击"公式"按钮,点击"插入函数"按钮,在对话框中选择"常用函数"的"Average",并根据提示,完成"纪律"平均分的统计。

(3) 用鼠标拖动填充柄方式完成"卫生"、"礼仪"、"学习"三个项目的平均分统计。

为了反映每周年级的总体情况和三周来各班级的总体情况,可以建立各班级各周得分统计表。

任务 3:统计"评优活动"各班级三周总分和每周年级平均分。

方法如下：

(1) 如图 3-25 所示,建立"五年制创建文明班集体评比总分得分统计表",将各班三周的得分通过"复制"、"选择性粘贴"方法完成数据输入。

(2) 按照任务 2 的统计操作方法,得到图 3-25 两个"合计"项的统计。

	A	B	C	D	E
1	五年制创建文明班集体评比总分得分统计表				
2	班级	第一周	第二周	第三周	合计
3	1301班	325	302	277	904
4	1302班	306	324	304	934
5	1303班	300	315	281	896
6	1304班	302	285	320	907
7	合计	1233	1226	1182	

图 3-25 评优活动各周总成绩

3.2.4 利用图表呈现分析结果

图表是很有效的表现手法,它能非常直观地将数据分析的结果表示出来。它的特点是"简单、直观、清晰、明了"。

(1) 表格数据转换成图表

任务 4:将图 3-22 中的数据转换成一个能反映各班之间的各项评优指标情况的图表。

方法如下：

① 选定第一周"得分统计表"中 A2:E6 之间的区域,如图 3-26 所示。

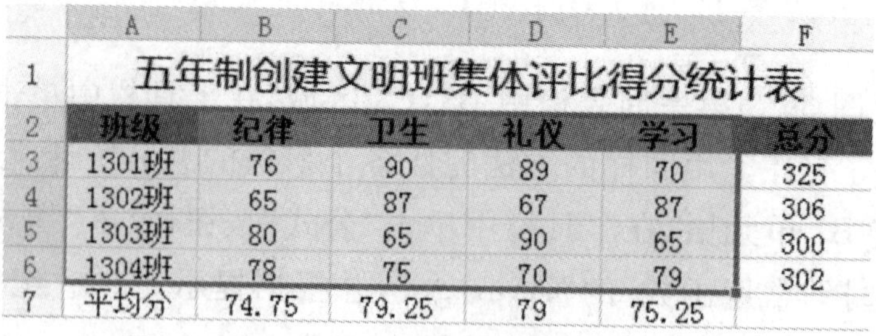

图 3-26 选定数据源的操作

② 单击常用工具栏上的"插入"按钮,点击 ,出现一个对话框,单击"图表类型"的"柱形图",并选择"子图表类型"为"簇状柱形",如图 3-27 所示。

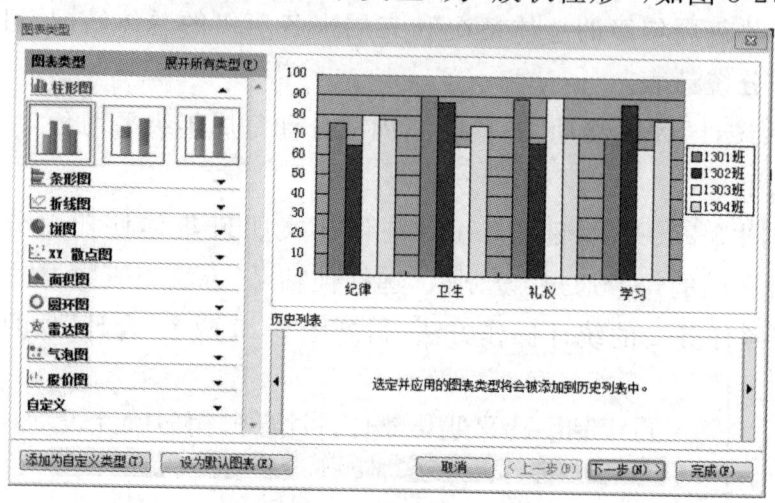

图 3-27 "图表向导"对话框

③ 单击"完成"按钮,得到一个统计图表,如图 3-28 所示。

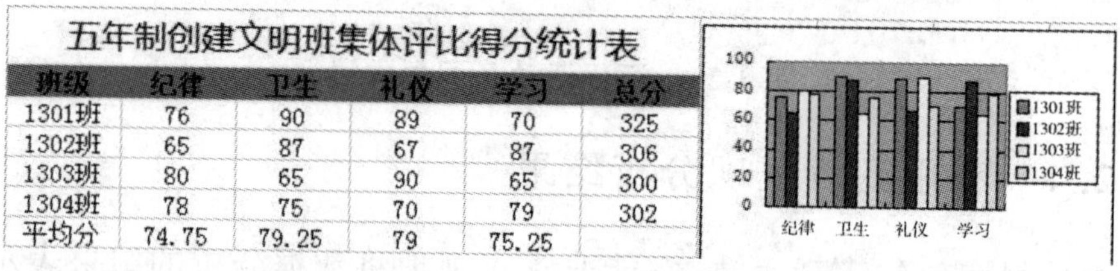

图 3-28 各项评优指标各班成绩比较

从图 3-28 中可以清楚地知道,第一周"纪律"分是 1303 班最高,而"卫生"分是 1301 班最高。

在很大程度上图表的作用就是将数据以直观的形态展现在人们面前,增强信息的可读性、可比较性,为人们解决问题、做出决策或预测发展提供帮助,因而它是数据分析过程中的有效手段。

(2) 图表数据的转置

前面我们已经通过图表的形式对表格数据进行加工和分析,得到了各班之间各项评优指标的对比情况。但是,对于同一组数据来说,它所蕴涵的信息是否就只有这些?是否还可以挖掘出更多的含义呢?

任务 5:从图 3-22 至图 3-24"得分统计表"的数据中得出各班自身各项评优指标的对比情况。

在得到如图 3-28 所示的图表的基础上,我们可以通过对图表数据的转置操作来完成任务 5。方法如下:

① 选中图 3-28 图表框,图表框周围将显示框线及"拉框钮"。

② 单击"图表"工具栏上的按钮,则可将表头列的信息置于 x 轴形成轴标签(如图 3-29 所示)。

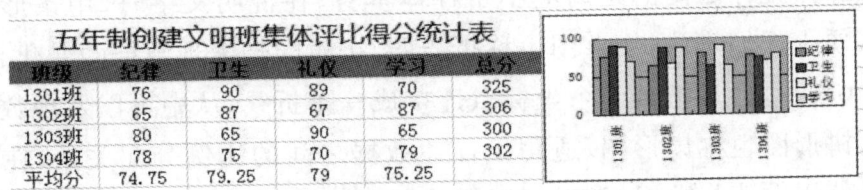

图 3-29　各班各项评优指标成绩比较

从图 3-28、图 3-29 两个图表中可以看出,针对同一组数据,我们通过改变不同的任务之后,最终得到的图表表达的信息有明显的不同。由此可见,对于同一组数据,我们如果从不同角度、不同侧面、不同目标来审视和挖掘数据之间的关系,就会得到不同的结果。这就是利用图表加工信息的价值所在。

(3) 图表类型的灵活运用

在学习和工作中,各种表格、图表被大量运用到报告或文档中。不同的任务需求,设计的图表也不同,不同的图表表达的信息也不同。

任务 6:用图 3-25 中的表格数据,用折线图法进行表达,分析图表,从中提取有价值的信息。方法如下:

① 选定图中表格 A2:E6 之间的区域。

② 单击常用工具栏上的"插入"按钮,点击▇,出现一个对话框,单击"图表类型"的"折线图",然后按"完成"按钮,便得到如图 3-30 所示的统计图表。

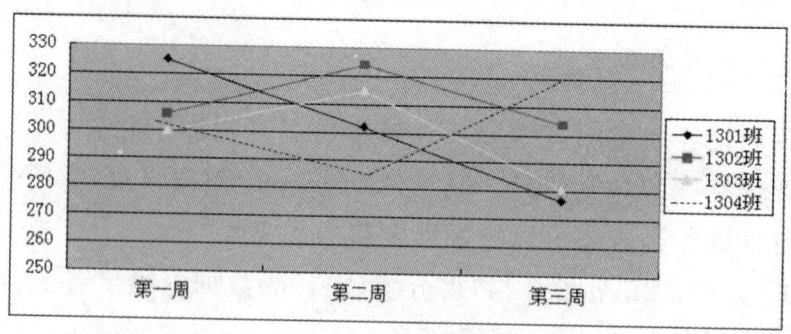

图 3-30 各班每周总成绩比较

从图中可以看出，1302 班总体成绩最好，1303、1304 班成绩不稳定，1301 班成绩连续退步。

通过前面对各种类型图的运用，我们得知，针对不同的信息需求，应该使用不同类型的图表。柱形图擅长比较数据间的多少与大小关系，使用柱形图和条形图时，柱体之间的距离应小于柱体本身；在说明文字时，用条形图表现更清晰，便于人们辨认；线性图也称折线图，按时间轴表现数据的变化趋势，在某个时间段内，通过把若干个坐标点连接成一条折线，从中可以发现数据状态的改变；饼形图也称扇形图，适用于描述数据之间的比例分配关系，在饼形图中，同时使用数值与数据标识，可以使数据之间的比例关系更为清晰。

3.2.5 形成报告

我们已经利用图表的形式来加工数据并展示结果，这种方式的确有很大优势。但要完成一份报告，我们不能只是单纯地使用图表，还应根据实际情况附上一些相关的文字说明，并进行修饰，从而丰富报告形式，以方便阅读。

根据数据图表处理的结果，配上相关的文档，参照图 3-31 的形式（也可自行设计），做成简短的分析报告。

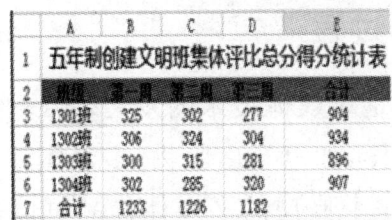
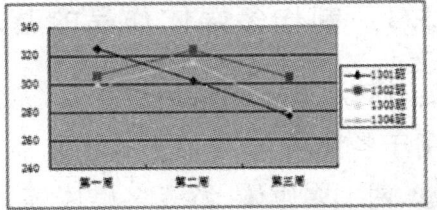

图 3-31 评优活动分析报告参考

§3.3 多媒体信息的加工与表达

在学校举办的电脑作品比赛中,刘颖和几位同学打算以"粉笔灰与人体的健康"作为创作主题。因为,自从粉笔诞生以来,使学生学习质量和学习效率都有了很大提高,但随着时间推移,人们发现某些疾病在教师身上呈现得尤为突出,最典型的就是咽喉疼痛、咳嗽等呼吸道疾病,进而是感冒发烧、哮喘等。人们开始把目光转移到粉笔带来的"粉尘污染"上,学校为了保护教职工的身心健康,也开始把一贯的普通粉笔改为现代的"微尘"或"无尘"粉笔,可这样是否就能从根本上解决问题了呢?教师们的健康指数是否会有一定提升?如果问题还是比较突出,我们又该采取怎样的方法去解决呢?

于是,他们以"粉笔灰与人体的健康"为主题进行创作。经过一段时间的调查研究,他们收集了大量有关粉笔的资料。除了文字、图片外,还有录像、录音等采访资料,他们决定采用多媒体作品的形式来组织和表达这一主题。这个作品展出以后,得到了全校师生的好评。

当单一的视觉媒体表现力不够时,多媒体作品便是更好的选择。多媒体作品与一般的视觉媒体的不同之处在于它应用了动画、声音、视频效果,能给人以听觉和视觉感官上更大的刺激,从而达到表现主题的作用。刘颖他们是怎样完成这项创作的呢？如果由我们来创作"粉笔灰与人体的健康"这个主题,那我们会怎样做呢？

3.3.1 制作多媒体作品的基本过程

随着计算机技术的应用和普及,尤其是多媒体技术的发展,多媒体作品已被频繁用于各种场合,作品形式也多种多样,如电子出版物、多媒体宣传片、多媒体光盘、网上多媒体、游戏多媒体等。一个典型的多媒体作品可以是文本、图像、图形、动画、声音、视频等几种信息的集成,而不是简单的组合。

制作多媒体作品的基本过程包括：

（1）需求分析。

（2）规划与设计。

（3）素材采集与加工。

（4）作品集成。

（5）发布与评价。

需求分析是根据主题确定作品要达到的目标,并分析其必要性和可行性。规划与设计是根据需求分析形成一个清晰可行的设计方案。然后根据设计方案的具体需求,采集所需要的素材（如文本、图片、动画、声音和视频等）,并对各种素材进行加工和创作。接着再利用多媒体集成工具软件把处理过的素材集成为一个多媒体作品。最后把多媒体作品发布,通过与别人的交流和评价,不断改进和完善作品。

我们以"粉笔灰与人体的健康"为例,通过多媒体作品的制作过程,学习其制作方法。

3.3.2 需求分析

选好主题后,要对作品的需求进行分析,具体来说需要做以下事情：

（1）确定对象与目标：明确作品的阅读对象、作品要达到的目的和效果。

（2）确定内容与形式：明确作品的内容及表现形式。

（3）明确条件与限制：根据要达成的目标和内容,分析目前情况能不能达到要求。

例如,"粉笔灰与人体的健康"作品的需求分析如表3-2所示。

表 3-2 作品的需求分析

问题	示例
对象与目标	面向全校五百余名专业教师,向大家展示研究成果,分发调查问卷,对教师职业病情况进行数据统计,宣传新式教学模式,远离粉尘
内容与形式	通过多媒体作品的形式,介绍粉笔的原料组成,列举各种元素是否对人体有害以及"无尘"、"微尘"粉笔的真正效果,用图片形象直观地展示现代化教学环境给教学带来的便利
条件与限制	分工合作,通过多种途径获取与主题有关的资料线索,进行整理,结合学校现实情况,建议使用 PowerPoint 软件来进行加工制作

在多媒体作品制作过程中,技术的应用要坚持"适用"的原则,即技术的运用服从于任务需求。也就是说我们选择什么样的工具软件或者表现形式,都应当考虑是否适用于多媒体作品制作的实际需求,同时要考虑以我们目前的技术水平能否顺利完成作品的制作。

3.3.3 规划与设计

要使多媒体作品吸引人,就必须先对该作品进行整体规划和精心设计,并做好工作计划,最后逐步去实施。

浏览下图提供的"走进红树林"、"关于中学生的睡眠与健康"、"粉笔灰与人体健康的调查报告"、"珍珠奶茶'奶成分'调查报告"等多媒体作品,看看各个作品是如何围绕主题选取内容及表现形式的,如图 3-32 所示。

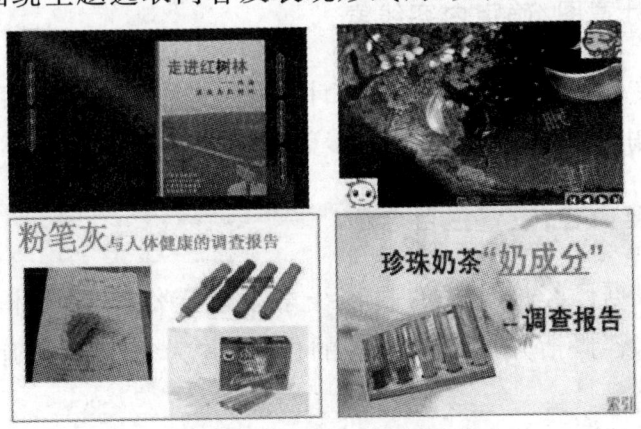

图 3-32 多媒体作品示例

（1）整体规划

多媒体作品，其实更像艺术作品，在内容选取、结构组织、表现形式上要有创意，这样才能给人耳目一新的感觉，使人产生极深刻的印象。如表 3-3 所示。

多媒体作品的一个重要特点是交互性。我们通常看的电视、电影、录像、VCD 光盘节目也是多种媒体（文本、图像、动画、声音等）的组合，但我们只能根据节目的播放顺序去听去看。而多媒体作品则不同，它可以让我们通过操作去控制整个过程，进行某种程度上的参与，这种操作就是交互。因此，在整体规划上一定要充分表现出多媒体作品的优势——交互性。

表 3-3　作品的整体规划

主要项目	示　例
内容策划	通过介绍粉笔成分，指出其危害人体健康的原因；进一步分析受到粉笔危害的群体以及粉笔对他们会造成哪方面的严重危害；展示高科技所带来的变化，多媒体课堂的引入
结构策划	调查问卷，粉尘危害，新闻资讯，保护措施，高科技课堂展示
表现形式	多媒体课件形式，使用 PowerPoint 软件
交互功能	多媒体课件中使用相关链接，实现"跳转"功能

（2）内容设计

设计多媒体作品的内容，我们可以按照以下几个步骤进行组织。

① 理清设计意图，确定内容线索

首先我们要确定多媒体作品的设计意图，然后通过一定的线索排列和组织内容，从而突出主题。

② 选定主要内容，设置栏目名称

我们可以根据已经设计好的内容线索来选定作品的具体内容，然后把一些相对独立的内容概括并提炼成相应的栏目，并为每个栏目确定一个名称。

③ 确定表现形式，设计呈现方式

确定作品内容之后，我们需要考虑作品内容的呈现方式及表现效果，也就是要考虑作品素材的存储形式及技术手段，这样才能较好地表达主题。

按照上述步骤，"粉笔灰与人体的健康"作品的设计方案如表 3-4 所示。

表 3-4 作品的设计方案

设计意图	内容线索	主要内容	表现形式
陈述主题	粉笔灰与人体的健康	主题名称、研究的背景、介绍的条目	图文合成
调查问卷	教师使用粉笔情况	调查对象、参与方式、问卷样本、调查分析结果	图文合成 图表呈现 插入链接
粉尘危害 新闻资讯	粉尘对师生呼吸系统的危害	粉尘对呼吸系统的危害、对其他五官的危害，粉尘综合征，新闻报道	图文合成 插入链接 网页插入
保护措施	如何远离粉尘	粉笔的近期发展、替代粉笔的新产品	图文合成
科技展示	新式多媒体课堂展示	投影仪课堂、多媒体课堂、白板教学	插入图片

（3）结构设计

由于"粉笔灰与人体的健康"作品的内容通常比较单一，面向的群体也相对集中，所以把该作品设计成电子读物型的作品。

（4）版面设计

版面设计时，需要考虑让作品形成统一的风格，以便给读者一个整体印象。为此，我们先设计一个版面模板，使用基本统一的色调与格式。

（5）工作计划

规划和设计的最后一个工作就是要根据任务的大小和个人的特长，进行合理安排，制订一个可行的实施计划。

3.3.4 素材的采集与加工

设计方案完成以后,就可以开始着手收集资料了。下面以"粉笔灰与人体的健康"作品为例进行作品素材的加工制作。

启动 PowerPoint,新建文件,插入背景图片和主题,如图 3-33 所示。

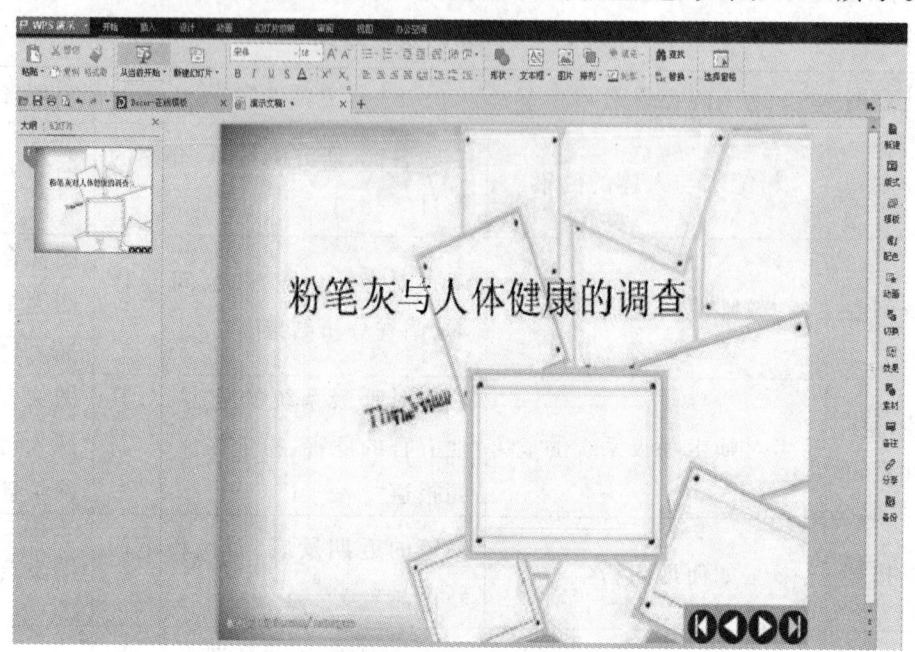

图 3-33 封面图效果

(1) 文本信息的加工

文字的选取和加工的关键是要如何围绕重点精选材料,体现设计意图。另外,还要根据媒体表达形式的特点,在有限的版面中使内容表达更加丰富深刻。

(2) 图信息的加工

用图来表达信息可以起到文字、数据难以替代的作用。图可以增强直观感受,不同的图具有不同的表达作用。例如,实景图可增强真实感;图解图适合描述一个复杂的过程或一个复杂事物的构造等;类比图可起到深化主题的作用……

① 在现实生活中,图有照片和绘制图之分。在计算机中,一般将图分为图形和图像等。

在 Word 中,有绘图工具画的直线、圆、方框等就属于图形,而通过图像输入设备捕捉的实际画面,如通过扫描仪、数码相机等工具输入计算机的图片属于图像。

常见的图的加工有以下几种方式:

a. 图片的数字化处理,如用扫描仪扫描来自于报纸、杂志、图书、照片等纸介质上的图片,用数码相机拍摄的生活场景,用数字化仪器采集的工程图形等。

b. 提炼已有的信息,用工具软件在计算机上创作绘制各种图。

c. 从屏幕、动画、视频中捕捉图像。

d. 对图形文件进行修饰及效果处理等。

② 图的扫描:

同文本录入一样,图的扫描输入本质上是将模拟图像转换成数字图像,使计算机能够对其进行加工处理。我们收集的图有许多可能来自报纸、杂志、图书、照片等纸介质资料,要处理这些图就必须使用扫描仪,在扫描软件的支持下将图扫描输入计算机。扫描软件一般在购买扫描仪时都可免费获得。扫描后的图片可保存为 JPEG、TIF 和 BMP 等文件格式。

③ 图像效果的处理:

通过扫描仪输入计算机的图片文件往往存在很多不理想的地方,例如,图像是倾斜的,扫描时把图像周边不需要的部分也扫入了……这时就需要利用图像处理软件对这些图片进行处理,使之可以为我们所用。

图像处理包括对图像大小、亮度、对比度、色彩等进行设置,还包括给图像添加各种滤镜效果,如模糊、锐化、扭曲、纹理等。图文结合后的作品如图 3-34 所示。

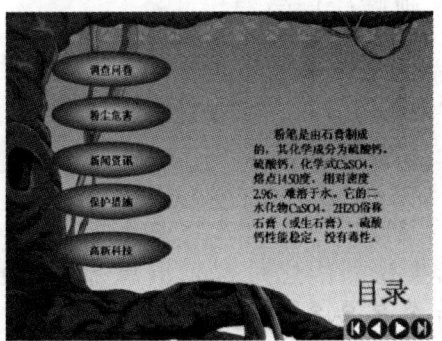

图 3-34 图文合成效果

（3）声音信息加工

目前，在信息作品中声音的使用变得越来越频繁了。信息作品中的声音主要包括背景音乐、旁白解说、音效等几种。如何根据表达的需要恰到好处地使用声音是非常重要的。

在信息作品中，背景音乐的主要作用是烘托气氛、激发受众的情绪和感情，增强作品的感染力。针对不同的主题，应该配以不同风格、情调、节奏的音乐，使背景音乐和主题风格协调、一致。旁白解说的主要作用是强化画面信息，对画面信息进行补充说明，因此，旁白解说的节奏要有利于目标受众对信息的接收。铃声、爆炸声、鸟叫声等音效能起到吸引受众注意的作用，但使用音效要适量，避免滥用。

（4）视频信息的加工

视频是由一连串连续变化的画面组成的动态场景。

视频信息是对现实世界的真实记录，它既能表现实物所处的环境和背景，又能很好地表现事物的细节。视频信息集文字、声音、图像于一体，内容丰富、表现力强，在信息作品中被广泛使用。

常见的视频信息格式有 AVI、RM、RMVB 和 MPEG 等几种。AVI 格式的视频文件可用 Windows 系统附带的媒体播放器播放，RM、RMVB 和 MPEG 格式的视频文件需要专门的媒体播放软件来播放，如 RealOne、RealPlayer、超级解霸等。

对视频信息进行加工，主要有三个方面：

① 视频信息的采集。

② 视频信息的编辑。

③ 视频信息的合成。

视频信息加工的工具软件有很多，比较常用的有 Moviemaker、Premiere 绘声绘影等。其中 Moviemaker 属于 Windows 系统自带的视频加工软件，Premiere 绘声绘影属于专业的视频加工软件。

采集视频信息是视频信息加工的前期准备工作，通常从以下几个方面采集视频信息素材：

① 现场摄录：利用摄像机到现场实地拍摄需要的视频信息。

② 视频采集：运用采集软件，将摄像机拍摄的视频信息或以往录像带中的视频信息采集到计算机中，生成数字化的视频文件。如果拍摄过程中直接生成了数字化视频文件，可直接保存到计算机中。

③ 屏幕捕获：在制作计算机必需的教程时，常需要一些屏幕操作的示范。利用屏幕捕获软件，可以捕捉教师操作计算机过程的画面，形成生动直观的视频文件。

④ 视频截取：在已有的视频文件中截取需要的一段视频信息。

制作多媒体课件时，可以使用 PowerPoint 中的插入声音、背景音乐、视频等功能，如图 3-35 所示。

图 3-35　PowerPoint 插入工具栏

（5）动画信息的加工

动画是用一定的技术手段将人工绘制的若干静态画面连续呈现而形成的。动画的形成利用了人的视觉暂留现象。多媒体作品中，主要是幻灯片的进出路径和进出方式的设置，如图 3-36 所示。

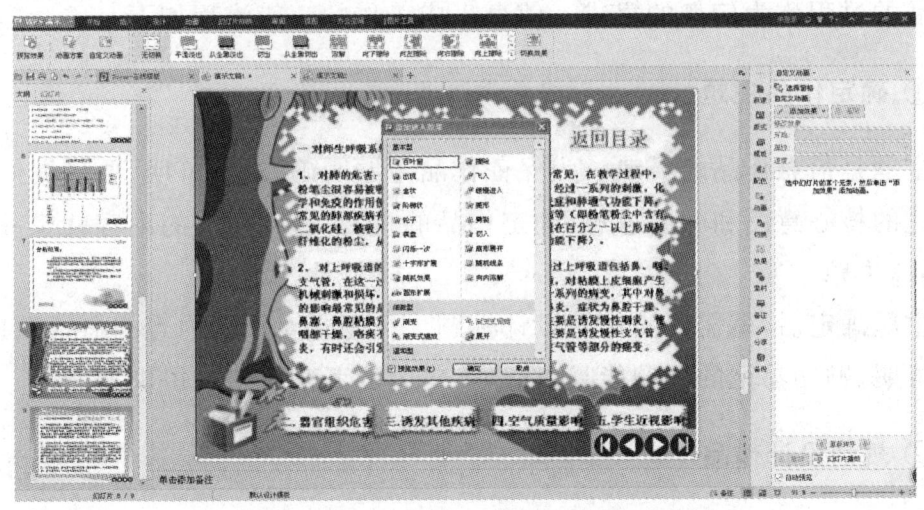

图 3-36　实现幻灯片的动画效果

动画不受时间、地点、对象等客观条件的限制，能将实物难以表达、摄像机拍摄不到的内容生动、形象、具体地表现出来，能将人们在现实生活中难以亲眼看见的实物及其变化过程表现出来。动画的这种表现形式使得它具有很强的吸引力,在日常生活中被普遍使用,如动画片、广告特技、教学演示、模拟实验等。

从视觉空间方面来看,动画可以分为二维动画和三维动画。动画制作软件很多,常见的有 Adobe、ImageReady、Flash、3D、Studio 等。此外还有一些专门用于展示某方面特技的工具,如专门制作文字动画的软件、专门制作物体变形的动画软件、专门用来将静态图片连接成动画的软件等。

3.3.5 信息的集成与交流

在实际应用中,仅使用文本、数据、图等单一媒体信息,很难从不同的侧面全面深刻地揭示问题的本质。为了突出主题,丰富作品的信息含量,通常需要综合利用多媒体信息,如电子出版物、教师制作的课件、网页等。

为了增强作品的表现力和感染力,还需要对作品进行必要的艺术加工。经过艺术处理的作品,如书报杂志的精美封面和插画、各种商业广告和海报,不但能吸引受众的广泛关注,而且能使其产生强烈的情感体验。

(1) 信息集成的一般过程

将文本、图、声音、视频和动画等多种媒体素材有机地组织起来,形成多媒体作品的过程称为信息的集成。信息集成工作的一般流程如下。

① 确定作品主题

主题是信息作品的灵魂。为保证作品主题明确、观点鲜明,要依据作品所要表达的核心意图和中心思想,确定作品的主题,否则作品的内容就像一盘散沙,偏离主题。

主题确定后,就需要为作品设计标题。标题是对作品内容的概括和提炼。简短鲜明、贴切易记的标题能吸引读者,也为读者获取信息提供方便。

② 规划设计作品

首先确定作品的呈现形式,常见的作品呈现形式包括以下几个方面:

a. 电子板报或海报:主要是张贴展示、主题宣传。

b. 演示文稿:主要用于演示汇报、会议交流。

c. 学习课件:主要是辅助教师教学、辅导学生学习。

d. 网页：网上信息发布。

其次是艺术风格，为使作品具有一定的表现力、感染力，就需要根据作品的主题，确定作品的色彩风格和版面布局。常见的作品布局类型有上下型、左右型、拐角型、包围型、时尚型等。另外版面布局时还要注意版面色彩内容等方面的和谐。

③ 采集处理素材

要利用各种渠道，获取与主题相关的各种类型的信息。为了突出作品的艺术效果，还需要对获取的信息进行必要的加工。

④ 制作加工作品

利用相应的信息加工软件，将各种素材结合起来，形成最终作品。
常用的信息集成工具软件如表3-5所示。

表3-5 常用的信息集成工具软件

作品类型	常用工具软件
宣传海报、电子小报	Word、金山文字
演示文稿	PowerPoint 软件、金山演示软件
教学课件	方正奥思、Authorware
模拟动画	Flash
网页	FrontPage、Dreamweaver

⑤ 测试作品

作品制作完成后，要进行测试。网页作品需要发布到专门的网站进行测试，主要测试作品的效果是否达到预期目标，是否存在技术性问题。作品测试一般需要团队合作，共同完成。

（2）信息交流

① 非实时的信息交流方式。用户交流不需要同时在线，如 E-mail、BBS、BLOG。

② 实时的信息交流方式。要求交流双方同时在线，如 QQ、微信、MSN、网络电话、可视电话。

复 习 题

1. 文本信息加工是最基本也是最常用的一种信息加工类型,下列不属于文本信息加工的是_____。

   A. 制作电子贺卡　　　　　　　　B. 制作一份电子报刊

   C. 对图片进行处理　　　　　　　D. 写一篇社会实践调查报告

2. 老师布置了一个制作电子报刊的任务,那么以下软件中你觉得比较合适的是_____。

   A. word、WPS　　　　　　　　　B. word、写字板

   C. word、记事本　　　　　　　　D. 写字板、记事本

3. 多媒体计算机是指_____。

   A. 可以看电视的计算机

   B. 可以听音乐的计算机

   C. 能处理声音、图像、文字等多种信息形式的计算机系统

   D. 可以通用的计算机

4. 下列不属于计算机信息加工的是_____。

   A. 编程加工　　　　　　　　　　B. 智能化信息加工

   C. 手绘的素描画像　　　　　　　D. 使用"画图"软件绘图

5. 学习完本章后,李丽同学共完成了以下几个作品:①电子报刊《健康报》;②二次函数画图程序;③在线翻译一篇文章;④网页"logo 图标"的设计。请判别该同学完成的作品中属于程序设计自动化信息加工类型的是:_____;属于大众信息技术人性化信息加工类型的是:_____;属于人工智能技术智能化信息加工类型的是:_____。

6. 马小林在制作班级网站:

   (1) 请为他推荐一款软件_____;在网站制作中,需要用到一些海边椰子树的图片,他决定在百度搜索,关键词应该是_____。

   (2) 图片下载后,小林还要对图片进行一些后期处理,包括使用滤镜添加镜头光晕等,使用_____软件可以实现这些效果;图片处理完成,要在网页上使用,应该保存成为_____格式。

   (3) 网站制作完成后,他要把网站上传到网站 FTP 空间,可以使用哪个软

件_____(可选:迅雷、网际快车、网络蚂蚁、CuteFtp)。
(4) 网站设计有以下步骤:①确定主题;②栏目设计、素材收集;③选软件开发;④测试上传和后期维护。正确的顺序应该是:_____。

7. "上学最早的是我,回家最晚的是我,玩的最少的、作业最多的、睡觉最迟的、最困最累的,是我是我还是我……"结合此话题,联系你平时的学习生活,调查周边学校学生,统计分析结果,以"你睡得好吗——中学生睡眠情况调查"为题,探究在校生睡眠质量,找出问题的根源所在,并制定合理的解决途径。

过程及要求:
(1) 分小组讨论,确定讨论内容。
(2) 通过上网、查找相关书籍、访问专家等途径收集相关资料。
(3) 制定调查问卷并进行调查。
(4) 完成调查报告,利用 Excel 图表进行统计分析。
(5) 制作多媒体作品(电子报刊或 PPT 形式)。

8. 复习制作文本框的方法,在 word 中用文本框编排古诗。如图 3-37 所示。

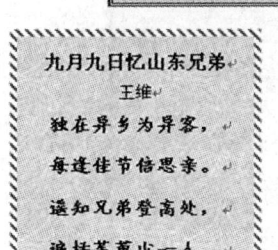
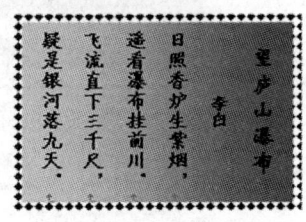

图 3-37 文本框编排示例

9. 参照图 3-38,在 word 中编辑文字"爬山虎的脚"(节选),并进行加工处理。

爬山虎的脚（节选）

叶圣陶

学校操场北边墙上满是爬山虎。我家也有爬山虎，从小院的西墙爬上去，在房顶上占了一大片地方。

爬山虎刚长出来的叶子是嫩红的，不几天叶子长大，就变成嫩绿的。爬山虎的嫩叶不大引人注意，引人注意的是长大了的叶子。那些叶子绿得那么新鲜，看着非常舒服。叶尖一顺儿朝下，在墙上铺得那么均匀，没有重叠起来的，也不留一点儿空隙。一阵风拂过，一墙的叶子就漾起波纹，好看得很。

爬山虎的脚 以前我只知道这种植物叫爬山虎，可不知道它怎么能爬。今年我注意了，原来爬山虎是有脚的。爬山虎的脚长在茎上。茎上长叶柄的地方，反面伸出枝状的六七根细丝，每根细丝像蜗牛的触角。细丝跟新叶子一样，也是嫩红的。这就是爬山虎的脚。

图 3-38　Word 中编辑文字示例

10. 参照图 3-39，制作《绿色诗文》电子报刊。

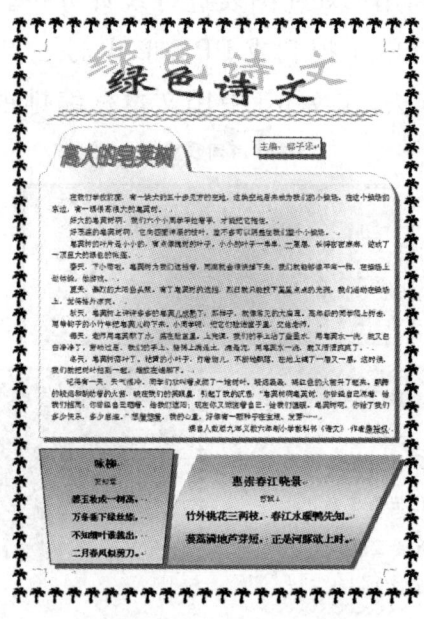

图 3-39　制作电子报刊示例

11. 制作如图 3-40 所示的"读书调查"工作表，同时创立柱形图、饼图。

第 3 章 信息的加工与表达

	最喜欢读的书调查					
班级	小说	诗歌	散文	科幻	漫画	调查人数
高一(1)班	8	12	10	13	12	42
高一(2)班	10	8	6	8	13	37
高一(3)班	11	9	12	12	14	46
高一(4)班	15	6	6	11	16	43
高一(5)班	9	12	7	6	10	38
总人数	53	47	41	50	65	206
平均人数	11	9	8	10	13	41
最多人数	15	12	12	13	16	46
最少人数	8	6	6	6	10	37

图 3-40 制作"读书调查"表示例

12. 根据演示文稿《我的家乡》,如图 3-41 所示,利用网络图片,制作介绍自己家乡的演示文稿。

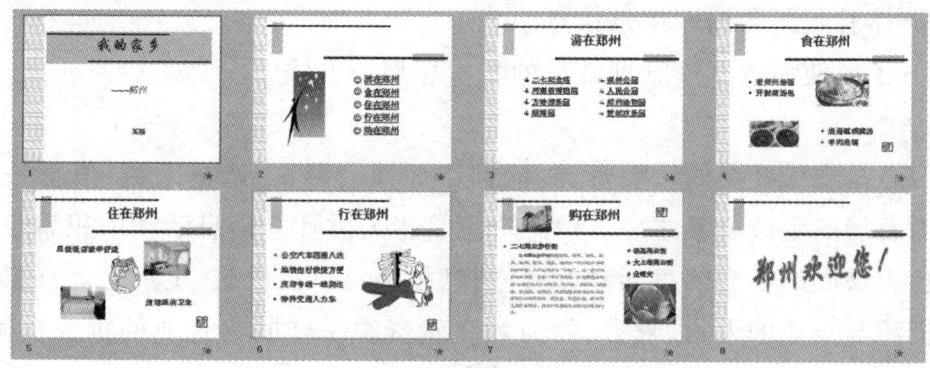

图 3-41 制作家乡演示文稿示例

第4章　信息资源管理

学习目标

◎ 认识信息资源管理的目的。
◎ 了解常见的信息资源管理方法。
◎ 体验利用数据库检索信息。
◎ 了解使用数据库管理信息的基本思想与方法。

信息是现代社会的重要资源,能够增加社会财富、造福人类,信息是社会生产力发展的生产要素之一。信息资源是指人类社会信息活动中积累起来的以信息为核心的各类信息活动要素(信息技术、设备、设施、生产者等)的集合。信息资源与企业的人力、财力、物力和自然资源一样同为企业的重要资源,且为企业发展的战略资源。

本章我们通过多种实践活动,帮助同学们了解当前常见的信息资源管理的目的、方法和特点,感受利用数据库存储、管理大量数据并实现高效检索方面的优势;通过对简单数据库的解剖分析,了解使用数据库管理信息的基本思想与方法;并能利用现代信息交流渠道广泛地开展合作,解决学习和生活中的问题。

§4.1　认识信息资源管理

谢欣告诉他的两位好朋友李强和刘争,星期天他和表哥一起在网上玩了一款新近推出的网络游戏,那画面绚丽多彩,故事情节曲折离奇,能支持上万人同时在线。他们"苦战"了整整一天,感觉网络游戏真好玩,这世界太精彩了。

话音刚落,李强、刘争着急了:"难怪你这段时间精神恍惚,上课老不专心。玩网络游戏对我们没有好处啊!"

谢欣说:"不对,玩网络游戏,可以学到很多东西呢。"

李强、刘争则坚持:"玩网络游戏花时间又花精力,还要花钱,不好。"

他们争论了好久,可是谁也说服不了谁。于是,他们约定晚上一起到图书馆查找资料,来论证自己的观点。

李强利用图书的分类目录去查找资料。他询问了图书馆管理员,得知使用目录索引卡可以在"计算机科学类"找到有关"电脑游戏"的文献情况,然后根据查询结果到藏书室查找书籍。后来他还到期刊室查阅了一些科技类资料。

谢欣在图书馆网络室使用"图书管理信息系统",在图书数据库中检索与"电脑游戏"有关的资料。

刘争走进电子阅览室,通过因特网浏览并收集了有关电脑游戏的资料。

当三位好朋友聚到一起的时候,他们相互讲述了自己查找资料的经过和做法,最后达成了一些共识:网络游戏玩起来特别让人着迷。一些年轻人不休不眠,乐此不疲,甚者为玩网络游戏而荒废了学业,实在让人痛惜……我们这些正处在求学阶段的学生,应当引以为戒!

这个案例中,三位同学从哪些地方找到了自己需要的资料?他们采用的方法各有何特点和优势?

4.1.1 走进信息资源管理

许多人都有这样的习惯,随时把看到的、听到的、感受到的信息记录下来,以便日后查阅。后来人们发现,用一个本子记录所有的信息有许多不便,特别是信息多了不便查找,于是,有些人使用不同的本子记录不同的信息。另一种常用的方法是使用卡片,一张卡片记载一条信息,然后将卡片分门别类地存放。以后查找信息时,只到规定类别的卡片中去查找。这些都是人们常用的信息管理方法。计算机信息管理只不过是充分利用了计算机的高速度和大容量存储的特点,把人们原先人工管理信息的办法变为用计算机进行自动化管理。

日常生活中,我们的课本、报刊、个人藏书、图书馆藏书、音像资料、计算机文件、因特网信息等都是非常丰富的信息资源。但由于每个人对信息的实际需求和使用目的不尽相同,于是信息资源管理的方法也就多种多样。人们在对各种信息资源进行管理的过程中积累了越来越丰富的经验,我们可以从中概括出信息资源管理的基本思想和方法,从而帮助我们高效地管理和利用信息。

在利用信息解决问题、完成任务的过程中,能够感受到信息是一种资源,可以被开发和利用。但是,信息要充分发挥资源的效能,就必须对其进行必要的管理。

(1) 身边的信息资源管理

事实上,在信息活动日益广泛的今天,不论是个人工作和生活,还是企事业单位的信息处理,都在不同程度地对信息资源进行着管理。

比如,个人利用纸介通讯录或 QQ、MSN、微信等通信工具记载和管理亲朋好友的联系方式,借助掌上电脑、电子记事本等个人信息管理工具,记录和管理个人日程安排、待办事项、通讯录等重要信息。学校设有专门的管理人员负责对参考书、幻灯片、音像资料等教学资源进行采购与管理,并利用学籍档案和学习成绩档案记录和管理学生在校期间的行为表现和学习情况。电信部门通过编制城市黄页为公众提供地区内各行业的联系电话等信息。商场超市利用计算机对商品的采购、销售、库存盘点等业务环节进行信息化管理。银行在全系统内利用计算机网络对金融业务进行信息化管理,实现了异地存款、取款,同城通兑。因特网上的搜索引擎对信息资源进行了分类管理,并提供了多种信息检索方式。

(2) 信息资源管理的目的

不同的单位或组织进行信息资源管理的目的可能各不相同。

例如,个人对信息资源的管理是为了提高自己工作和学习的效率,是为了能更好地检索自己需要的信息。学校对教学信息资源的管理,是为了提高教学效率和教学质量。信息服务机构,如公共图书馆、情报中心、电视台和电台,对信息资源的管理目的是更好地满足公众的信息需求,做好信息资源的共享工作。企业单位对信息资源的管理目的是随时掌握生产进度、销售状况以及产品的最新技术等信息,以便做出正确的决策,提高生产效益。总的来说,信息资源管理的目的就是为了确保信息资源的有效利用。

根据实际条件和兴趣爱好,从下列活动项目中选择一个项目或几个项目,也可以自拟项目。以小组合作的形式,通过实际操作或实地考察,对当前常见的信息资源管理进行调查研究。活动的主要任务是了解信息资源管理的目的和方法,描述各种方法的特点,并分析信息资源管理的合理性。

① 到图书馆进行实地考察,了解图书馆是怎样对藏书进行分类上架的,怎样使用图书馆管理目录(或者利用图书馆管理信息系统)找到藏书。你的个人藏书有没有进行这样的分类管理?

② 利用计算机的资源管理器对磁盘文件或者下载的多媒体信息进行分类保存和管理,分析文件管理有什么样的方法和特点。

③ 利用图表处理工具组织和管理学生学籍信息、图书馆藏书信息,建立同学通讯录,通过对比分析,了解教据管理的具体方法及特点。

④ 实际操作学校的数据库应用系统,如学生学籍管理信息系统、图书馆管理信息系统、学科教学资源库管理系统等,通过与技术管理员和实际使用者交谈以及阅读系统的文档资料,了解这些信息系统存储的是什么样的信息资源,是怎样组织和管理信息资源的,可以提供什么样的服务,具体使用效果如何等。

⑤ 访问因特网上的一个多媒体信息网站,如 MP3 音乐专业网站,了解网站对多媒体信息是如何分类和管理的,如何利用多种检索方式查找到自己所需要的歌曲。

⑥ 手机登录淘宝,了解淘宝网站对多种商品是如何分类汇总的,如何快速找到自己所需要的商品。

4.1.2 信息资源管理的方式

一般来讲,根据信息资源管理过程中采用的技术手段,可以把信息资源的管理分成两类:一类是手工管理方式,另一类是计算机管理方式。

(1) 手工管理方式

手工管理方式在日常生活中非常普遍。个人把自己通讯录中各个亲朋好友的联系信息按某种方式进行分类、排序,图书馆管理人员通过制作书目卡片对图书情况进行管理,企事业单位通过做财务账簿对收支情况进行管理,这些都是信息资源的手工管理方式。

下面我们以图书馆对图书的管理为例,来认识这种手工管理方式的特点。

许多图书馆对图书的管理采用的是制作书目卡片的方式。对每一本新书,图书馆都要依据《中国图书馆图书分类法》进行编目登记,并制作书目索引卡。

为了让用户检索更灵活,比较大的图书馆会给用户提供多种检索途径,如按书名的检索等。为了实现多种检索的功能,对同一本书,图书馆需要相应地制作多张索引卡,如书名索引卡、作者名索引卡等,分别放在不同的卡片柜里。

如果图书馆需要淘汰一些旧书,图书馆管理员需要抽掉卡片柜中所有与这些书有关的索引卡。

从图书馆对图书的管理可以看出,手工管理能较好地实现对信息资源的分类存放、检索等。但是,这种方式也存在着管理工作烦琐、效率比较低的问题,如果需要管理的信息资源庞大,则需要耗费大量人力、物力和空间。

(2) 计算机管理方式

在现代信息社会中,随着信息量的爆炸式增长,单纯用手工方式进行信息资源管理已经远远不能满足社会发展的需要。

例如,中国国家图书馆藏书近 3 000 万册,在其开架阅览室就有近 200 万册书刊供读者自行选阅。如果仍然以查书目卡片的方式进行管理,效率可想而知。于是很多行业在信息获取、加工与处理、交流与发布等诸多环节中,引入计算机技术。

利用计算机进行信息资源管理,可分为文件管理方式和数据库管理方式两种。

① 文件管理方式

计算机内的程序和数据都是以文件的形式存放在存储介质上的。用户通常以文件为单位对信息资源进行组织和检索,这就是我们平常所说的文件管理。

文件管理是大多数计算机用户最常用的信息资源管理方式,例如,人们常利用 Windows 系统提供的信息资源管理工具——资源管理器在计算机中建立树型结构目录，实现对文件的分类管理；利用 IE 浏览器的收藏夹对自己喜欢的网站按一定主题进行分类管理；通过"网上邻居"、博客、QQ 空间等其他途径，实现网络的共享文件资源的分类管理；利用迅雷、网际快车等工具软件对下载的文件资源进行分类管理。如图 4-1、4-2、4-3 所示。

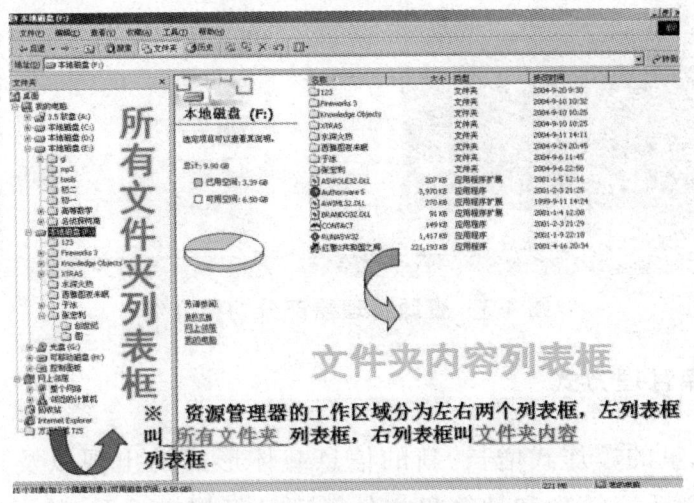

图 4-1　资源管理器工作区域

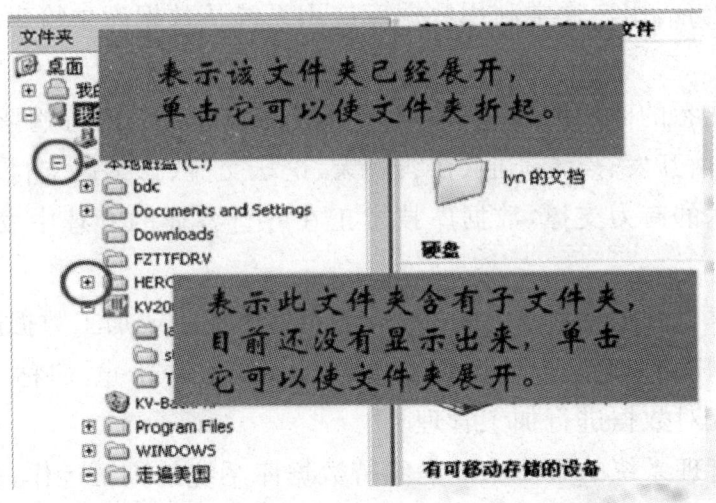

图 4-2　资源管理器中"+"、"—"的功能

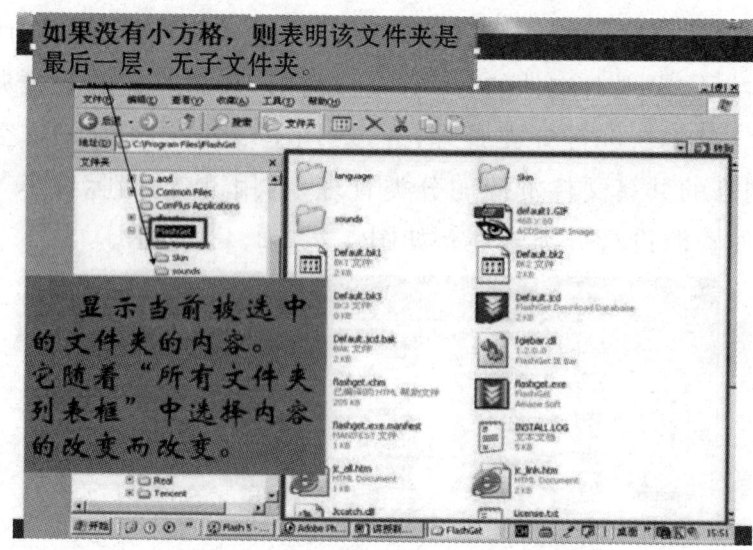

图 4-3　资源管理器部分功能介绍

② **数据库管理方式**

随着信息量的爆炸式增长、新的信息载体形式的出现以及人们对信息共享需求的增长,手工管理和计算机文件管理已经捉襟见肘,数据库管理方式则应运而生。数据库(DataBase,简称 DB)是存储在计算机中的有组织的、可共享的数据的集合,用户通常利用数据库应用系统从数据库中检索信息,统计数据。

我们所熟悉的商场购物、超市结账、银行存款取款、出行购票、持卡消费、网上购物、短信互发、点卡充值、在线聊天、论坛交流、二维码支付等,背后都有着数据库技术的有力支撑,数据库技术正在各行各业的管理中发挥着越来越重要的作用。

用数据库管理信息资源,用户一般不能直接使用或加工数据库中的数据,而是通过数据库管理系统(Database Management System,简称 DBMS)或数据库应用系统对数据进行加工管理。

数据库管理系统的主要功能是维持数据库系统的正常运作,包括建立、删除、检索、统计、修改和组织数据库中的数据以及为用户提供对数据库的维护方法等。只要使用了数据库管理系统,用户就可以不必关心这些数据在计算机中的具体存放方式以及计算机处理数据的过程细节,只需把处理数据具体而繁杂的工作交给数据库管理系统去完成即可。

数据库应用系统是程序设计人员针对具体需求开发的信息管理软件,可以使一般用户在不熟悉数据库技术的情况下,简单方便地完成对信息资源的增加、修改、删除、查询、统计等管理工作。

用数据库进行信息资源管理,不仅错误少、容量大、速度快、计算准确,而且突破了时空的限制,拓展了信息资源的利用场合,替代了原来人工进行的大量重复性劳动,减少了查找、计算等消耗的大量时间,提高了信息资源利用的效率。数据越是庞大,类型越是多样,越能体现数据库管理技术给我们带来的方便。

4.1.3 信息管理发展的四个阶段

在不同的社会经济发展阶段和技术条件下,人类对信息管理的侧重点是不同的,我们可以将信息管理划分为传统管理阶段、信息管理阶段、信息资源管理阶段和大数据云计算阶段。

(1) 传统管理阶段

传统管理阶段以图书馆为代表,主要是文献信息源的收藏管理,也包含档案管理和其他文献资料管理。

图书馆收藏文献的最终目的是为了利用这些文献,图书馆自诞生之日起就十分重视"藏"与"用"的统一,为用而藏。文献信息的利用在时间和空间上分布都非常复杂。在空间上,图书馆面对的是无穷无尽、不断变化的需求;在时间上,入藏图书馆的文献信息源可能在遥远的未来才会被阅读。此时此地之藏,不知何时何地要用。这使得图书馆不得不着眼于文献信息源的全面收藏,因为收藏总比利用容易把握得多。另外,图书馆本身就具有文化遗产的保存功能,这就是图书馆为什么重视"源"的管理的原因。

(2) 信息管理阶段

信息管理阶段以计算机为工具,以自动化信息处理和信息系统建造为主要内容,主要是信息流的控制。

将计算机应用于图书馆的文献加工和管理,能满足多样化的需求,给用户带来了方便,推动了数据库的发展。随着计算机技术的发展,其信息处理能力不断加强,使人们对文献的加工从宏观层次向微观层次深入,从文献的外部走向内部,从局部信息扩展为全局信息,极大地提高了人类对文献信息的管理能力,提高了图书馆和情报中心对文献信息流的自动化控制能力。同时,计算机也被广泛应用于公司、企业和其他各类机构的行政记录处理、财务数据处理和经营活动数据处理过程中。

信息管理阶段围绕计算机应用创造了许多信息加工处理方法和系统设计开发理论。

(3) 信息资源管理阶段

信息资源管理这一概念产生于 20 世纪 70 年代末、80 年代初的美国,美国信息资源管理专家霍顿(F. W. Horton)和马钱德(D. A. Marchand)是信息资源管理理论的奠基人。信息资源管理是为确保信息资源的有效利用,以现代信息技术为手段,对信息资源实施计划、预算、组织、分配、协调和控制,是由多种人类信息活动整合而成的特殊形式的管理活动。

信息资源管理概念的提出基于两方面的原因:一方面是纯粹的技术手段不能实现对信息的有效控制和利用,人们在寻找一种新型的管理模式;另一方面则是当代社会经济的发展使信息成为一种重要的经济资源,在这个背景下,需要从经济学角度出发思考问题,对信息资源进行优化配置和管理。

当前,信息资源管理已经发展为一个专门的领域,受到信息界、管理界、经济界和政府部门的关注,同时也被公众广泛接受,信息资源管理尤其受到企业的重视,许多企业把信息资源管理列为企业管理的一个必要环节。

(4) 大数据云计算阶段

物联网、云计算、移动互联网、车联网、手机、平板电脑、PC 以及遍布地球各个角落的各种各样的传感器,无一不是数据来源或者承载的方式。大数据需要特殊处理技术,这就是云计算。云计算是通过网络按需提供可动态、伸缩的廉价计算服务。透过该技术,网络服务者可在数秒之内,达成处理数以千万计甚至亿计的信息,达到和"超级计算机"同样强大效能的网络服务。

§4.2 使用数据库

郑洁家在市郊,近几年来,随着市里城中村改造工程的大幅推进,郑洁家所在的村子有了日新月异的变化。谈起这些,郑洁抑制不住兴奋的表情,让他感受最深的是自己家超市的变化。

1999年的时候,郑洁还在上小学,当时的村子不大,郑洁家的商店主要针对本村村民,那时候每天商品出入量不大,爸妈基本都记在心里,遇到有赊账的,郑洁的爸爸会在商店的小黑板上写出来。

2005年,市里开始大规模地兴修公路,环城路从郑洁所在的村里经过,随之而来的是人流量的增加,由起初的修路工人到路过的司机,积累了不少固定客户,店里的商品数量也不断增加。郑洁的爸妈开始把每天的支出情况一一记录在固定的本子上,一年下来,本子换了好几个,而且都被翻破了。

2010年开始,郑洁家所在的村子被列入城中村改造行列,整齐统一的楼房代替了散落的房子,很多外村人都来这里买房子,郑洁家也把商店名改为"兴隆超市",安装了电脑,商品种类也翻了番。郑洁跟学计算机的表姐一起,利用暑假时间制作了一个超市进货出货的Excel表格,教会爸妈如何使用。还别说,这比"记本子上"方便多了,也不害怕丢失,还能每天快速地统计商品的出入情况,哪种商品卖得快一目了然……

2013年,郑洁家开始加盟"鑫鑫旺连锁超市",同时引入了鑫鑫旺的超市连锁收银系统,郑洁的爸爸还开了四个连锁超市,覆盖整个市区。通过超市连锁收银系统,郑洁的爸爸每天在家就可以掌握五个超市的商品出入情况,非常方便。

查询通讯录,去超市购物,到银行取款,上网浏览……很多工作都离不开信息管理。这些信息存储在各种各样的数据库中,这些数据库中的信息大部分都是电子化的。每一天,我们都在自觉或不自觉地使用这些数据库。

在众多的信息资源管理方法中,数据库及其管理、应用系统是目前信息资源管理的一种有效方法。它们在信息的收集、存储、加工、管理等方面,为人们提供方便、快捷和高效的服务,帮助人们进行计划、组织、控制、决策等一系列的活动。

4.2.1 使用数据库应用系统

数据库技术在存储、管理大量数据和实现高效检索方面具有相当大的优势。它能够长久保存和精确处理各个领域的各种数据,不但为科学决策提供了依据,同时也为生产和生活提供了大量的信息化服务,加快了社会的数字化进程。我们以某学校的一名学生信息管理数据库为例,通过剖析数据库中数据的组织形式,了解采用数据库方式管理信息资源的基本思想与方法。

(1) 数据库

数据库是指有组织地、动态地存储在辅助存储器上的,能为多个用户共享的,与应用程序彼此独立的一组相互关联着的数据集合。

数据库管理系统是为了建立、使用和维护数据库而设计的数据管理软件,在计算机系统中它介于操作系统和用户之间,负责对数据库资源进行统一的管理和控制,所有用户和程序发出的有关数据库方面的操作指令,都通过数据库管理系统来实现。随着信息技术的发展,数据库管理系统软件已日趋成熟,数据库管理系统的产品有很多种,如 Oracle、SQLServer 等大型数据库管理系统和 FoxPro、Access 等小型数据库管理系统。

数据库应用系统是指在计算机系统中,通过数据库管理系统,按用户的应用需求或为某一特定的用户设计的结构合理、使用方便的数据库及其配套的应用程序系统。目前,大部分数据库管理系统都提供了设计数据库应用系统的工具。

数据库系统一般由数据库、数据库管理系统、计算机软件和硬件以及系统人员和用户等组成。

图 4-4、4-5、4-6 是三个典型的小型数据库例子。

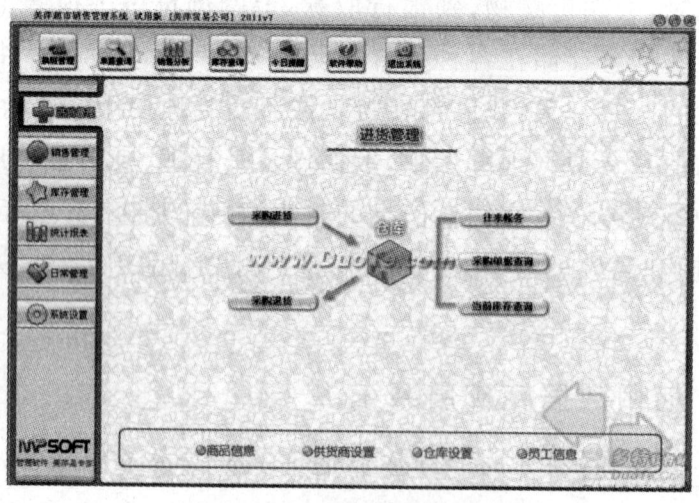

图 4-4 美萍超市收银系统

图 4-5　学生公寓管理系统

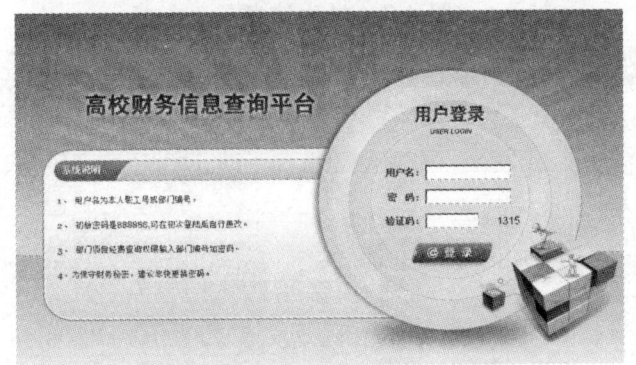

图 4-6　高校财务查询系统

为了实现有效的管理，一个数据库通常集合许多相关的数据，并以各种二维表格形式管理信息。事实上，一个数据库中往往存有多个表格，每张表格功能比较单一，只涉及单方面的内容，但这并不意味着每张表格是孤立的，不同表格之间往往有某种关系。这里的关系是指在两个表格的公共字段之间创建的一种连接。

（2）数据库的管理

对数据库的管理，包括建立和删除数据文件，检索、统计、修改和组织数据库等操作是通过数据库管理系统实现的，图 4-7 和图 4-8 所示是一个简单的数据库管理系统。

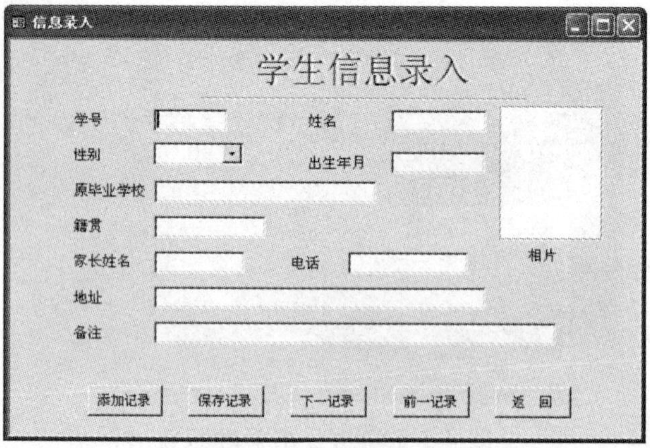

图 4-7　学生信息录入

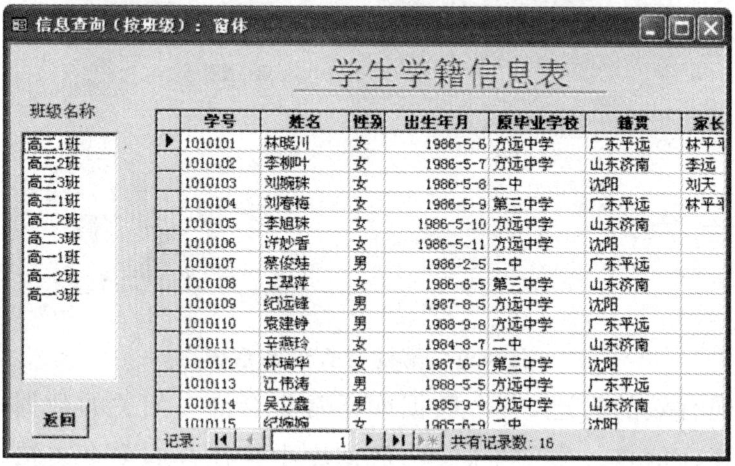

图 4-8　学生学籍信息表

4.2.2　使用数据库管理信息的优势

从以上的探究活动中,我们对使用数据库存储和管理信息资源有了比较清晰的认识,对使用数据库应用系统实现高效检索有了切身的体会。

(1) 信息资源管理的基本过程

信息资源管理的基本过程主要包括以下几个方面。

① 组织和存储信息

将收集到的信息按内容或载体进行合理的分类组织,将其存储在物理介质上,使信息能够被长期地保存。

② **维护和备份信息**

根据需要随时进行增加、修改和删除信息等操作,同时要注意定期备份保存信息,以便出现安全问题的时候防止不必要的损失。

③ **提供查询和统计功能**

提供信息查询和统计功能,以便快速、准确地获取需要的信息,满足各种要求。

我们还可以根据自己的实际需要,利用各种搜索工具(包括信息系统的搜索功能、搜索引擎或者智能搜索工具等),选择恰当的搜索策略,提高搜索技巧,并经过统计分析之后,得到所需要的信息或产生新的知识。

④ **开发新的信息资源**

经过分类和整理之后,我们还可以对信息进行新的组合或提炼,包括对信息的综合、比较、分析、研究等一系列操作,开发出更为宝贵的信息资源,发挥信息资源的价值,形成新的知识或创造更大的效益。

(2) 使用数据库应用系统的优势

使用数据库应用系统,归纳起来有以下几方面的优势。

① 能够存储大量数据,且占用空间少。随着计算机技术的发展,无论是文字、图片,还是声音、视频,多媒体信息都可以使用数据库进行存储,且数据库存储量很大,堪称海量存储;又由于数据库技术的应用,大大减少了数据冗余,使得储存数据所占用的空间较少。

② 管理操作方便、快捷,数据维护简单、安全。使用数据库管理信息资源,可以进行添加、修改、插入、删除等操作,而且操作方便、快捷。

③ 检索统计准确、迅速、高效。数据库应用系统的使用可以按关键词对数据进行各种分类,而且关键词还可以作各种各样的组合,使得数据的检索、统计等操作形式多样,结果准确;又由于几乎所有的数据库都采用了索引技术,使得检索数据速度快、效率高。

④ 数据应用共享性能好。由于对数据进行集中管理,可以通过网络等各种技术,使得数据的应用能够共享,并且数据应用的效率也高。

无论是常用的数据库应用系统,还是网上搜索引擎或在线数据库,都可以存储和管理庞大的信息,使得原本繁杂的数据变得规范有序,管理的方式也由人工管理或文件管理向自动化管理和集中管理转变,并通过网络实现信息的高度共享,提供高效的检索服务。

利用数据库管理信息资源还有很多种方法,这里需要说明的是,以上所讨论的数据库是数据库的一种,叫作关系数据库。它的特点就是数据库由一些二维表组成,表与表之间通过关联字段建立联系。除此以外,还有其他类型的数据库,如网状数据库、层次数据库等。

复习题

1. 网络论坛、博客属于_____。
   A. 数据库应用系统　　　　　　　B. 数据库
   C. 数据库管理系统　　　　　　　D. 不是数据库

2. 一位同学想使用数据库管理自己班级的图书信息和借阅信息，应选择_____软件为最佳。
   A. Excel　　　B. Word　　　C. Access　　　D. Flash

3. 我们可以利用以下哪些东西来帮我们管理存放在网络上的资源_____。
   ① 网络硬盘　　② 博客　　③ 电子邮箱　　④ 电脑硬盘
   A. ①②　　　B. ①②③　　　C. ①③④　　　D. ②③④

4. 下面_____不是个人使用计算机管理信息资源的常见行为。
   A. 使用 BLOG 管理网上资源
   B. 使用收藏夹分类管理喜爱的网站
   C. 使用资源管理器对文件进行管理
   D. 使用个人数字助理

5. 小张在图书馆的计算机上检索与地震有关的图书，所使用的图书管理信息系统属于_____。
   A. 数据库应用系统　　　　　　　B. 文件管理系统
   C. 数据库　　　　　　　　　　　D. 数据库管理系统

6. 在网上查询电话费用清单，实际上是访问其中的_____。
   A. 电子表格文件　　　　　　　　B. 纸质文件
   C. 数据库文件　　　　　　　　　D. 文本文件

7. 下列选项中，属于数据库管理系统的是_____。
   A. Access　　B. FlashGet　　C. C++　　　D. Outlook

8. 使用数据库系统的主要优势有_____。
   ① 数据冗余度大　　　　　　② 数据维护简单、安全
   ③ 检索统计准确、高效　　　④ 数据共享性能好
   A. ①②③　　B. ①②④　　C. ①③④　　D. ②③④

9. 下列选项中，不属于利用因特网发布信息的方式是_____。

A. 网络调查　　　　　　　　B. 刻录光盘
C. 网络会议　　　　　　　　D. 发布网页

10. 使用信息管理发展的四个阶段分别是什么？
11. 列举使用数据库应用系统的优势。
12. 简述信息资源的概念。
13. 简述大数据的主要特点。

第 5 章　信息技术与社会

学习目标

◎ 认识信息技术对社会发展、科技进步以及个人生活与学习的影响。
◎ 认识信息技术的双面性,能以正确的态度对待信息技术。
◎ 充分合理运用信息技术,遵守法律规范、伦理道德的基本要求。
◎ 树立安全意识,学会病毒防范基本方法,了解计算机犯罪及其危害,增强自我保护意识。

信息化是当今世界科技、经济与社会发展的大趋势。它关系到经济、社会、文化、政治和国家安全,已经成为各国未来发展战略的制高点。信息化水平是衡量一个国家和地区的国际竞争力、现代化程度、经济增长能力和综合国力的重要标志。信息化开创了全球经济发展的新时代,人类正迈向信息社会。以微电子技术、计算机技术和通信技术为主要内容的信息技术已经广泛地渗透到经济和社会的各个领域,极大地推动了人类社会的进步和发展。

生活在当今信息时代,人们在享受信息技术带来的极大方便的同时,也面临着一个严重的信息安全问题。人们越来越担心存储的信息遭受破坏或被他人盗窃,在信息处理的过程中是否会出现故障,发出的信息是否完整、准确地送达对方等问题。信息安全不仅需要解决技术问题,还需要解决与信息安全相关的法律法规及道德规范问题。

本章将通过具体的案例学习,帮助同学们树立信息安全意识,学会病毒防范、信息保护的基本方法;了解计算机犯罪及其危害;认识网络使用规范和有关伦理道德的基本内涵,识别并抵制不良信息;了解信息技术可能带来的不利于身心健康的因素;增强自觉遵守与信息活动相关的法律法规意识,有责任地参与信息实践活动;养成健康使用信息技术的习惯。

§5.1 信息技术与社会生活

某校五年制1311班的同学正在召开座谈会,全班同学自由畅谈自己使用信息技术的感受。

张峰说:"我对机器人很感兴趣,通过因特网,我找到了大量有关机器人研究的最新进展。我觉得网络是一项伟大的发明。"

吴静说:"我爸爸在澳大利亚做访问学者,他每天和我用 E-mail 进行交谈,爸爸还给我发了许多照片,尽管我和爸爸远隔重洋,但信息技术拉近了我和爸爸的距离。"

赵明发言的时候情绪很激动,他说:"前段时间在网上结识了一个名叫'阳光男孩'的网友,并应约去见面,相见时才发现他已30多岁。所以不要轻易相信网上的信息。"

郭凯说:"在我们学校校园论坛上,有信息技术的发展带来的是福是祸的讨论,对此问题,我也感到很迷茫。"

从上述案例可以看出,信息技术已经走进我们的日常生活,改变着我们的学习和生活方式,但也引发了一系列新的问题,需要我们共同寻求解决问题的方法。

现代信息技术在全球范围内蓬勃兴起,迅速而深刻地改变着人们的生活和工作方式,也引起了人类社会全面和深刻的改革。人类因此进入被称为"信息社会"的时代。

5.1.1 信息技术对个人的影响

(1) 给个人带来了便利和实惠

信息技术强大的获取和处理信息的能力大大提高了人们的工作效率;质量更高、效果更好的信息产品可以给人们带来更多的享受;丰富多彩的信息产品给人们的学习、工作、生活带来了前所未有的便利。

以教育为例，计算机辅助教学软件、多媒体技术可以减轻教师制作教学课件的难度，提高教师工作的效率；可以使教学有声有色，从而大大提高教学的生动性、趣味性和有效性。因特网极大丰富了教育资源，使每一个学生都能共享人类的知识财富。网络教学、远程教育使任何人都可以不受时间和空间的限制，自由接受教育，为人们终身学习、个性化学习奠定了基础。

(2) 深刻改变人们的工作和生活方式

信息技术改变了人们的工作方式。办公自动化让人们习惯于将更多的工作交给计算机来完成；通信的便利使家庭办公、远距离办公成为越来越多人的选择。

电子邮件、移动电话、微博、微信朋友圈日益成为人们联络交流的主要方式。每逢重大节日，人们越来越习惯于发送电子贺卡、手机短信、微信视频聊天，给自己的亲朋好友送上一份节日的问候与祝福。

通过网络获取信息也成为很多人的选择。根据中国互联网信息中心的调查，我国自发现"非典型肺炎"病例以来，因特网用户获得有关"非典"信息的最主要的来源是因特网(57.8%)，大大超过了人们获取信息的传统来源——电视(27.4%)和报刊(9.9%)。

电子商务的出现也使传统的购物方式发生了变化，越来越多的人开始选择网上交易。随着银行、商店等单位的数据库应用系统的建立和使用，越来越多的人也习惯了刷卡消费、微信支付宝付款、二维码扫描消费。现在信息技术在全球范围内蓬勃兴起，迅速而深刻地改变着人们的生活和工作方式。

信息技术的高速发展也极大地改变了人们的娱乐方式，网络电视逐渐冲击有线电视，网络游戏逐渐趋向手机游戏发展，各种 APP 软件的出现加速信息一体化，无线网络的全覆盖战略也使得未来电信行业面临新的格局，人们的生活将愈发信息化、多元化。

(3) 对个人就业产生的影响

就业是个人生活的重要内容。信息技术的发展和信息社会的到来，导致了一批传统职业的消失和新职业的产生，也改变了人们的职业观念、就业取向。

目前，社会上出现了很多与信息获取、处理、管理等有关的新职业，如软件设计员、网络管理员、3D 和 4D 动画制作员、软件测试员、首席信息执行官(CIO)、微商。

信息技术已经完全而深刻地渗透到各行各业,即使是一些传统的职业和岗位,"熟练掌握基本的信息技术"也成为用人单位必不可少的招聘要求。这就给一些还没有掌握基本信息技术的人的就业带来了困难。"数字鸿沟"问题开始引起人们的关注。

(4) 促使人们的思想观念发生变化

21 世纪是人类逐步由工业社会步入信息社会的转型时期,人们的各种思想观念也在这个时期发生着变化。随着信息技术的迅猛发展,各种新思想、新观念层出不穷。例如,近年来,人们的教育观念发生了很大的改变,在因特网的海量信息和网络学校面前,"只有进学校才能接受教育"的观念发生了改变,人们开始接受和实行自我教育、远程教育;信息技术及由它引发的科技的迅猛发展使"一纸文凭保终身"的观念再也没有市场,而"继续教育"、"终身学习"等观念日益被人们所认同。

5.1.2 信息技术对社会发展的影响

人类社会的发展证明,每次重大的科技进步,都会对人类社会产生深远的影响。现在信息技术的蓬勃发展已经引起了科技与社会的巨大变革;而随着信息技术的继续发展,它必定还将继续对社会产生更大的冲击,引起更大的变革。

(1) 促进科技进步

信息技术的发展直接带动了其他学科的发展,促进了科技进步。

利用计算机技术、仿真技术、虚拟现实技术、多媒体技术、三维动画技术、数据库技术、3D 打印技术等信息技术,可以全面改善科研条件和手段,大幅度加快科研项目的进程。例如,生命科学研究中 DNA 序列的测定、药物研发等都离不开计算机强大的计算能力。又如,为了完成药物研究中大量的数据计算,科学家们运用了一种叫网格计算(grid computing)的方法,将因特网中暂时空闲的计算机终端,联结成动态而巨型的网络计算工具。再如,高性能的通信和测控技术的发展大大促进了航天工业的发展,新型信息技术工具使地球地面的人能与相距遥远的宇宙空间站保持联络,能与航天员及时地进行双向交流,甚至能控制火星探测器在火星上进行科学探测工作等。

(2) 加速产业的变革

首先,信息技术的发展孕育了一个新的产业——信息产业。20世纪60年代末,一种以计算机和通信为主导的高科技智力密集型产业——信息产业在美国首先出现了。在我国,信息产业已经成为国家的支柱产业之一。

其次,信息技术加速了传统产业,即第一产业(农业)、第二产业(工业)和第三产业(服务性行业)的变革,给这些传统产业注入了新的活力和内容。

信息技术加速了农业的现代化。人工温室栽培改变了传统农业"靠天吃饭"的命运;遥感、遥测技术可用于测定各种土壤类型的分布,调查土壤的使用情况,检测植物的生长状况;农业自动化控制、农业机器人的出现更是改变了农业的生产方式。

信息技术加速了现代工业的自动化和智能化。现代工业从产品的设计、开发、生产、销售到售后服务都越来越依赖信息技术。计算机辅助设计(Computer Aided Design,简称CAD)、计算机辅助制造(Computer Aided Manufacturing,简称CAM)、计算机集成制造系统(Computer Integrated Manufacturing System,简称CIMS)等先进的制造技术正在彻底改变传统工业的面貌。

信息技术也渗透到商业、金融业、服务业、保险业、医疗卫生业等第三产业中,导致了第三产业的新革命。电子商务的蓬勃发展促使越来越多的企业加速制作自己的网站;自动取款机、计算机转账、电子付款、信用卡、二维码支付等使传统的金融概念发生着改变;远程医疗、专家系统等现代医疗改变了专家资源受地域限制的局面;录像带、光盘、优盘等的出现丰富了图书馆资源管理的内容,图书馆检索数据库的出现改变了图书馆的管理方法。

信息技术加速传统产业变革的作用还表现在对传统管理方法的改进上。以前,政府和单位非常关注对物质资源、人力资源的管理,现在人们越来越关注对信息资源的管理。

(3) 创造新的人类文明

信息技术使人与人之间的交流变得更加便捷,也更为频繁。因特网的出现更是使人们交流过程中的时间和空间障碍几乎不再存在,不同国家、不同肤色、不同信仰、不同年龄、不同行为习惯的人因为一张"网"而聚集在一起。人们的思想观念相互碰撞、相互影响，必将创造出新的人类文明——经济全球化、信息全球化。

5.1.3 信息技术引发的矛盾与问题

技术永远是一把双刃剑，让人类获得利益的同时，也会给人类带来问题。例如，汽车在带给人类交通便利的同时，也给人类带来了污染、能源紧张、交通拥挤等问题。信息技术也不例外，与其他技术相比，信息技术有自身的特点，它也给人类带来了特有的矛盾和问题。

(1)"开放"与"安全"

开放是因特网的主要特征之一。任何团体和个人都可以通过因特网传送和获取各种各样的信息。然而，因特网的这种开放特征却使无论是国家、单位还是个人都面临着严峻的安全问题。网络安全问题主要表现在以下几个方面。

① 计算机病毒

病毒(virus)是生物学领域的术语，是指能够使人或动物致病的一种微生物。计算机病毒是指编制或者在计算机程序中插入的破坏计算机功能或者毁坏数据，影响计算机使用，并能自我复制的一组计算机指令或者程序代码。

计算机病毒具有潜伏性、传染性、复制性和攻击性等特点。

计算机病毒是计算机的头号敌人，会造成巨大的社会危害。1983年，世界上第一例计算机病毒被专家证实；1987年，计算机病毒在全世界传播开来。目前，计算机病毒对计算机造成的影响主要包括对计算机网络的危害和对个人计算机的危害两个方面。

计算机病毒对计算机网络的危害极大。病毒的攻击可以使由计算机控制的交通指挥系统失灵，银行金融系统瘫痪，卫星、导航系统失控，工厂生产停滞，政府机构、企事业部门秩序混乱。(2017年5月12日，被称为"勒索病毒"的WannaCry病毒，以类似于蠕虫病毒的方式传播，攻击主机和加密主机上存储的文件，然后要求以比特币的形式支付赎金。勒索金额为300~600美元。2017年5月14日，WannaCry病毒出现变种WannaCry2.0，传播速度更快。

至少有150个国家受到网络攻击,已经影响到金融、能源、医疗等行业,中国部分Windows操作系统用户遭受感染,校园网用户受害严重。)

计算机病毒对个人计算机的危害主要表现在:使用户磁盘上的信息丢失;引起系统崩溃;删除硬盘或软盘上特定的可执行文件或数据文件,修改和破坏数据;不断反复传染拷贝,造成存储空间减小,并影响系统运行效率,破坏计算机中的系统程序,直接导致计算机主板损坏等。

② 黑客

"黑客"(hacker)是指计算机系统的非法侵入者。尽管有些黑客只是为了好奇或表现自己的能力而非法地访问他人的系统,但也有一些别有用心之徒侵入他人系统后,会破坏文件或修改数据、盗窃内部信息,对国家安全、社会安全、公共秩序、个人合法权益造成极大的危害。

③ 网络陷阱

网络陷阱是指一些别有用心之徒,利用因特网设置骗局。比如,约在聊天室结识的"朋友"见面,然后见机行骗;利用填写个人资料的机会,骗取他人的个人资料,以作非法之用等。

因特网的网络问题引起了世界各国的高度重视。目前,解决网络安全问题的主要途径有三种:立法途径、技术途径和个人防范途径。

目前,世界各国都在加紧制定相应的法律法规。例如,我国分别于2000年4月26日颁布了《计算机病毒防治管理办法》(中华人民共和国公安部第51号令),1994年2月18日颁布实施了《中华人民共和国计算机信息系统安全保护条例》。此外,我国新《刑法》第286条第3款也对制作、传播计算机病毒等破坏性程序的人做出了处罚规定。

比较基本的技术防范方法有:密码学技术、访问控制、身份认证、安全审计、安全监控、安全漏洞检测、网络监听等。

个人防范主要通过增强自我防范意识,安装使用保护软件,设置密码,做好备份工作等。

(2)"共享"与"尊重"

共享是因特网的又一重要特征。因特网的主要目的就是让人们能便捷地获取自己所需要的信息,使人人都能分享人类共同的智慧。因特网这种信息资源共享的特性给人们的学习和工作带来了极大的便利,但也容易导致剽窃、修改、任意转帖他人信息作品等行为的出现。这些行为都是对他人的劳动成果、知识产权不尊重的表现。

(3)"自由"与"规则"

网络技术的出现,使因特网成为"自由"交流的港湾。人们可以自由地浏览、获取、传播、处理因特网上的信息,也可以将自己的信息作品发布到网上与他人交流。科学家们可以利用因特网及时、无障碍地开展学术讨论。

然而,自由、快捷的网络带给人的并不都是快乐,有时可能是不快乐。网上交流的自由给了垃圾信息可乘之机:简单加工、到处复制的信息,虚假或过时的信息,不正确、不科学的信息,低级庸俗的信息时有出现。此外,在各种聊天室、BBS论坛,也不时出现嘲笑、诽谤等内容。垃圾信息给人们选择、利用信息造成了困难,甚至还可以腐蚀人们的思想。因此,这对社会造成的危害不容忽视。

现在,由因特网交流自由带来的种种问题引起了世界各国的重视。人们开始考虑为因特网的交流制定规则。此外,人们也开始讨论和呼吁交流礼仪的问题,很多人都在呼吁,面对因特网,人们应该做到"慎独"。"慎独"是指人独处时,在没有任何外在的监督和控制下,也能遵从道德规范,恪守道德准则。只有人人都能"慎独以待",才能共同营造健康向上的网络环境,人们才能充分享受网络带来的种种便利和实惠。

(4)"虚拟"与"现实"

网络空间是一个数字化的空间,他提供了一个看似真实,但却是"虚拟"的环境。

信息技术的高度发展使人们可以在网络世界中生活:电子商务让人足不出户就可以买到自己需要的生活用品;网络新闻可以满足人们了解外界信息的需要;网络交流可以满足人们对交流等的需要;因特网上丰富多彩的游戏、娱乐项目足以让人流连忘返……

正因如此,有些人开始出现过于依赖、迷恋这个虚拟世界的现象。这种现象被称为"网络上瘾症"、"网络孤独症"等,属于一种新的心理疾病。

§5.2　信息技术与青少年

据一项调查显示，不少的中学生成了小"网虫"，沉湎于网上，将90%的时间用到网络游戏上，做了网络的俘虏，为网络所累，痴迷于"网吧"、"聊天室"不能自拔。有的中学生不仅耽误了学习，甚至会犯罪。据2013年4月《大河报》报道，一名15岁的中学生为了"随心所欲"地上网玩网络游戏，竟然杀害自己的表姐，以达到占有她电脑的目的。

另一项调查显示，中小学生极易沉浸到网络的虚拟化生活空间中，一旦回到现实社会就产生一种孤独感，患上"网络疏离症"，成天高唱：网络是我家，我的眼里只有它。这样对心理造成严重损害，同时在生理上中学生正处于快速发育时间，如果他们一上网就是四五个小时，不仅眼睛超负荷运转，危害视力，也使得脊椎变形，真可谓"鞠躬尽瘁，死而后已"！

现代的青少年身处一个信息化的社会，现代信息技术正渗透到他们的生活、学习的方方面面。大家既可以享受现代信息技术带来的各种便利和机遇，也不得不面对信息技术带来的种种问题。怎样做才能趋利避害？怎样才能挑起历史赋予他们的责任和使命呢？这是每一个青少年应该关注和思考的问题。

5.2.1　充分、合理利用信息技术

信息技术是现代社会一种强有力的工具，青少年应该充分利用它，让它为自己的学习、生活和成长服务。利用各种信息加工和处理工具，青少年可以制作出丰富多彩、有创意的信息作品，更好地表达自己，更好地与他人展开交流。现在，因特网上有大量与学科学习有关的专题网站，如中国中小学教育教学网（http://www.k12.com.cn/）、中学化学辅导站（http://www.xmqing.cn.gs/）、中学英语课堂（http://www.englishabc.cn/）、中学数学之窗（http://www.szhqzx.net/zxsx/）等。利用这些专题网站，青少年可以开展自主学习，扩展自己学习的深度和广度，提高学习的效率。

青少年还可以利用信息技术开展广泛的合作学习。可以利用 BBS、微信朋友圈就自己感兴趣的话题与他人进行讨论、交流；可以利用电子邮件将自己在学习过程中产生的疑问发送给同学、老师或者专家，以寻求解答；可以通过网页、美篇等展示自己的作品或研究成果，达到与他人共享和交流的目的。

利用信息技术的时候，要把握好适时适度的原则，做到合理利用。信息技术只是一种工具，是为我们达到目标服务的。因此，用不用信息技术、用哪些信息技术、如何用信息技术关键在于它是否能使人更好地、更有效率地达到目标。合理利用信息技术的关键之一是考察运用信息技术所产生的效果。例如，在制作信息作品的时候，滥用多媒体技术，可能不仅达不到更好的表达效果，反而使人眼花缭乱，无法抓住内容的重点。合理利用信息技术的第二个关键是考察使用效率。比如，在学习过程中遇到困难和难题，要向他人请教，可以采用的方法是多种多样的，可以当面请教、电话咨询或利用 E-mail、BBS、QQ、微信等信息技术工具，如果只热衷于使用信息工具，而忽视其他更便捷的交流方法，或者只乐于与"网友"交流，而忽视自己身边的同学、老师等资源，都会导致资源、时间和精力的浪费。

总之，只有从需要出发，从效果最优化的考虑出发，充分、合理利用信息技术，信息技术才能真正成为自己学习和生活的有力工具。

5.2.2 自觉遵守信息社会的法律规范和道德

随着信息技术的普及与发展，网络以空前的速度介入我们的生活，对我们当前的学习及今后的发展都将产生积极的、重要的影响。然而，与此同时，各种各样的网络规范和网络道德问题也接踵而来。有的同学因迷恋网上游戏而影响学业；有的同学因热衷于网上聊天，结果交错网友；有的同学沉溺于虚拟的网络交往，影响了现实生活中与父母、老师、同学的交流，患上了"社交恐惧症"；有的同学因好奇或为表现自己的网络技能而模仿"黑客"行为，导致犯法；还有一些同学，长时间无节制地上网，甚至通宵达旦，生活规律被打乱，影响身体健康，眼睛长时间凝视屏幕也容易引起眼睛疲劳、视力下降。这些问题给我们敲响了警钟，为了能够健康地参与网络活动，必须建立一定的网络规范和网络道德。

那么，我们应该遵循怎样的网络道德规范呢？由团中央等部门推出的《全国青少年网络文明公约》是我们建设网络道德规范的基础。

全国青少年网络文明公约

要善于网上学习,不浏览不良信息。

要诚实友好交流,不侮辱欺诈他人。

要增强自护意识,不随意约会网友。

要维护网络安全,不破坏网络秩序。

要有益身心健康,不沉溺虚拟时空。

我们可以运用网络改变我们的学习方式,除了查找资料和交流之外,还可以选择网络课程,参与基于网络的教学活动。在这些活动中,必然会用到许多网络技术和手段,如网站浏览、多媒体技术、电子公告板、电子邮件、网络实时聊天等。

为了更好地利用网络开展教学,应该制定一份大家共同遵守的网络课程的学习规则,以规范大家在网络课程中的行为。

(1) 尊重他人的知识产权

① 不剽窃他人信息作品的内容。

② 不使用盗版书籍、软件、光盘等。

③ 对于作者声明禁止使用的作品,要尊重作者的意见。

④ 不得出于营利的目的非法复制、出版他人的信息作品;如果出于学习、研究或者欣赏目的,可以少量复制但不能出版,并应尽可能地通知对方并取得对方的同意。

⑤ 如果需要在自己的作品中引用他人的作品,应注明引用信息的来源、作者。

(2) 加强自我约束,自觉遵守网络规则和礼仪

因特网具有的开放、自由、虚拟等特点弱化了对青少年行为的外部约束,这就对青少年的自我约束能力提出了更高的要求。

熟悉并自觉遵守网络礼仪、注意自己的言行举止是青少年在网络中成长的第一步,同样也是青少年在现代信息社会必须具备的基本素养。

当然,不同的交流方式会有不同的礼仪标准,下面是使用电子邮件的一些礼仪要求:

① 发信时最好输入邮件主题,以便收件者了解邮件的主要内容。

② 信件的内容要尽可能简短明了,以便不浪费他人的时间。

③ 如果用英语等外国文字写电子邮件,内容一定不要都用大写字母表示(全部大写意味着大喊大叫)。

④ 不要随意给他人发邮件,不能给他人制造垃圾邮件。

使用微信时,也应注意以下基本礼仪:

① 不要发太过直白的广告。

② 不要强行点赞。

③ 不要发有伤风化的内容。

④ 切忌"刷爆朋友圈"。

⑤ 站在接收者的角度,一般应及时回复,若没能及时回复,应说明理由。

⑥ 站在发送者角度,不要在别人忙时和别人聊,并且聊天内容要文明,信息形式分场合,大事登门当面谈,小事闲聊网上谈。

5.2.3 加强自我保护意识,提高自我保护能力

(1) 加强病毒防范的意识和能力

对个人来说,防范计算机病毒应从预防、检测、清除病毒等三方面来进行。

① 做好病毒的预防工作

预防病毒是指采取相应的安全措施预防病毒侵入计算机。具体的办法分为人工预防与软件预防。软件预防是为自己的计算机安装过滤软件或防火墙软件,进行自动的病毒预防。

人工预防能有效地减少病毒的侵入,它主要包括以下几个方面:

加强自己防范病毒的意识。时刻关注当前社会上计算机病毒的流行情况,不断学习与计算机病毒有关的知识,提高自己防范计算机病毒的能力。

不轻易使用来历不明的软盘和光盘,必须使用时先检测其中的文件是否感染病毒。

不轻易打开来历不明的电子邮件,在打开来自熟人的电子邮件前,也应该进行必要的病毒检测。

不随意访问来历不明的网站或下载来历不明的文件。

② 做好病毒的检测和消除工作

检测病毒是指准确地发现计算机系统是否感染病毒,准确查找出病毒的来源,并给出统计报告。消除病毒是指从感染病毒的对象中清除病毒,恢复被病毒感染前的原始信息。

对普通的计算机用户来说,最好的方法是利用专门的工具进行病毒的检测和消除。常用的检测和消除病毒的专用工具软件有:金山毒霸、KV3000、VRV、Norton、熊猫卫士等。

系统被病毒侵入,或计算机病毒被激活,一般都会有一些明显的症状,因此,当系统出现异常情况时,如运行突然变慢、长时间访问存储介质、系统不稳定并出现异常错误,应及时对计算机进行病毒检测。

除了在感觉计算机有异常时应立即对计算机进行病毒检测外,还应该定期进行病毒检测,如每周对整个系统硬盘进行一次全面的病毒扫描。

当发现自己使用的计算机感染了病毒的时候,应立即利用专门的工具软件对计算机进行杀毒。计算机病毒千变万化,而且不断会有新变化产生,因此,还应该常对工具软件进行升级,以提高工具软件检测和消除病毒的能力。

(2) 保护自己的作品

要保护好自己的作品,可以从以下几个方面进行:

① 建立保护自己作品版权的意识,学习、了解有关版权方面的知识。

② 保管好自己创作过程中的初稿、图纸等。

③ 选择先正式出版、后网络共享的方式。

④ 对于网络共享,还可以按照网络版权(如创作共用协议)选择一种方式进行协议授权。

⑤ 对于侵害自身权益的违法行为要勇于以法反击。

(3) 避免网络陷阱的伤害

网络陷阱之所以能够成功,一般是因为受害人的防范意识不强,因此,加强自我保护意识,就能避免网络陷阱给自己带来伤害。一般来说,在网络交流中,尽量不要泄漏个人信息,特别是家庭电话号码、住址等关键信息。不要和原本不认识的网友见面(学校组织的跨地域交流除外)。不要乱加陌生人为好友,滥发自拍到朋友圈。

(4) 警惕信息污染

对于正处于人生观、世界观形成阶段的青少年来说,应该时刻警惕垃圾信息对他们思想的腐蚀和误导,对青少年身体和精神的伤害;时刻警惕垃圾信息造成的污染。时刻提高警惕不是一句空洞的口号,可以通过以下具体的行动来落实。

① 养成随时对自己浏览的信息内容、网站展开批判的习惯。
② 不断实践学习判断信息的方法,提高自己识别信息、评价信息的能力。
③ 尽量只浏览那些正规组织的网站(如域名为 org、gov、edu 等的网站)和具有较好声誉的网站(如新浪、搜狐等)。
④ 远离含有不健康内容的网站,当发现网页中有垃圾信息时,应立即离开。

(5) 保护自己的心理与生理健康

除了网络环境的虚拟特点容易引起人们的心理健康问题的产生外,实际上,长时间使用计算机还会损害人们的生理健康,如导致近视、肩周炎、"鼠标手"等生理疾病。

青少年时期是一个人心理、身体发育、成长的关键期,因此,青少年更应该关注自己的身心健康。平时应时刻提醒自己网络世界不是真实的世界,网络生活不能代替现实生活;应该有意识地加强与周围人的联系,多参加集体活动,多与他人面对面交流;在使用计算机或因特网一段时间后(一般为一小时),应适当地休息;也可以采取设置闹钟、设置计算机自动黑屏等方法来强迫自己不长时间使用计算机。

(6) 终身学习,迎接挑战

当代青少年正处于这么一个时代:信息技术的发展日新月异,各种新思想、新产品、新技术层出不穷,而且发展的速度越来越快。作为未来国家建设的主力军,作为未来世界的主人,现代青少年肩负着发展信息技术、建设安全文明信息社会的历史责任。青少年只有不断学习、终身学习,才能为祖国的繁荣富强和世界文明的发展进步贡献自己的力量。

5.2.4 培养良好的信息素养

作为信息时代的公民,应该具备良好的信息素养,遵守网络规范和网络道德,保护网络安全畅通,使信息技术更好地为我们的学习、工作和生活服务。

信息素养是一个涵盖面很宽广的问题,它涉及人们的信息意识、信息伦理道德、信息科学技术知识以及信息能力等众多方面的素养。例如,遇事能积极使用信息和信息技术来解决问题,有很强的社会伦理与社会责任感,用公正、科学、实事求是的态度对人对己,有良好的合作精神;有广泛扎实的信息科学技术基础知识;有较强的信息理解能力和利用信息资源构造信息的能力,包括信息资源的开发能力以及获取、理解、处理、表达信息的能力。信息素养既是一种现代科学文化素养,又是一个思想意识、文化沉淀、心智能力和信息技术有机结合的能力系统。

国外有人将图书检索技能和计算机技能集合成为一种综合的能力素质,即信息素养。1989 年,美国图书馆有关文件指出:"要成为一个有信息素养的人,他必须能够确定何时需要信息,并具有检索、评价和有效使用所选信息的能力。"1992 年美国后现代课程理论提倡者多尔(Doll)在《信息素养全美论坛的终结报告》中指出:"一个具有信息素养的人,他能够认识到精确的和完整的信息是做出合理决策的基础,确定对信息的需求,形成基于信息需求的问题,确定潜在的信息源,制定成功的检索方式,从包括基于计算机的和其他的信息源获取信息,评价信息,组织信息,应用信息,将新信息与原有的知识体系进行融合以及在批判性思考和解决问题的过程中使用信息。"

以下五个方面是信息素养的重要内容:

(1) 热爱生活,有获取新信息的意愿,能够主动地从生活实践中不断地查找、探究新信息。

(2) 具有基本的科学和文化常识,能够较为自如地对获得的信息进行辨别和分析,正确地加以评估。

(3) 可灵活地支配信息,较好地掌握选择信息、拒绝不良和无用信息的技能。

(4) 能够有效地利用信息表达个人思想和观念,并乐意与他人分享不同的见解或资讯。

(5) 无论面对何种情景,能够充满自信地运用各类信息解决问题,有较强的创新意识和进取精神。

§5.3 信息安全及系统维护措施

案例一 据新华社10月14日电,利用当网管的机会,破解密码,非法进入交警计算机系统为他人删除车辆交通违法记录牟利:辽宁省鞍山市铁西区检察院透露,当地某公司员工程尚军因涉嫌破坏计算机信息系统罪,已于10月初被依法提起公诉。

报道称,据鞍山市铁西区检察院审查认定,2007年8月,程尚军从黑龙江一所大学的计算机专业毕业后,被辽宁鞍山一公司聘为网管,负责公司系统内的电脑管理和维修。2009年9月中旬,他无意间破解了某地交警系统车辆违章电子警察软件密码,进入信息系统程序后,看见里面有电子警察拍下的交通违法车辆记录,且能够进行删除操作。在随后的一个多月里,程尚军至少180次非法进入该城市交警计算机系统,为他人擅自消除电子警察拍下的交通违法车辆记录,每次删除记录收取好处费30元至60元不等,由此非法获利1万多元,给国家造成3万余元的经济损失。今年6月,鞍山警方破获了这起罕见的网络"黑客"代删交通违法记录案,抓获犯罪嫌疑人程尚军。

案例二 2009年11月26日,《法制日报》报道,两名网络"黑客"利用教育部学籍学历信息平台管理漏洞,非法入侵和下载学历数据近4 000万条,并通过出售学籍学历信息牟利。近日,江西省信丰县人民法院一审判决被告人邱海鹏、邱国俊犯非法侵入计算机信息系统罪,分别判处有期徒刑10个月。

经审理查明,自2005年起,邱海鹏、邱国俊利用中国高等教育学籍学历信息网漏洞,采用"溯雪"、"按键精灵脚本"等软件非法侵入学籍学历查询系统。2008年10月期间,两被告人在信丰县城网吧包机,利用"按键精灵"软件非法入侵中国高等教育学籍学历管理平台,非法获取约500万条2008年全国高等教育毕业生毕业证书编号。2009年4月23日,被告人邱海鹏又破解了中国高等学籍学历管理平台一部级超级用户的管理权限,并利用该部级用户登录中国高等教育学籍学历信息系统,修改了全国各省市用户名的密码,然后通过省市级用户身份下载了该学籍学历管理平台当中1991年以来的学历数据共计3 947.5万条。

案例三 2011年9月19日,北京警方表示,一个专门在网上买卖公民个人信息的犯罪团伙被警方抓获,在犯罪嫌疑人的电脑中,警方发现涉及全国各地的千万条公民个人信息。犯罪嫌疑人电脑的数据库内存有数量巨大的个人信息,可以按照省区市、地区、性别、职业、年龄等不同的检索条件进行查询。一位民警将自己的手机号输入数据库,几秒钟后屏幕上立即显示出民警的姓名、年龄、地址、名下车辆等详细情况。

案例四 2011年6月20日,新浪转载《信息参考报》的报道——个人信息倒卖产业链悄然形成,司法困境依旧待解。

报道称,北京市海淀区检察院对2010年该院受理的涉及公民个人信息泄露的31件案件进行分析后得出结论,机动车销售、房产中介、银行、电信、医院等行业及其从业人员往往有机会接触、掌握大量公民个人信息,这些行业在公民个人信息管理上存有漏洞,再加上从业人员法律意识不强,易造成信息泄露,因而成为个人信息泄露的"重灾区"。

《中国青年报》社会调查中心此前对2 422名公众展开的一项调查也印证了这一点。调查显示,在公众心目中,泄露个人信息最多的前三位分别是电信机构(76%)、招聘网站和猎头公司(47%)以及各类中介机构(41.9%)。接下来的排序依次是:市场调查公司(31.9%)、金融部门(30.8%)、房地产公司(28.3%)、教育部门(23.6%)、医疗机构(23.2%)以及交通部门(12.6%)。

通过上述案例,我们可以知道,信息安全存在多方面的威胁,包括人为的和非人为的、有意的和无意的等。信息安全不仅影响到人们日常的生产、生活,还关系到整个国家的安全,成为日益严峻的问题。维护信息安全,可以理解为确保信息内容在获取、存储、处理、检索和传送过程中,保持其保密性、完整性、可用性和真实性。总体来说,就是要保障信息的安全有效。人们正在不断研究和采取各种措施进行积极的防御。

对于信息系统的使用者来说,维护信息安全的措施主要包括保障计算机及网络系统的安全、预防计算机病毒、预防计算机犯罪等方面的内容。

5.3.1 信息系统安全及维护

随着信息技术的广泛应用及迅猛发展,人们的各种信息活动更多地通过以计算机及网络为主体的信息系统进行,信息安全越来越依赖信息系统的安全。然而以计算机及网络为主体的信息系统有其本身的脆弱性,存在来自各方面的安全威胁,信息安全问题日益突出。

计算机网络系统比较脆弱,容易遭到黑客和病毒的入侵和攻击,为了信息安全,需要经常性地对系统进行安全检测。为此,人们开发了一些信息安全产品,目前比较常见的主要有下面几种:

(1) 网络防病毒产品。该产品能防止计算机病毒通过网络进行传播和扩散,以实现对信息资源和网络设备的保护。

(2) 防火墙产品。该产品是一个或一组系统,它用来在两个或多个网络间加强访问控制。

(3) 信息安保产品。该产品包括信息加密产品(主要对信息的传输和存储过程提供安全保护)和数字签名产品(主要提供信息的完整性校验功能)。

(4) 网络入侵检测产品。该产品对网络运行进行实时监控,并对各种网络事件进行分析、检测,以便修复系统设置中的安全漏洞。目前的网络入侵检测技术主要提供网络安全漏洞的检测、网络黑客的检测和跟踪、网络日志的分析等基本功能。

(5) 网络安全产品。例如,扫描工具、审计及检测工具、网络监听工具、检测和分析工具等都是网络安全产品。

5.3.2 计算机病毒及预防

自从1987年10月全世界范围内第一例计算机病毒被发现以来,计算机病毒增长速度一直在与计算机本身的发展速度竞赛。2000年12月,Network Associates Inc.(NAI)防毒紧急应变小组高级研究总监Gulloto指出,至2000年11月为止,全球共有超过5.5万种病毒,而且该小组每周都有超过100个新发现。另据我国公安部统计,国内的病毒也以每月4~6种的速度递增。

(1) 什么是计算机病毒

案例 2011年4月26日上午,在某公司的办公室里,小王嚷着:"我的机器怎么死机了。"没办法,只好重新启动计算机,却发现显示器屏幕突然变成刺眼的蓝底的警告信息,然后又死机了。她着急得不得了,计算机里存放着很多重要的文件,而且还有好多事情等着利用计算机进行处理呢。不一会儿,一些同事的计算机也出现了同样的甚至更为严重的问题。这时,从能够上网的同事那里传出了坏消息,在一个网站有一则新闻报道称全世界已有数以万计的计算机瘫痪了,罪魁祸首是一个新的计算机病毒——CIH 病毒。这一次,CIH 病毒的爆发使许多国家和地区遭受了严重的经济损失。

上面所述是计算机病毒爆发的例子。我们把能够引起计算机故障、破坏计算机资料、并能自我复制和传播的程序都归到"计算机病毒"的范畴之中。

(2) 计算机病毒的特点

计算机病毒本质上是一种特殊的程序,主要有以下基本特点。

① 繁殖性

计算机病毒可以像生物病毒一样进行繁殖,当正常程序运行的时候,它也进行自身复制,是否具有繁殖、感染的特征是判断某段程序是否为计算机病毒的首要条件。

② 破坏性

计算机中毒后,可能会导致正常的程序无法运行,计算机病毒把计算机内的文件删除或对文件进行不同程度的损坏。通常表现为增、删、改、移。

③ 传染性

计算机病毒不但本身具有破坏性,更有害的是具有传染性,一旦病毒被复制或产生变种,其传染速度之快令人难以预防。传染性是病毒的基本特征。在生物界,病毒通过传染从一个生物体扩散到另一个生物体,在适当的条件下,它可得到大量繁殖,并使被感染的生物体表现出病症甚至死亡。同样,计算机病毒也会通过各种渠道从已被感染的计算机扩散到未被感染的计算机,在某些情况下造成被感染的计算机工作失常甚至瘫痪。与生物病毒不同的是,计算机病毒是一段人为编制的计算机程序代码,这段程序代码一旦进入计算机并得以执行,它就会搜寻其他符合其传染条件的程序或存储介质,确定目标后再将自身代码插入其中,达到自我繁殖的目的。只要一台计算机染毒,如不及时处理,那么病毒会在这台电脑上迅速扩散,计算机病毒可通过各种可能的渠道如软盘、硬盘、移动硬盘、计算机网络去传染其他的计算机。当你在一台机器上发现了病毒时,往往曾在这台计算机上用过的软盘已感染上了病毒,而与这台机器相联网的其他计算机也许也染上了该病毒。是否具有传染性是判别一个程序是否为计算机病毒的最重要条件。

④ 潜伏性

有些病毒像定时炸弹一样,它什么时间发作是预先设计好的。比如黑色星期五病毒,不到预定时间一点都觉察不出来,等到条件具备的时候一下子就爆炸开来,对系统进行破坏。一个编制精巧的计算机病毒程序进入系统之后一般不会马上发作,因此病毒可以静静地躲在磁盘或磁带里待上几天,甚至几年,一旦时机成熟,得到运行机会,就又要四处繁殖、扩散,继续危害。潜伏性的第二种表现是指,计算机病毒的内部往往有一种触发机制,不满足触发条件时,计算机病毒除了传染外不做什么破坏。触发条件一旦得到满足,有的在屏幕上显示信息、图形或特殊标识,有的则执行破坏系统的操作,如格式化磁盘、删除磁盘文件、对数据文件做加密、封锁键盘以及使系统锁死等。

⑤ 隐蔽性

计算机病毒具有很强的隐蔽性,有的可以通过病毒软件检查出来,有的根本就查不出来,有的时隐时现、变化无常,这类病毒处理起来通常很困难。

⑥ 可触发性

病毒因某个事件或数值的出现,诱使病毒实施感染或进行攻击的特性称为可触发性。为了隐蔽自己,病毒必须潜伏,少做动作。如果完全不动,一直潜伏的话,病毒既不能感染也不能进行破坏,便失去了杀伤力。病毒既要隐蔽又要维持杀伤力,它必须具有可触发性。病毒的触发机制就是用来控制感染和破坏动作频率的。病毒具有预定的触发条件,这些条件可能是时间、文件类型或某些特定数据等。病毒运行时,触发机制检查预定条件是否满足,如果满足,启动感染或破坏动作,病毒进行感染或攻击计算机;如果不满足,病毒继续潜伏。

以上归纳的只是计算机病毒已经表现出来的一些特点,由于新的软件和硬件的不断出现,病毒的感染、传播以及破坏方式也在不断变化,随之而来的,也必定会有一些新的特点出现。

（3）计算机病毒的防治

计算机病毒的危害越来越大，方式多种多样。目前，世界各国政府都在不断建立和完善针对计算机病毒的法律法规，以打击有意制造和扩散计算机病毒的行为，同时各国还加强预防计算机病毒的技术研究，开发预防计算机病毒的软件和其他产品，尽可能减少计算机病毒带来的危害。在日常信息活动中，我们应注意做到下面几点：

① 认识计算机病毒的破坏性及危害性，不要随便复制和使用盗版及来历不明的软件，以杜绝计算机病毒交叉感染的可能性。

② 定期对计算机系统进行病毒检查。可利用计算机病毒检测程序进行检测。

③ 对数据文件进行备份。在计算机系统运行中，及时复制一份资料副本，当计算机系统受病毒破坏时，启用备份。

④ 当发现计算机系统受到计算机病毒侵害时，应采取有效措施，清除病毒，对计算机系统进行修复；如损失了重要的资料，应请有经验的技术人员处理，尽可能保护有关资料。

⑤ 关注各种媒体如报纸、电视台、防病毒网站提供的最新病毒报告和病毒发作预告，及时做好预防病毒的工作。

5.3.3　计算机犯罪及预防

随着计算机技术和网络技术的发展，利用计算机犯罪的案例渐渐增多，计算机犯罪对信息系统安全、国家安全、社会稳定、经济秩序和社会生活等构成了严重威胁。

（1）在当前，计算机犯罪主要有下列行为

① 故意制作、传播计算机病毒等破坏性程序，影响计算机系统正常运行。

② 对计算机信息系统功能进行删除、修改、增加、干扰，造成计算机信息系统不能正常运行。

③ 对计算机信息系统中存储、处理或者传输的数据和应用程序进行删除、修改、增加的操作，导致严重后果。

④ 非法侵入国家事务、国防建设、尖端科技领域的计算机信息系统。

⑤ 通过互联网窃取、泄露国家机密、情报或者军事秘密。

⑥ 利用互联网造谣、诽谤、煽动或者发表、传播其他有害信息,危害国家安全和社会稳定。

⑦ 利用互联网进行诈骗、盗窃、敲诈勒索、贪污、挪用公款。

⑧ 在互联网上建立淫秽网站、网页,提供淫秽站点链接服务,或者传播淫秽书刊、影片、音像、图片。

⑨ 非法截获、篡改、删除他人电子邮件或者其他数据资料,侵犯通信自由和通信秘密。

(2) 预防计算机犯罪是应用计算机的一项重要工作,可以从以下几方面进行

① 开展计算机道德和法制教育。
② 从计算机技术方面加强对计算机犯罪的防范能力。
③ 对计算机系统采取适当的安全措施。
④ 建立对重点部门的督查机制。
⑤ 建立健全打击计算机犯罪的法律、法规及各种规章制度。

信息社会中,每一个人都需要加强信息技术安全意识,对信息安全各个方面的知识要有一定的了解,从各个方面调整自己的安全策略,才能更大程度地保护自己,维护信息社会的新秩序。

复习题

1. 下列关于因特网的叙述,正确的是_____。
   A. 应该正确合理地利用网络资源
   B. 因特网上病毒泛滥,垃圾信息成堆,可见因特网毫无利用价值
   C. 因特网上的信息都是虚假的,不能给人们带来任何帮助
   D. 因特网给青少年带来了不良影响,应绝对禁止青少年使用网络

2. 下列行为中,没有违反《全国青少年网络文明公约》的是_____。
   A. 利用网络随意地侮辱欺诈他人
   B. 通过网络聊天随意约会网友
   C. 善于利用网络辅助学习,不浏览不良信息
   D. 沉迷于网络游戏,影响了正常的生活和学习

3. 在网上申请电子信箱时需要设置密码,下列密码中,安全性最高的是_____。
   A. 123456   B. wjdhsz201006!   C. abcdef   D. 123asd

4. 案例:小张收到一条手机短信:"在我公司举办的抽奖活动中,您有幸获得特等奖,奖品为小轿车一辆,价值 7 5000 元。咨询电话:139×××××77,黄女士。"
   对于这条信息,正确的做法是_____。
   ① 不要轻信来历不明的信息
   ② 向公安部门考证信息的真实性
   ③ 直接拨打信息中所提供的咨询电话 139×××××77 进行求证
   ④ 不要拨打未经证实的信息中所提供的电话号码进行求证
   A. ①②④   B. ②③④   C. ①②③   D. ①③④

5. 马彬同学在学校机房使用了带病毒的 U 盘,结果造成机房其他计算机也感染了病毒。这一现象说明计算机病毒具有_____。
   A. 潜伏性   B. 传染性   C. 隐蔽性   D. 可触发性

6. 下列选项中,全部属于杀毒软件的是_____。
   A. 瑞星、暴风影音、金山快译   B. 金山毒霸、瑞星、网络蚂蚁
   C. 金山毒霸、超级解霸、卡巴斯基   D. 瑞星、金山毒霸、360 杀毒

7. 为减少计算机病毒带来的危害,在使用计算机的过程中,应该注意做到_____。

   ① 安装杀毒软件并定期升级　　② 不使用来历不明的软件

   ③ 保持计算机运行所需的温度和湿度　　④ 定期备份计算机中的数据文件

   ⑤ 定期对计算机系统进行病毒查杀

   A. ①②③④　　B. ③④⑤　　C. ①②④⑤　　D. ①②③⑤

8. 下列关于信息安全的说法,正确的是_____。

   A. 个人信息不存在安全问题

   B. 安装杀毒软件后,计算机信息资源就绝对安全了

   C. 保证信息安全的唯一办法是不上网

   D. 设置开机密码是保护个人信息安全的措施之一

9. 某人在网上下载了一个供试用的正版学习软件,试用期结束后,他没有按要求进行购买和注册,而是采用了非常手段破解了该学习软件继续使用,该行为是_____。

   A. 允许的　　B. 侵权行为

   C. 无关紧要的　　D. 符合法律规定的

10. 举例说明在信息活动中你碰到的一些信息安全方面的事件,并分析是属于哪方面的问题,应该如何解决。

11. 查找有关资料,了解从外部侵入别人的计算机系统通常使用什么方法以及应如何进行防范。

12. 案例分析。

    "妈,你要不把我们送回网吧,我们就在这儿把你掐死。"

    小乾、小坤是双胞胎,平时一起上学、放学,一起沉迷于网络游戏不能自拔。母亲将他们从网吧带回家后,两个孩子竟然合力架起她,拿着刀对她说出了上述的话。

    "我没想到小坤身上带了一把刀,他把刀拔出来对着我,那时候我真害怕……也许是良心发现,孩子把刀对准了自己,在左手腕上划了下去。"这对双胞胎的母亲在镜头前说。

    银屏以外,漆黑的剧场中不时传出唏嘘声,更有人眼中含泪。

    这是一部40多分钟的纪实专题片《谁夺走了我们的孩子》,由河南省济源

市人民检察院结合办案实践制作,剖析了全国近年发生的 20 多起典型的青少年网络犯罪案例。9 月以来,该片在济源市中小学播放,引起社会的强烈关注。

据济源市检察院调查,大部分网络引发的青少年犯罪,作案的诱因、作案的勇气甚至作案方式都来源于游戏。

一些网络暴力游戏从 2D 升级为 3D,动画效果极其逼真,游戏人物杀人或被杀时,血光四溅。这样长期无数次地"杀人"训练使玩家变得情感丧失,对生命麻木,血腥而直观的画面加上充满挑逗性的文字,极大地刺激了他们的模仿欲,使他们由"网上搏杀"到"仿效杀人",由网络游戏高手演变成为现实中的凶犯。

"我以前就想不明白,这些未成年的孩子,怎么能对同龄人下那么狠的毒手!"济源市检察院检察长李宏民说,"了解了网络游戏,我才明白,他以为人被杀死之后,可以像游戏里的人物一样,在下一局中死而复生,继续厮杀!可生命哪里有下一局啊!"

请针对上文谈谈你的思考:结合本章知识,探讨信息时代给现代社会带来的影响;如何做一名合格的、具备信息素养的大学生?

第 6 章　计算机基础知识

学习目标

◎ 了解并掌握计算机的基本概念、定义，了解计算机的发展、特点、分类及应用。
◎ 认识通用计算机的组成结构，熟悉硬件系统和软件系统。
◎ 深入了解微型计算机的系统组成，了解其分类和主要性能指标。
◎ 理解并掌握计算机中信息的表示方法，增强基本的信息素养。

在信息社会中，信息与计算机密不可分。目前，计算机已逐渐应用到社会各行各业等多个领域，对信息技术的发展起到重要作用，因此，学习了解一些计算机基础知识，掌握基本的计算机技能，对信息的理解和掌握，以及更快捷有效地利用信息资源，具有一定的促进作用。

本章将通过系统的知识介绍，帮助同学们掌握计算机的概念定义，了解计算机的发展、特点、分类与应用，熟悉通用计算机的组成结构，深入了解微型计算机的系统组成，理解并掌握计算机中信息的表示方法，从而进一步树立信息安全意识，增强基本的信息素养，养成健康使用计算机的习惯。

§6.1　计算机概述

电子计算机是 20 世纪重大科技发明之一。在短暂的半个多世纪中，计算机技术取得了迅猛的发展，它的应用已渗透到社会的各个领域，有力地推动了信息化社会的发展。掌握和使用计算机逐渐成为人们必不可少的基本技能。

6.1.1 计算机的概念

什么是"计算机"？计算机实际上是一种电子设备，是一种进行高速运转、具有内部存储能力、由程序控制操作过程的电子设备。它按照人们事先编写的程序对输入的原始数据进行加工处理、存储或传送，以获得预期的输出信息。

世界上第一台计算机 ENIAC（Electronic Numerical Integrator And Calculator，电子数字积分计算机）1946 年 2 月诞生于美国宾夕法尼亚大学，其主要元件是电子管，使用了 1 500 个继电器、18 800 个电子管，占地 170 平方米，重 30 多吨，耗电量每小时 150 千瓦，真可谓是"庞然大物"，如图 6-1 所示。它每秒钟能完成 5 000 次加法、300 多次乘法运算。ENIAC 的问世标志着电子计算机时代的到来，它的出现具有划时代的伟大意义。

图 6-1 工作中的 ENIAC

6.1.2 计算机的发展

（1）计算机的发展历程

从第一台电子计算机诞生到现在短短的七十多年中，计算机技术以前所未有的速度飞速发展。通常根据计算机采用的电子元件的不同，把计算机划分为电子管、晶体管、中小规模集成电路、大规模和超大规模集成电路等四个阶段。

① 第一代计算机（1946～1958 年）

第一代计算机是电子管计算机。其基本元件是电子管，内存储器采用水银延迟线,外存储器有纸带、卡片、磁带和磁鼓等。但是由于电子技术的限制,运算速度为每秒几千次到几万次,内存储器容量也非常小(仅为 1 000~4 000 字节)。计算机程序设计语言还处于最低级阶段,用一串 0 和 1 表示的机器语言进行编程,直到 20 世纪 50 年代中期才出现了汇编语言,但尚无操作系统的出现,操作机器困难。

第一代计算机体积庞大、造价昂贵、速度低、存储量小、可靠性差、不易掌握,主要应用于军事领域和科学研究领域。

② 第二代计算机(1958~1964 年)

第二代计算机是晶体管计算机。其基本元件是晶体管,内存储器大量使用磁性材料制成的磁芯,每颗小米粒大小的磁芯可存一位二进制代码。外存储器有磁盘、磁带,外部设备种类增加,运算速度从每秒的几万次到几十万次,内存储器容量也扩大到几十万字节。与此同时,计算机软件也有很大的发展,出现了监控程序并发展成为后来的操作系统,高级程序设计语言 BASIC、FORTRAN 和 COBOL 的推出,使编写程序的工作变得更为方便并实现了程序兼容。这样,计算机的工作效率大大地提高了。

第二代计算机与第一代计算机相比较,晶体管计算机体积小、成本低、重量轻、能耗小、速度快、功能强且可靠性高。使用范围也由单一的科学计算扩展到数据处理和事务管理等其他领域中。

③ 第三代计算机(1965~1971 年)

第三代计算机的主要元件采用小规模集成电路 SSI(Small Scale Integrated circuits)和中规模集成电路 MSI(Medium Scale Integrated circuits)。所谓集成电路是指用特殊的工艺将完整的电子线路做在一个硅片上,该硅片通常只有四分之一邮票大小。与晶体管电路相比,集成电路计算机的体积、重量、能耗都进一步减小,运算速度、逻辑运算功能和可靠性都进一步提高。此外,计算机软件在这个时期形成了产业。操作系统在规模和功能上发展很快,通过分时操作系统,用户可以共享计算机上的资源。这一时期还提出了结构化、模块化的程序设计思想,出现了结构化的程序设计语言 Pascal。

这一时期的计算机同时向标准化、多样化、通用化、机种系列化发展。IBM-360 系列是最早采用集成电路的通用计算机,也是影响最大的第三代计算机的代表。

④ 第四代计算机(1971年至今)

第四代计算机的主要元件采用大规模集成电路 LSI(Large Scale Integrated circuits)和超大规模集成电路 VLSI(Vary Large Scale Integrated circuits)。集成度很高的半导体存储器完全代替了服役达20年之久的磁芯存储器,磁盘的存储速度和存储容量大幅度上升,开始引入光盘,外部设备种类的数量和质量都有很大提高,计算机的运算速度可达每秒几百万到上亿次。体积、重量和耗电量进一步减少,计算机的性能价格比以每18个月翻一番的速度上升(此即著名的 Moore 定律)。操作系统向虚拟操作系统发展,数据库管理系统不断完善和提高,程序语言进一步发展和改进,软件行业发展成为新兴的高科技产业。计算机的应用领域不断向社会各个方面渗透。

(2) 计算机的发展趋势

以超大规模集成电路为基础,未来计算机将向巨型化、微型化、网络化和智能化的方向发展。

① 巨型化

为了满足尖端科学技术、军事、气象等领域的需要,计算机必须向超高速、大容量、强功能等巨型化发展。

② 微型化

超大规模集成电路的出现,为计算机微型化创造了有利条件。目前,微型计算机已进入仪器、仪表、家用电器等小型仪器设备中;同时,作为工业控制过程的心脏,使仪器设备实现"智能化",从而使整个设备的体积大大缩小,重量大大减小。

③ 网络化

计算机网络可以实现资源共享。资源包括硬件资源,如存储介质、打印设备等,还包含软件资源和数据资源,如系统软件、应用软件和各种数据库等。事实表明,网络的应用也成为计算机应用的重要组成部分,现代的网络技术已成为计算机技术中不可缺少的内容。

④ 智能化

智能化是计算机发展的总趋势。未来的计算机,要求它能模拟人的感觉行为和思维过程的机理,使计算机不仅能根据人的指挥进行工作,而且能"看"、"听"、"说"、"想"、"做",具有逻辑推理、学习与证明的能力。这样的新一代计算机是智能型的,它能代替人的部分脑力劳动。

6.1.3 计算机的特点

计算机之所以发展如此迅速,是与计算机的运算速度快、计算精度高、存储容量大、可靠性高、适应面广等特性分不开的。

(1) 运算速度快

计算机的运算速度已从每秒几千次发展到现在每秒高达数百亿、千亿次,如此高的速度,不仅极大地提高了工作效率,而且使许多复杂的科学问题得以解决。例如,过去依靠人工计算需要几年或几十年才能完成的科学计算(如天气预报、有限元计算等),使用计算机便可在几小时或更短时间内完成。这里的"运算速度快"不局限于算术运算速度,也包括逻辑运算速度。极高的逻辑判断能力是计算机广泛应用于非数值数据领域中的首要条件。

(2) 计算精度高

由于计算机采用二进制数字进行运算,计算精度主要由表示数据的字长决定。随着字长的增长和计算技术的改进,计算精度不断提高,可以满足各类复杂计算对计算精度的要求。例如,用计算机计算圆周率 π,目前已可达到小数点后数百万位了。

(3) 存储容量大

计算机的存储器类似于人类的大脑,可以"记忆"(存储)大量的数据和信息。随着微电子技术的发展,计算机内存存储器的容量越来越大。加上大容量的磁盘、光盘等外部存储器,实际上存储容量已达到了海量,而且,计算机所存储的大量数据,可以迅速查询,这种特性对信息处理是十分有用和非常重要的。

(4) 可靠性高

计算机硬件技术迅速发展,采用大规模和超大规模集成电路的计算机具有非常高的可靠性,其平均无故障时间可达到以"年"为单位。人们所说的"计算机错误",通常是由与计算机相连的设备或软件的错误造成的。

(5) 程序运行自动化

冯·诺依曼体系结构计算机的基本思想之一是存储程序控制。计算机在人们预先编制好的程序控制下,自动工作,不需要人工干预,工作完全自动化。

(6) 适用范围广,通用性强

计算机靠存储程序控制进行工作。一般来说,无论是数值的还是非数值的数据,都可以表示成二进制数的编码;无论是复杂的还是简单的问题,都可以分解成基本的算术运算和逻辑运算,并可以用程序描述解决问题的步骤。所以,在不同的应用领域中,只要编制和运行不同的应用软件,计算机就能在此领域中很好地服务,通用性极强。

6.1.4 计算机的分类

计算机发展到今天,已是琳琅满目、种类繁多,分类方法也各不相同,按其规模大小和性能可以分为超级计算机、大型计算机、小型计算机、微型计算机、工作站和量子计算机六类。

(1) 超级计算机(Supercomputer)

超级计算机又称巨型机,是一种超大型电子计算机,具有很强的计算和处理数据的能力,主要特点表现为高速度和大容量,配有多种外围设备和丰富的、高功能的软件系统。超级计算机是计算机中功能最强、运算速度最快、存储容量最大的一类计算机,多用于国家高科技领域和尖端技术研究,诸如在气象、太空、能源、医药等尖端科学和战略武器研制中的应用。

超级计算机是一个国家科技发展水平和综合国力的重要体现,它对国家安全、经济和社会发展具有举足轻重的意义。

在 2008 年的全球 500 强超级计算机榜单里,前 100 名中国一席都没有,前几名被美国包揽。经过中国人不懈努力,这种局面迅速发生改变:

2010 年,中国深圳国家超算中心的星云超级机排名世界第二。

2011 年,中国天河 1A 超级计算机排名世界第一,超过原处第一位的美国美洲虎系统。

2013 年,中国天河二号正式亮相,在此后的三年里,天河二号在全球超级计算机榜单上保持"六连冠",坐第一把交椅。然而,这惹恼了美国人,正当天河二号在蝉联六次第一后,准备进行一次全面升级继续保持领先时,美国商务部出手了:2015 年 4 月,美国商务部以"违反"美国国家安全或外交政策利益的活动为由,禁止英特尔向中国 4 家国家超级计算机机构出售"至强"(XEON)芯片。为什么美国人如此提防?因为超级计算机技术是一个国家科技实力的象征,最重要的是它还有两个军事用途:模拟核爆和解密。曾担任奥巴马总统网络安全顾问的刘易斯表示,超级计算机能够协助开发更好的武器、破译密码,因此也是"美中两国间不断升级的军备竞赛的一部分"。国之重器,不可轻易示人。美国总统奥巴马甚至叫嚣建造一台运算速度比"天河二号"快 30 倍的超级计算机,从而帮助保持美国在科研领域的领先地位。美国人深知超算的威力,所以只好用卑鄙的手段卡住了天河二号的"心脏"。

然而,当最新超算 500 强排名榜单出来后,美国人彻底傻眼了,中国人研制出了以超第二名天河二号近三倍的运算速度的"神威·太湖之光"。

"神威·太湖之光"超级计算机(Sunway TaihuLight)是由国家并行计算机工程技术研究中心研制的超级计算机。2016 年 6 月 20 日,由国家并行计算机工程技术研究中心研制的"神威·太湖之光"取代"天河二号"成为全球最快超算。2016 年 7 月 15 日,超级计算机"神威·太湖之光"获吉尼斯世界纪录认证。北京时间 2016 年 11 月 18 日,"神威·太湖之光"获得"戈登·贝尔"奖。

更令中国人振奋的是,"神威·太湖之光"所有核心部件全国产化,即使是它的"心脏",也完全国产,不再借力"英特尔"!

如图 6-2 所示,这颗就是实打实中国造的中国芯!别小看这个只有 5 厘米见方的小薄块,在它 25 平方厘米的方寸之间,就集成了 260 个运算核心、数十亿晶体管,达到了每秒 3 万多亿次计算能力。美国人的卑鄙行为没能阻止中国人前进的脚步。封锁吧,封锁十年八年,中国的所有问题就解决了!我们不求外国人施舍,我们也不要外国人施舍,最核心的东西——中国芯,我们中国人自己造!

图 6-2 "中国芯"

(2) 大型计算机(Mainframe)

大型计算机也有很高的运算速度和很大的存储量,并允许相当多的用户同时使用。当然,大型计算机在量级上都不及超级计算机,价格也比超级计算机便宜。大型机通常像一个家族一样形成系列,如 IBM 4300 系列、IBM 9000 系列等。这类机器通常用于大型企业、商业管理或大型数据库管理系统中,也可用作大型计算机网络的主机。

(3) 小型计算机(Minicomputer)

小型机规模比大型机要小,结构简单,便于采用先进工艺,易于操作,便于维护和推广。小型机的应用范围很广,如用于工业自动控制、大型分析仪器、测量仪器、医疗设备中的数据采集、分析计算等,也可以用作大型机、巨型机的辅助机。

(4) 微型计算机(Microcomputer)

微型计算机又称为个人计算机(Personal Computer,简称 PC),其最主要的特点是体积小、重量轻、价格便宜、适应性强和应用面广,除台式机外,还有体积更小的微机,如笔记本机、便携机、掌上型微机和 PDA 等。

(5) 工作站(Workstation)

工作站是 20 世纪 70 年代后期出现的一种新型的计算机系统。工作站与功能较强的高档微机之间的差别并不明显,通常,它比微型机有较大的存储容量和较快的运算速度,而且配备大屏幕显示器,主要用于图像处理和计算机辅助设计等领域。

随着大规模集成电路的出现和迅猛发展,小型计算机、微型计算机和工作站之间的差别越来越小,其中,微型机的功能已经达到甚至超过以前小型机的功能,成为目前应用最广泛的计算机。

(6) 量子计算机

量子计算机(quantum computer)是一类遵循量子力学规律进行高速数学和逻辑运算、存储及处理量子信息的物理装置。当某个装置处理和计算的是量子信息、运行的是量子算法时,它就是量子计算机。量子计算机的概念源于对可逆计算机的研究。研究可逆计算机的目的是为了解决计算机中的能耗问题。

日前,中国科学技术大学潘建伟教授及其同事陆朝阳、朱晓波等联合浙江大学王浩华教授研究组,在基于光子和超导体系的量子计算机研究方面取得了系列突破性进展。2017年5月3日,该研究团队在上海正式发布了这一系列研究成果。

潘建伟教授在现场宣布,在光学体系,研究团队在去年首次实现十光子纠缠操纵的基础上,利用高品质量子点单光子源构建了世界首台超越早期经典计算机的单光子量子计算机。

这是历史上第一台超越早期经典计算机的基于单光子的量子模拟机,为最终实现超越经典计算能力的量子计算这一国际学术界称之为"量子称霸"的目标奠定了坚实的基础。

6.1.5 计算机的应用领域

计算机以其卓越的性能和强大的生命力在科学技术、国民经济、社会生活等各个方面得到了广泛的应用,并且取得了明显的社会效益和经济效益。计算机的应用几乎包括人类的一切领域,根据计算机的应用特点,可以归纳为以下几类。

(1) 科学计算

计算机是为科学计算的需要而发明的。科学计算所解决的大多是从科学研究和工程技术中所提出的一些复杂的数学问题,计算量大而且精度要求高,只有高速运算和存储量大的计算机才能完成。例如,在高能物理方面的分子、原子结构分析,可控热核反应的研究,反应堆的研究和控制;在地球物理方面的气象预报、水文预报、大气环境的研究;在宇宙空间探索方面的人造卫星轨道计算、宇宙飞船的研制和制导等。如果没有计算机系统高速而精确的计算,许多近代科学都是难以发展的。

(2) 信息处理

信息处理是目前计算机应用最广泛的领域之一。信息处理是指用计算机对各种形式的信息(文字、图像、声音等)进行收集、存储、加工、分析和传送的过程。当今社会,计算机用于信息处理,对办公自动化、管理自动化乃至社会信息化都有积极的促进作用。

(3) 自动控制

自动控制是指通过计算机对某一过程进行自动操作,即对在生产过程中采集到的数据按照一定的算法进行处理,然后反馈到执行机构,由执行机构去控制相应的过程,它是生产自动化的重要技术和手段。例如,在冶炼车间可将采集到的炉温、燃料和其他数据传送给计算机,由计算机按照预定的算法计算并确定控制吹氧或加料的多少等。自动控制可以减轻劳动强度,提高生产效率,降低生产成本,保证产品质量的稳定。

(4) 计算机辅助系统

计算机在计算机辅助设计(CAD)、计算机辅助制造(CAM)、计算机辅助测试(CAT)和计算机辅助教学(CAI)等方面发挥着越来越大的作用。例如,利用计算机辅助人工进行汽车、飞机、家电、服装等的设计和制造,可以使设计和制造的效率提高几十倍,质量也大大提高。在教学中使用计算机辅助系统,不仅可以节省大量的人力、物力,而且可以提高教学效果。

(5) 人工智能

人工智能又称智能模拟,利用计算机系统模仿人类的感知、思维、推理等智能活动,是计算机智能的高级功能。人工智能研究和应用的领域包括模式识别、自然语言的理解与生成、专家系统、自动程序设计、定理证明、联想与思维的机理、数据智能检索等。例如,用计算机模拟人脑的部分功能进行学习、推理、联想和决策;模拟名医给病人诊病的医疗诊断专家系统;机械手与机器人的研究和应用等。人工智能的研究已取得了一些成果,如自动翻译、战术研究、密码分析、医疗诊断等,但距真正的智能还有很长的路要走。

(6) 娱乐与文化教育

随着计算机日益微型化、平民化,它逐步走进了千家万户,用于欣赏电影、观看电视、玩游戏、聊天交友和家庭文化教育等。

(7) 电子商务

电子商务是指在计算机网络上进行的商务活动,它是基于数字化信息处理和传输的、涉及企业和个人的各种形式的商业交易。它包括电子邮件、电子数据交换以及电子资金转账、快速响应系统、电子表单和信用卡交易等电子商务的一系列应用,还包括支持电子商务的基础设施。

§6.2 计算机系统组成

任何机器都是由一些基本部件组成的。计算机系统除了由硬件构成以外,还要靠程序软件控制;这两部分结合在一起,实现了计算机的各种功能。

6.2.1 计算机的基本结构

一个完整的计算机系统由硬件系统和软件系统两大部分组成。硬件是指物理上存在的各种设备,如CPU、内存、硬盘、显示器、键盘、鼠标和打印机等,它们是计算机工作的物质基础。当然,大型计算机的硬件组成比微型计算机要复杂得多。软件是指运行在计算机硬件上的程序、运行程序所需的数据和相关文件的总称。程序就是根据所要解决问题的具体步骤编制成的指令序列,当程序运行时,它的每条指令依次指挥计算机硬件完成一个个简单的操作,这一系列简单操作的组合最终完成指定的任务。

硬件是软件发挥作用的舞台和物质基础,软件是使计算机系统发挥强大功能的灵魂,两者相辅相成,缺一不可。

在 ENIAC 的研制过程中,由美籍匈牙利数学家冯·诺依曼(John Von Neumann)总结并提出"存储程序"的方案和改进意见:其一是计算机内部直接采用二进制进行运算;其二是将指令和数据都存储起来,由程序控制计算机自动执行;其三是计算机硬件由运算器、控制器、存储器、输入设备和输出设备五大部分组成。

该计算机方案工作原理的核心是"程序存储"和"程序控制",就是通常所说的"顺序存储程序"概念。按照这一原理设计的计算机称为"冯·诺依曼型计算机"。

6.2.2 硬件系统

按照冯·诺依曼型计算机的体系结构,其硬件系统由五个基本部件组成,其硬件结构如图 6-3 所示。

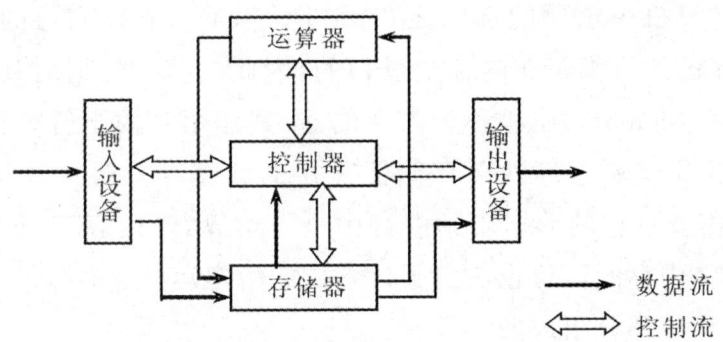

图 6-3 计算机的硬件结构

(1) 运算器 ALU(Arithmetic and Logical Unit)

运算器是计算机处理数据形成信息的加工厂,它的主要功能是对二进制代码进行算术或逻辑运算,所以,也称它为算术逻辑部件(ALU)。参加运算的数(称为操作数)全部是在控制器的统一指挥下从内存储器中读取到运算器里,绝大多数运算任务都由运算器完成。

(2) 控制器 CU(Control Unit)

控制器是计算机的神经中枢,由它指挥全机各个部件自动、协调地工作,就像人的大脑指挥躯体一样。控制器的主要部件有：指令寄存器、移码器、时序节拍发生器、操作控制部件和指令计时器(也叫程序计时器)。控制器的基本功能是根据指令计时器中指定的地址从内存读取出一条指令，对其操作码进行译码，再由操作控制部件有序地控制各部件完成操作码规定的任务。控制器也记录操作中各部件的状态，使计算机能有条不紊地自动完成程序规定的任务。

运算器与控制器组成计算机的中央处理器 CPU(Central Processing Unit)。在微型计算机中，一般都是把运算器和控制器集成在一片半导体芯片上，制成大规模集成电路，因此，CPU 常常又被称为微处理器。

(3) 存储器(Memory)

存储器是计算机的记忆装置，负责存储程序和数据。存数是指往存储器里"写入"数据，取数是指从存储器里"读取"数据。读写操作统称为对存储器的访问。存储器分为内存储器(简称内存)和外存储器(简称外存)两类。

内存是计算机中重要的部件之一，它是与 CPU 进行沟通的桥梁。计算机中所有程序的运行都是在内存中进行的，因此内存的性能对计算机的影响非常大。内存(Memory)也被称为内存储器，其作用是用于暂时存放 CPU 中的运算数据以及与硬盘等外部存储器交换的数据。只要计算机在运行中，CPU 就会把需要运算的数据调到内存中进行运算，当运算完成后 CPU 再将结果传送出来，内存的运行也决定了计算机的稳定运行。内存是由内存芯片、电路板、金手指等部分组成的。

在计算机的组成结构中，有一个很重要的部分，就是存储器。存储器是用来存储程序和数据的部件，对于计算机来说，有了存储器，才有记忆功能，才能保证正常工作。存储器的种类很多，按其用途可分为主存储器和辅助存储器，主存储器又称内存储器(简称内存)。

内存又称主存，是 CPU 能直接寻址的存储空间，由半导体器件制成。内存的特点是存取速率快。内存是电脑中的主要部件，它是相对于外存而言的。我们平常使用的程序，如 Windows 操作系统、打字软件、游戏软件等，一般都是安装在硬盘等外存上的，但仅此是不能使用其功能的，必须把它们调入内存中运行，才能真正使用其功能，我们平时输入一段文字，或玩一个游戏，其实都是在内存中进行的。就好比在一个书房里，存放书籍的书架和书柜相当于电脑的外存,而我们工作的办公桌就是内存。通常我们把要永久保存的、大量的数据存储在外存上,而把一些临时的或少量的数据和程序放在内存上,当然内存的好坏会直接影响电脑的运行速度。

内存一般采用半导体存储单元,包括随机存储器(RAM)、只读存储器(ROM)以及高速缓存(CACHE)。其中 RAM 是其最重要的存储器。

① 只读存储器(ROM)

ROM 表示只读存储器(Read Only Memory),在制造 ROM 的时候,信息(数据或程序)就被存入并永久保存。这些信息只能读出,一般不能写入,即使机器停电,这些数据也不会丢失。ROM 一般用于存放计算机的基本程序和数据,如 BIOS ROM。其物理外形一般是双列直插式(DIP)的集成块。

② 随机存储器(RAM)

随机存储器(Random Access Memory)表示既可以从中读取数据,也可以写入数据。当机器电源关闭时,存于其中的数据就会丢失。我们通常购买或升级的内存条就是用作电脑的内存,内存条(SIMM)就是将 RAM 集成块集中在一起的一小块电路板,它插在计算机中的内存插槽上,以减少 RAM 集成块占用的空间。目前市场上常见的内存条有 2G/条、4G/条、8G/条等。

③ 高速缓冲存储器(Cache)

Cache 也是我们经常遇到的概念,也就是平常看到的一级缓存(L1 Cache)、二级缓存(L2 Cache)、三级缓存(L3 Cache)这些数据,它位于 CPU 与内存之间,是一个读写速度比内存更快的存储器。当 CPU 向内存中写入或读出数据时,这个数据也被存储进高速缓冲存储器中。当 CPU 再次需要这些数据时,CPU 就从高速缓冲存储器读取数据,而不是访问较慢的内存,当然,如需要的数据在 Cache 中没有,CPU 会再去读取内存中的数据。

中央处理器(CPU)只能直接访问存储在内存中的数据,外存中的数据只有先调入内存后,才能被中央处理器访问和处理。

(4) 输入设备(Input Devices)

输入设备是用来向计算机输入命令、程序、数据、文本、图像、音频和视频等信息的。其主要作用是把人们可读的信息转换为计算机能识别的二进制代码输入计算机,供计算机处理。例如,用键盘输入信息时,敲击它的每个键位都能产生相应的电信号,再由电路板转换成相应的二进制代码送入计算机。目前常用的输入设备是键盘、鼠标器、光笔、扫描仪等。

(5) 输出设备(Output Devices)

输出设备的主要功能是将计算机处理后的各种内部格式的信息转换为人们能识别的形式(如文字、图形、图像和声音等)表达出来。例如,在纸上打印出印刷符号或在屏幕上显示字符、图形等。常见的输出设备有显示器、打印机、绘图仪和音箱等,它们分别能把信息直观地显示在屏幕上或打印出来。

6.2.3 软件系统

软件系统是指计算机系统所使用的各种程序及文档的集合。计算机软件一般可分为系统软件和应用软件两大类。

(1) 系统软件

系统软件由一组控制计算机系统并管理计算机资源的程序组成,其主要功能包括:启动计算机,存储、加载和执行应用程序,对文件进行排序、检索,将程序语言翻译为机器语言等。实际上,系统软件可以看作用户与计算机的接口,它为应用软件和用户提供了控制、访问硬件的手段,这些功能主要由操作系统完成。此外,编译系统和各种工具软件也属于系统软件,它们从另一方面辅助用户使用计算机。一般来说系统软件可分为操作系统、程序设计语言、服务程序和数据库管理系统。

① 操作系统

操作系统是管理、控制和监督计算机软件和硬件资源协调运行的程序系统,由一系列具有不同控制和管理功能的程序组成,它是直接运行在计算机硬件上的最基本的系统软件,是系统软件的核心。操作系统是计算机发展中的产物,它的主要目的有两个:一是方便用户使用计算机,是用户和计算机的接口,比如用户键入一条简单的命令就能自动完成复杂的功能,这就是操作系统辅助的结果;二是统一管理计算机系统的全部资源,合理组织计算机工作流程,以便充分、合理地发挥计算机的效率。

在微机上,前些年流行 DOS 操作系统,目前大都配备 Windows 操作系统,如 Windows 2000、Windows XP 和 Windows 2003,而支持多用户、多进程、多线程、实时性较好、功能强大且稳定的 Linux 操作系统,在网络中也得到了广泛的应用。

操作系统种类繁多,按其功能和特性分为批处理操作系统、分时操作系统(如 Unix 操作系统)和实时操作系统等;按同时管理用户的多少分为单用户操作系统(如微型机的 DOS、Windows 操作系统)和多用户操作系统;还有适合管理计算机网络环境的网络操作系统。

② **程序设计语言**

程序设计语言是软件系统的重要组成部分,是人机进行信息交流的标准,按照其发展分为机器语言、汇编语言、高级语言。

语言处理程序是用来对各种程序设计语言进行翻译,使之产生计算机可以直接执行的目标程序(用二进制代码表示的程序)的各种程序的集合。计算机硬件系统只能直接识别以数字代码表示的指令序列,即机器语言。如果要在计算机上运行高级语言程序就必须配备语言程序翻译程序。翻译程序本身是一组程序,不同的高级语言都有相应的翻译程序。对于高级语言来说,翻译的方法有两种:

一种是"解释",BASIC 语言源程序的执行就采用这种方式。在运行 BASIC 源程序时,逐条把 BASIC 的源程序语句进行解释和执行,这种方式速度较慢,每次运行都要经过"解释",边解释边执行。对源程序进行解释的程序叫作解释程序。

另一种是"编译",它调用相应语言的编译程序,把源程序变成由机器语言组成的目标程序(以 .OBJ 为扩展名),然后再用连接程序把目标程序与库文件相连接,形成可执行文件。对源程序进行编译的程序叫作编译程序。

③ **服务程序**

服务程序能够提供一些常用的服务性功能,它为用户开发程序和使用计算机提供了方便,像计算机中常用的诊断程序、调试程序均属此类。

④ 数据库管理系统

数据库是指按照一定联系存储的数据集合,可为多种应用共享,如工厂中的职工信息、医院的病历、人事部门的档案都可分别组成数据库。数据库管理系统 DBMS(Data Base Management System)则是能够对数据库进行加工、管理的系统软件。其主要功能是建立、维护、删除数据库及对数据库中数据进行各种操作,如检索、修改、统计、排序、合并等。

常见的数据库管理系统有 FoxPro、Visual FoxPro、Sybase、Oracle、SQL Server 等。数据库技术是计算机技术中发展最快、应用最广的一个分支,可以说,在今后的计算机应用开发中大都离不开数据库。因此,了解数据库技术尤其是微机环境下的数据库应用技术是非常必要的。

(2) 应用软件

应用软件是为了解决各种实际问题而编写的计算机程序。例如,文字处理、表格处理、电子演示、电子邮件收发等是企事业单位或日常生活中常见的问题,WPS 办公软件、Microsoft Office 办公软件都是针对上述问题开发的。

此外,针对财务会计业务问题的财务软件,针对机械设计制图问题的绘图软件(AutoCAD)以及图像处理软件(Photoshop)等,都是为解决某类问题而开发的应用软件。

综上所述,计算机系统由硬件系统和软件系统组成,两者缺一不可。而软件系统又由系统软件和应用软件组成,操作系统是系统软件的核心,在每个计算机系统中是必不可少的;其他的系统软件如语言处理系统可根据不同用户的需要配置不同程序语言编译系统。应用软件则根据用户的应用领域的不同而可以有不同的配置。

§6.3 微型计算机简介

微型计算机是计算机中应用最广泛的一类,它的一个重要特征是将中央处理器(CPU)制作在一块集成电路芯片上,这种芯片被称为微处理器。和一般计算机系统的组成类似,微型计算机系统也包括硬件系统和软件系统两大部分。本节将对微型计算机中常见的硬件进行具体介绍。

6.3.1 微型计算机的系统组成

(1) 总线结构

微型计算机是大规模集成电路技术与计算机技术相结合的产物。在微型计算机技术中,通过系统总线把 CPU、存储器、输入设备和输出设备连接起来,实现信息交换,如图 6-4 所示。通过总线连接计算机各部件使微型机系统结构简洁、灵活、规范,可扩充性好。

总线技术是目前微型计算机中广泛采用的连接方法。所谓总线(Bus)就是系统部件之间传送信息的公共通道,各部件由总线连接并通过它传递数据和控制信号。总线常被比喻成"高速公路",总线上的信息流被视为公路上的各类车辆。总线在发展过程中形成了许多标准,如 ISA 总线、PCI 总线和 AGP 总线等。总线在硬件上的体现就是计算机的主板(Main Board),它也是计算机的主要硬件之一。

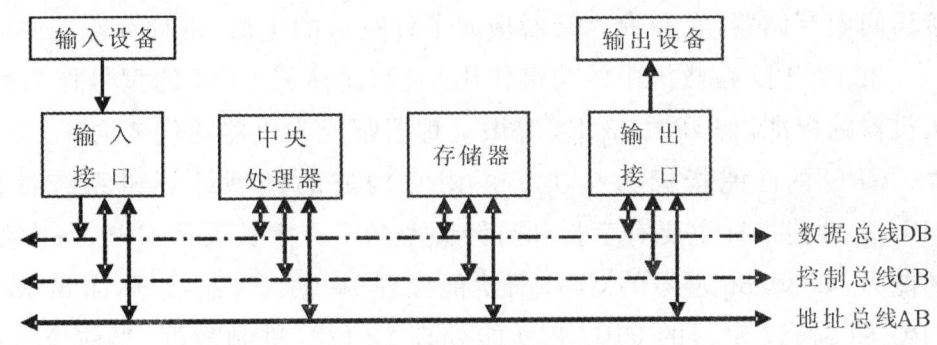

图 6-4 微型计算机总线结构示意

微型计算机的系统总线从功能上分为地址总线、数据总线和控制总线。

① 地址总线

CPU 通过地址总线把地址信息送出给其他部件,因而地址总线是单向的。地址总线的位数决定了 CPU 的寻址能力,也决定了微型机的最大内存容量。例如,16 位地址总线的寻址能力是 $2^{16}=64$ K,而 32 位地址总线的寻址能力是 $2^{32}=4$ G。

② 数据总线

数据总线用于传输数据。数据总线的传输方向是双向的，是CPU与存储器、CPU与I/O接口之间的双向传输。数据总线的位数和微处理器的位数是一致的，是衡量微机运算能力的重要指标。

③ 控制总线

控制总线是CPU对外围芯片和I/O接口的控制以及这些接口芯片对CPU的应答、请求等信号组成的总线。控制总线是最复杂、最灵活、功能最强的一类总线，其方向也因控制信号的不同而有差别。

(2) 中央处理器 CPU(Central Processing Unit)

CPU是微型计算机硬件系统的核心，是一个体积不大而元件的集成度非常高、功能强大的芯片，主要包括运算器（ALU）和控制器（CU）两大部件。CPU又称微处理器 MPU(Micro Processor Unit)。计算机的所有操作都受CPU控制，所以它的品质直接影响着整个计算机系统的性能。CPU可以直接访问内存储器，它和内存储器构成了计算机的主机，是计算机的主体。

由于CPU在微机中的关键作用，人们往往将CPU的型号作为衡量和购买机器的标准，如486、P3、P4等微处理器都成为机器的代名词。

CPU的性能指标直接决定了由它构成的微型计算机系统性能指标。CPU的性能指标主要有字长和时钟频率两个。字长表示CPU每次处理数据的能力，如80286型号的CPU每次能处理16位二进制数据，而80386型号的CPU和80486型号的CPU每次能处理32位二进制数据，当前流行的P4的CPU每次能处理32位二进制数据；时钟频率以MHz（兆赫兹）或GHz（吉赫兹）为单位来度量。通常，时钟频率越高其处理数据的速度相对也就越快。CPU的时钟频率已由几百兆赫兹（MHz）发展到1 GHz～3 GHz，如当前流行的P4的时钟频率可达到3 GHz。同时，随着CPU主频的不断提高，它对内存RAM的存取更快了，而RAM的响应速度达不到CPU的速度，这样就可能成为整个系统的"瓶颈"。为了协调CPU与RAM之间的速度差问题，在CPU芯片中又集成了高速缓冲存储器（Cache），一般在几十千字节（KB）到几百千字节之间。

(3) 存储器(Memory)

存储器分为两大类:一类是设在主机的内部存储器(简称内存),也叫主存储器,用于存放当前运行的程序和程序所用的数据,属于临时存储器;另一类是属于计算机外部设备的存储器,叫外部存储器(简称外存),也叫辅助存储器(简称辅存)。外存属于永久性存储器,存放着暂时不用的数据和程序,当需要某一程序或数据时,该程序或数据首先应调入内存,然后运行。

一个二进制位(bit)是构成存储器的最小单位。实际上,存储器是由许许多多个二进制位的线性排列构成的。为了存取到指定位置的数据,通常将每8位二进制位组成一个存储单元,称为字节(Byte),并给每个字节编上一个号码,称为地址(Address)。

存储器可容纳的二进制信息量称为存储容量。目前,度量存储容量的基本单位是字节(Byte)。此外,常用的存储容量单位还有 KB(千字节)、MB(兆字节)、GB(吉字节)和 TB(太字节),它们之间的关系为:

1 字节(Byte)=8 个二进制位(bits);

1 KB=1 024 B;

1 MB=1 024 KB;

1 GB=1 024 MB;

1 TB=1 024 GB。

① 内部存储器(Main Memory)

内部存储器分为随机存储器(RAM)和只读存储器(ROM)两类。

a. 随机存储器 RAM(Random Access Memory)

随机存储器也叫读写存储器。目前,所有的计算机大都使用半导体 RAM 存储器。半导体存储器是一种集成电路,其中有成千上万的存储元件。依据存储元件结构的不同,RAM 又可分为静态 RAM(Static RAM,SRAM)和动态 RAM(Dynamic RAM,DRAM)。

静态 RAM 是利用其中触发器的两个稳态来表示所存储的"0"和"1"的,这类存储器集成度低、价格高,但存取速度快,常用来做高速缓冲存储器(Cache)。动态 RAM 则是用半导体器件中分布电容上有无电荷来表示"1"和"0"。因为保存在分布电容上的电荷会随着电容器的漏电而逐渐消失,所以需要周期性地给电容充电,称为刷新,这类存储器集成度高、价格低,但由于要周期性地刷新,所以存取速度较静态 RAM 慢。

RAM 有两个重要的特点:一是其中的信息随时可以读出或写入,当写入时,原来存储的数据将被冲掉;二是加电使用时其中的信息会完好无缺,但一旦断电(关机或意外掉电),RAM 中存储的数据就会消失,而且无法恢复,由于 RAM 的这一特点,所以 RAM 也称为临时存储器。

RAM 的大小是衡量计算机工作能力的一个重要指标,随着计算机技术的飞速发展,RAM 的容量也在不断扩大。目前计算机主流的配置是 512 MB,高一点的是 1 GB 或 2 GB。在一般叙述中,内存都是针对 RAM 而言的。

b. 只读存储器 ROM(Read Only Memory)

ROM 主要用来存放固定不变的、控制计算机的系统程序和数据,如常驻内存的监控程序、基本 I/O 系统、各种专用设备的控制程序和有关计算机硬件的参数表等。例如,安装在系统主板上的 ROM-BIOS 芯片中存储着系统引导程序和基本的输入输出系统。ROM 中的信息是在制造时用专门设备一次写入的,存储的内容是永久性的,即使关机或掉电也不会丢失。随着半导体技术的发展,已经出现了多种形式的只读存储器,如可编程的只读存储器(Programmable ROM,PROM)、可擦除、可编程的只读存储器(Erasable Programmable ROM,EPROM)以及掩膜型只读存储器(Masked ROM,MROM)等,它们需要特殊的手段改变其中的内容。

② 外部存储器(Auxiliary Memory)

与内部存储器相比,外部存储器的特点是存储量大、价格较低,而且在断电的情况下也可以长期保存信息,所以又称为永久性存储器。目前,最常用的外部存储器有磁盘和光盘存储器。

a. 磁盘存储器

磁盘是一种外存储器。磁盘分为两种类型:硬磁盘和软磁盘,简称硬盘和软盘。不同的是软盘片只有一片盘片,而硬盘通常由一组重叠的盘片组成。无论是硬盘还是软盘,存储数据都是通过一种称为磁盘驱动器的机械装置对磁盘的盘片进行读写而实现的。存储数据叫作写磁盘,取数据叫作读磁盘。

软盘是计算机中最早使用的数据存储器之一,软盘驱动器安装在机箱的前部,软盘的盘片可以随时插入驱动器中,当然也可以随时从磁盘驱动器中取出,使用非常方便,但容量比较小。机器上配有的软盘驱动器,符号一般为 A。

硬盘的磁盘驱动器和盘片都是固定在机箱内的,外面是看不到的,它的存储容量很大,计算机硬盘技术发展也非常快,若干年前硬盘容量还多为几十兆、几百兆,现在的机器配的硬盘容量一般都是几十个 G 或上百个 G。在计算机系统中,硬盘驱动器的符号用一个英文字母表示,也称为盘符,如果只有一个硬盘,一般称为 C 盘,如果有两个硬盘,称为 C 盘和 D 盘;或者将一个硬盘分成两个区,也称为 C 盘和 D 盘。

为了能在盘面的指定区域上读写数据,必须将每个磁盘面划分为数目相等的同心圆,称为磁道,每个磁道又等分成若干个弧段,称为扇区(Sector)。磁道按径向从外向内,依次从 0 开始编号,盘片组中相同编号的磁道形成了一个假想的圆柱,成为硬盘的柱面(Cylinder)。显然,柱面数等于盘面上的磁道数。每个盘面有一个径向可移动的读写磁头(Head),自然,磁头数就是构成柱面的磁道数。通常,一个扇区的容量为 512 字节。与主机交换信息是以扇区为单位进行的。所以,硬盘的容量计算公式是:

$$硬盘的容量=柱面数(C)×磁头数(H)×扇区数(S)×512\ B$$

b. 光盘

光盘即 CD-ROM,是近几年来发展的一种存储介质,CD-ROM 是英文"只读光盘存储器,Compact Disk-Read Only Memory"每个词的第一个英文字母的组合。从表面看它和立体音响设备中使用的激光唱盘一样,它是一个直径为 120 mm(约 4.72 英寸)、厚度为 1.2 mm、重量为 14~18 g 的圆盘,如图 6-5 所示,靠激光束读取数据,但它存放数据的格式和激光唱盘不同。不管其存储的是音乐(Audio)、数据(Data),还是其他多媒体视频文件(Video)等,所有数据都经过数字化处理变成 0 与 1,对应的就是光盘上的 Pits(凹点)和 Lands(平面)。所有的 Pits 都有着相同的深度与长度,一个 Pits 大约只有半微米宽,大概就是 500 粒氢原子的长度,而一张 CD 光盘上大约有 28 亿个这样的 Pits。当激光影射到光盘上时,如果是照在 Lands 上,那么就会有 70%~80% 的激光被反射回去;如果照在 Pits 上,就无法反射回激光,根据反射和无反射的情况,光盘驱动器就可以解读 0 或 1 的数字编码了。

图 6-5　光盘

光盘的存储容量很大,一片光盘可以存储 600 多兆字节的信息,可以把中国的四大名著《红楼梦》、《三国演义》、《水浒传》和《西游记》全部存储在一张光盘里。如果存放一种报纸,可以存储 20 年的报纸内容。这样大的存储容量使得存储声音、图像成为可能。正像读磁盘需要磁盘驱动器一样,读取光盘的内容也需要光盘驱动器,简称光驱,人们常常把光驱称为 CD-ROM。从名称中可以看到,目前我们使用的光盘只能读不能写,即只能读取光盘中的数据,不能往光盘中写数据。光盘中的信息是生产厂家或公司用昂贵的设备压入光盘的,如果需要往光盘中写入数据,必须使用光盘刻录机。

光驱的符号一般排在硬盘的后面,如果 C 盘和 D 盘是硬盘,则光驱的符号一般是 E;如果硬盘的符号多于两个,依次类推。

c. DVD 和 DVD-ROM

目前,许多计算机配置了 DVD-ROM。最初 DVD 代表的英文全名是 Digital Video Disk,即数字视频光盘或数字影盘,后来的含义是 Digital Versatile Disk,即数字通用光盘。它利用 MPEG 2 的压缩技术来存储影像,集计算机技术、光学记录技术和影视技术等为一体,成为一种容量大、性能高的存储媒体。在外观上,DVD 盘与一张 CD 盘相似,直径都为 120 mm,厚度为 1.2 mm。DVD 盘像 CD 盘一样便于携带,更加节省空间。

DVD-Video 是影碟,DVD 只读盘,即 DVD-ROM 是电脑软件只读光盘,两者是有差别的。DVD 影碟仅含有视频节目,可以在影碟机中进行播放,而 DVD-ROM 是一种存储数据的介质,用在计算机上。它们的区别类似于 CD 唱盘与 CD-ROM 之间的区别。计算机可以播放 CD 唱盘以及读取 CD-ROM,而 CD 唱机不能读取 CD-ROM 的轨道。

与 CD、VCD 相比 DVD 有以下几个方面的优点:容量大、读取速度快、高分辨率的视频和高保真的音质。

DVD 光驱是向下兼容的,可以播放 CD-ROM 光盘和 CD 唱盘,因此

DVD-ROM 取代 CD-ROM 将是一种趋势。

d. USB 优盘

USB 优盘又称拇指盘，如图 6-6 所示，它是利用闪存（Flash Memory）在断电后还能保持存储的数据不丢失的特点而制定的。其优点是重量轻、体积小，一般只有拇指大小，重 15～30 g；通过计算机的 USB 接口即插即用，使用方便；容量已从原来的 128 MB、256 MB发展到现在的 1 G、2 G 以上，随着其价格的降低和容量的提高，优盘的使用逐渐增加。

图 6-6　优盘

（4）输入设备

① 键盘（Keyboard）

键盘是计算机最常用的一种输入设备，通常包括数字键、字母键、符号键、功能键和控制键等，分别放在一定的区内。目前常用的键盘有两种基本格式：PC/XT 格式键盘和 AT 格式键盘。微机上流行的是 101 键和 104 键的标准键盘，104 键盘如图 6-7 所示。

计算机键盘按功能可分为 4 个区：功能键区、主键盘区、编辑控制键区和数字键区，如图 6-7 所示。

图 6-7　104 键盘

② 鼠标（Mouse）

鼠标是个像老鼠大小的塑料盒子（"鼠标"正是由此得名），其上有两个（或三个）按键，当它在平板上滑动时，屏幕上的鼠标指针也跟着移动。它不但可用于光标定位,还可用来选择菜单、命令和文件,故能减少击键次数,简化操作过程。目前,鼠标已经在微机和工作站上广泛应用,是最常用的输入设备之一。

鼠标根据其使用原理可以分为机械鼠标、光电鼠标和光电机械鼠标。

③ 其他输入设备

键盘和鼠标是微机中最常用的输入设备,此外还有扫描仪、条形码阅读器、光学字符阅读器(OCR)、触摸屏、光笔、声音输入设备(麦克风)和图像输入设备(数码相机)等。

(5) 输出设备

输出设备的任务是将信息传送到中央处理机之外的介质上,这些介质可分为硬拷贝和软拷贝两大类。显示器和打印机是计算机中最常用的两种输出设备。

① 显示器(Monitor)

显示器也叫监视器,是微机中最重要的输出设备之一,也是人机交互必不可少的设备。显示器用于微机或终端,可显示多种不同的信息。

a. 显示器的分类

常用的显示器有阴极射线管显示器(简称 CRT)和液晶显示器(简称 LCD)。CRT 显示器又有球面 CRT 和纯平 CRT 之分。纯平 CRT 显示器大大改善了视觉效果,已取代球面 CRT 显示器,成为 PC 机的主流显示器。液晶显示器为平板式晶标器,体积小、重量轻、能耗少,主要用于笔记本电脑,高档台式机也采用液晶显示器。

当前,微机上使用的主流显示器是彩色图形显示器,而黑白字符显示器常用于金融、商业领域。

b. 显示器的主要性能

在选择和使用显示器时,应该了解显示器的主要特性。

像素(Pixel)与点距(Pitch):屏幕上图像的分辨率或者说清晰度取决于能在屏幕上独立显示的点的直径,这种独立显示的点称作像素,屏幕上两个像素之间的距离叫作点距。目前,微机上显示器的点距有 0.31 mm、0.28 mm 和

0.25 mm 等规格。一般讲,点距越小,分辨率就越高,显示器质量也就越好。

分辨率:分辨率是衡量显示器的一个常用指标。它指的是整个屏幕上像素的数目(列×行)。目前,通常有 640×480、800×600、1 024×768 和 1 280×1 024 等几种规格。

显示器的尺寸:它以显示器的对角线来度量。显示器有 14 英寸、15 英寸、17 英寸、19 英寸和 21 英寸等。

c. 显示卡

显示器是通过"显示器接口"(简称显示卡)与主机连接的,所以显示器必须与显示卡匹配。它主要由显示控制器、显示存储器和接口电路组成。目前,PC 机上使用的显示卡大多数与 VGA(Video Graphics Array)兼容,SVGA 和 TVGA 是两种较流行的 VGA 兼容卡。VGA 的分辨率是 640×480,有 256 种颜色。SVGA(Super VGA)是 VGA 的扩展,分辨率可达 1 280×1 024,有 224 种颜色。

② 打印机(Printer)

打印机是计算机目前最常用的输出设备,也是品种、型号最多的输出设备之一。

按打印机打印原理可分为击打式打印机和非击打式打印机两大类。击打式打印机中有字符式打印机和针式打印机(又称点阵式打印机)。非击打式打印机种类繁多,有静电打印机、热敏式打印机、喷墨式打印机和激光打印机等。

由于击打式打印机依靠机械动作实现印字,因此,打印速度慢、噪音大、打印质量差。而非击打式打印机打印过程中无机械击打动作,速度快、无噪音、打印质量高。目前使用较多的是点阵打印机、喷墨式打印机和激光打印机。

a. 点阵式打印机

点阵式打印机主要是由打印头、运载打印头的小车机构、色带机构、输纸机构和控制电路等几部分组成,打印头是点阵式打印机的核心部分。点阵打印机有 9 针打印机、24 针打印机之分,24 针打印机可以印出质量较高的汉字,是目前使用较多的点阵式打印机。

点阵式打印机是在脉冲电流信号的控制下,打印针击打的针点形成字符或汉字的点阵。这类打印机的最大优点是耗材(包括色带和打印纸)便宜,缺点是打印速度慢、噪音大、打印质量差(字符的轮廓不光顺,有锯齿形)。

b. 喷墨打印机

喷墨打印机属非击打式打印机,其工作原理是:喷嘴朝着打印纸不断喷出极细小的带电的墨水雾点,当它们穿过两个带电的偏转板时接受控制,然后落在打印纸的指定位置上,形成正确的字符,无机械击打动作。喷墨打印机的优点是设备价格低廉、打印质量高于点阵式打印机、可彩色打印、无噪音,缺点是打印速度慢、耗材(主要指墨盒)贵。

c. 激光打印机

激光打印机也属非击打式打印机,工作原理与复印机相似,涉及光学、电磁学、化学等。简单来说,它将来自计算机的数据转换成光,射向一个充有正电的旋转的鼓上,鼓上被照射的部分便带上负电,并能吸引带色粉末,鼓与纸接触再把粉末印在纸上,接着在一定的压力和温度的作用下熔解在纸的表面。激光打印机的优点是无噪音、打印速度快、打印质量最好,常用来打印正式文件及图表,其缺点是设备价格高、耗材贵,打印成本在打印机中最高。

③ 其他输出设备

在微型机上使用的其他输出设备有绘图仪、声音输出设备(音箱或耳机)、视频投影仪等。绘图仪有平板绘图仪和滚动绘图仪两类,通常采用"增量法"在 x 和 y 方向产生位移来绘制图形。视频投影仪常称为多媒体投影仪,是微型机输出视频的重要设备。目前,有 CRT 投影仪和使用 LCD 投影技术的液晶板投影仪。液晶板投影仪具有体积小、重量轻、价格低且色彩丰富的优点。

6.3.2 微型计算机的分类

微型计算机常见的分类方法有以下四种:

(1) 按字长可以分为 8 位机、16 位机、32 位机和 64 位机等。
(2) 按结构可以分为单片机、单板机与多芯片机、多板机等。
(3) 按用途可以分为工业过程控制机与数据处理机等。
(4) 按 CPU 芯片型号可以分为 486 机、Pentium 机、P3 机和 P4 机等微机。

6.3.3 微型计算机的主要性能指标

计算机的性能涉及体系结构、软硬件配置、指令系统等多种因素,一般来说主要有下列技术指标。

(1) 字长

字长是指计算机运算部件一次能同时处理的二进制数据的位数,是由 CPU 内部的寄存器、加法器和数据总线的位数决定的。字长标志着计算机处理信息的精度,字长越长,计算机的运算精度就越高,处理能力就越强。当前普通微机字长有 16 位、32 位,高档微机的字长是 64 位。

(2) 时钟主频

时钟主频是指 CPU 在单位时间(秒)内发出的脉冲数。它的高低很大程度上决定了计算机速度的高低。主频单位是 MHz 或 GHz,一般来说,主频越高,速度越快。由于微处理器发展迅速,微机的主频也在不断地提高。P4 处理器的主频目前已达到 1 GHz~3 GHz。

(3) 运算速度

计算机的运算速度通常是指每秒钟执行的加法指令数目,常用每秒百万次 MIPS(Million Instructions Per Second)来表示。这个指标更能直观地反映机器的运算速度。

(4) 存储容量

存储容量分内存容量和外存容量,这里主要是指内存储器的容量。因为所有的程序必须先调入内存才能够运行,所以内存容量越大,机器所能运行的程序就越多,处理能力就越强。尤其是当前计算机应用多涉及图像信息处理,没有足够大的内存容量就无法正常运行某些软件。目前微机内存的容量一般为 512 MB~1 024 MB,甚至 2 G。

(5) 存取周期

内存储器的存取周期也是影响整个计算机系统性能的主要指标之一。简单讲,存取周期就是 CPU 从内存储器中存取数据所需的时间,存取周期越短,则存取速度越快。半导体存储器的存取周期约在几十到几百微秒之间。

此外,计算机的可靠性、可维护性、平均无故障时间和性能价格比也都是计算机的技术指标。

§6.4　计算机中信息的表示

计算机所表示和使用的数据可分为两大类：数值数据和字符数据。数值数据用于表示量的大小、正负，如整数、小数等。字符数据也叫作非数值数据，用以表示一些符号、标记，如英文字母 A～Z、a～z，数字 0～9，各种专用字符，如＋、—、＊、/、[ ]、( )及标点符号等。汉字、图形、声音数据也属于非数值数据。各种数据在计算机内都是以二进制编码形式来存储的。

6.4.1　数据的表示

用一组固定的数字和一套统一的规则来表示数目的方法，称为数制。例如，人们常用的十进制；钟表计时使用的一小时等于六十分，一分等于六十秒的六十进制；早年我国曾使用过一市斤等于十六两的十六进制；计算机中使用的二进制等。数制有进位计数制和非进位计数制之分，目前一般使用进位计数制。

（1）数制基础

① 基数(Radix)

一个计数制所包含的数字符号的个数称为该数制的基数，用 R 表示。如：

十进制(Decimal)：基数 R＝10。

二进制(Binary)：任意一个二进制数可用 0、1 两个数字符组合的数字字符串来表示，它的基数 R＝2。

八进制(Octal)：任意一个八进制数可用 0、1、2、3、4、5、6、7 八个数字符组合的数字字符串来表示，它的基数 R＝8。

十六进制(Hexadecimal)：任意一个十六进制数可以用 0、1、2、3、4、5、6、7、8、9、A、B、C、D、E、F 十六个数字符组合的数字字符串来表示，它的基数 R

=16。

为区分不同数制的数,书中约定对于任一 R 进制的数 N,记作:$(N)_R$。例如,$(10101)_2$、$(513)_8$、$(8AE35)_{16}$ 分别表示二进制数 10101、八进制数 513 和十六进制数 8AE35。不用括号及下标的数,默认为十进数,如 256。人们也习惯在一个数的后面加上字母 D(十进制)、B(二进制)、O(八进制)、H(十六进制)来表示其前面的数用的是什么进位制。例如,1010B 表示二进制数 1010,E05H 表示十六进制数 E05。

② 权

任何一个 R 进制的数都是由一串数码表示的,其中每一位数码所表示的实际值大小,除数码本身的数值外,还与它所处的位置有关,由位置决定的值就叫权(或称位值)。权用基数 R 的 i 次幂 R^i 表示。

显然,对于任一 R 进制数,其最右边数码的权最小,最左边的数码的权最大。

③ 运算规则

类似十进制数值表示,任一 R 进制数的值都可表示为各位数码本身的值与其权的乘积之和。如:

$101.01B = 1\times 2^2 + 0\times 2^1 + 1\times 2^0 + 0\times 2^{-1} + 1\times 2^{-2} = 4+1+0.25 = 5.25D$

$A2BH = 10\times 16^2 + 2\times 16^1 + 11\times 16^0 = 2\,560 + 32 + 11 = 2\,603D$

这种过程叫作数值的按权展开。

任意一个具有 n 位整数和 m 位小数的 R 进制数 N 的按权展开为:

$$(N)_R = a_{n-1}\times R^{n-1} + a_{n-2}\times R^{n-2} + \cdots + a_1\times R^1 + a_0\times R^0 + a_{-1}\times R^{-1} + \cdots + a_{-m}\times R^{-m} = \sum_{i=-m}^{n-1} a_i \times R^i$$

其中 a_i 为 R 进制的数码。

(2) 常用数制

① 十进制

基数 R 为 10,即"逢十进一"。它含有十个数码:0、1、2、3、4、5、6、7、8、9。权为 10^i($i=-m \sim n-1$,其中 m、n 为自然数)。

② 二进制

基数 R 为 2,即"逢二进一"。它含有两个数码:0、1。权为 2^i($i= -m \sim n-1$,m、n 为自然数)。二进制是计算机中采用的数制,这是因为二进制具有如下特点。

a. 简单可行,容易实现

因为二进制仅有两个数码 0 和 1,可以用两种不同的稳定状态(如有磁和无磁,高电位和底电位)来表示。计算机的各组成部分都由且仅由两个稳定状态的电子元件组成,它不仅容易实现,而且稳定可靠。

b. 运算规则简单

二进制的计算规则非常简单。以加法为例,二进制加法规则仅有四条,即:0+0=0,1+0=1,0+1=1,1+1=10(逢二进一)。

c. 适合逻辑运算

二进制中的 0 和 1 正好分别表示逻辑代数中的假值(False)和真值(True)。二进制数代表逻辑值容易实现逻辑运算。

但是,二进制的明显缺点是:数字冗长,书写繁复且容易出错,不便阅读。所以,在计算机技术文献的书写中,常用十六进制数表示。

③ 十六进制

基数 R 为 16,即"逢十六进一"。它含有十六个数字符号:0、1、2、3、4、5、6、7、8、9、A、B、C、D、E、F,其中 A、B、C、D、E、F 分别表示数码 10、11、12、13、14、15。权为 16^i ($i=-m \sim n-1$,其中 m、n 为自然数)。

二进制和十六进制都是计算机中常用的数制,所以在一定数值范围内直接写出它们之间的对应关系,也是经常遇到的。表 6-1 列出了 0~15 这 16 个十进制数与十六进制的对应关系。

表 6-1 十进制与十六进制的对应表

十进制	十六进制	十进制	十六进制
0	0	8	8
1	1	9	9
2	2	10	A
3	3	11	B
4	4	12	C
5	5	13	D
6	6	14	E
7	7	15	F

6.4.2 字符的表示

(1) 英文字符编码

如前所述,计算机中的信息都是用二进制编码表示的,用以表示字符的二进制编码称为字符编码。计算机中常用的字符编码有 EBCDIC(Extended Binary Coded Decimal Interchange Code)码和 ASCII(American Standard Code for Information Interchange)码。IBM 系列大型机采用 EBCDIC 码,微型机采用 ASCII 码。本节主要介绍 ASCII 码。

ASCII 码是美国标准信息交换码,被国际标准化组织(ISO)指定为国际标准。ASCII 码有 7 位码和 8 位码两种版本。国际通用的 7 位 ASCII 码称 ISO-646 标准,用 7 位二进制数 $d_6d_5d_4d_3d_2d_1d_0$ 表示一个字符的编码,其编码范围从 0000000B～1111111B,共有 $2^7=128$ 个不同的编码值,相应可以表示 128 个不同字符的编码。7 位 ASCII 码表如表 6-2 所示,表中对大小写英文字母、阿拉伯数字、标点符号及控制符等特殊符号规定了编码,共 128 个字符,其中包括:26 个大写英文字母,26 个小写英文字母,0～9 共 10 个数字,34 个通用控制字符和 32 个专用字符(标点符号和运算符)。

表 6-2 标准 ASCII 码字符集

$d_3d_2d_1d_0$ \ $d_6d_5d_4$	000	001	010	011	100	101	110	111
0000	NUL	DLE	SP	0	@	P	、	p
0001	SOH	DC1	!	1	A	Q	a	q
0010	STX	DC2	"	2	B	R	b	r
0011	ETX	DC3	#	3	C	S	c	s
0100	EOT	DC4	$	4	D	T	d	t
0101	ENQ	NAK	%	5	E	U	e	u
0110	ACK	SYN	&	6	F	V	f	v
0111	BEL	ETB	'	7	G	W	g	w
1000	BS	CAN	(	8	H	X	h	x
1001	HT	EM	)	9	I	Y	i	y
1010	LF	SUB	*	:	J	Z	j	z
1011	VT	ESC	+	;	K	[	k	{
1100	FF	FS	,	<	L	\	l	|
1101	CR	GS	-	=	M	]	m	}
1110	SO	RS	.	>	N	↑	n	~
1111	SI	US	/	?	O	→	o	DEL

要确定某个数字、字母、符号或控制符的 ASCII 码,可以在表中先查找到它的位置,然后确定它所在位置相应的行和列,最后根据列确定高 3 位编码($d_6d_5d_4$),根据行确定低 4 位编码($d_3d_2d_1d_0$),把高位码和低位码合在一起就是该字符的 ASCII 码。例如,数字"0"的 ASCII 码值为 0110000B(或 48D,或 30H),字母"A"的 ASCII 码值为 1000001B(或 65D,或 41H),"a"的 ASCII 码值为 1100001B(或 97D,或 61H)等。

(2) 中文字符编码

ASCII 码只对英文字母、数字和标点符号进行编码。为了用计算机处理汉字,同样也需要对汉字进行编码。从汉字编码的角度看,计算机对汉字信息的处理过程实际上是各种汉字编码间的转换过程。这些编码主要包括汉字输入码、汉字内码、汉字字形码、汉字地址码及汉字信息交换码等。

① 汉字信息交换码(国标码)

汉字信息交换码是用于汉字信息处理系统之间或者与通信系统之间进行信息交换的汉字代码,简称交换码,也叫国标码。它是为了使系统、设备之间信息交换时采用统一的形式而制定的。我国1981年颁布了国家标准——《信息交换用汉字编码字符集——基本集》,代号"GB 2312-80",即国标码。

国标码规定了进行一般汉字信息处理时所使用的7 445个字符编码,其中682个非汉字图形字符(如序号、数字、罗马数字、英文字母、日文假名、俄文字母、汉语拼音等)和6 763个汉字的代码。汉字代码中又有一级常用汉字3 755个,二级非常用汉字3 008个。一级常用汉字按汉语拼音字母顺序排列,二级非常用汉字按偏旁部首排列,部首顺序依笔画多少排序。国标码采用两个字节表示一个汉字,每个字节只使用低七位。

在国标码中,全部国标汉字与图形符号组成一个94×94的矩阵,矩阵的每一行称为一个"区",每一列称为一"位",这样就形成了94个区(01区至94区)、每个区内有94位(01位至94位)的汉字字符集。一个汉字所在位置的区号和位号组合在一起就构成一个四位数的代码,前两位数字为"区码"(01~94),独立占一个字节,后两位数字为"位码",也独立占一个字节,这种代码称为"区位码"。需要注意的是,一个汉字的区位码中,因区码和位码均是独立的,在将它们转换成十六进制时,不能作为整体来转换,只能分开进行转换。例如:

$$汉字区位码+2020H=汉字国标码$$

② 汉字输入码

为了将汉字输入计算机而编制的代码称为汉字输入码,也叫作外码。汉字输入码是根据汉字的发音或字形结构等多种属性和汉语有关规则编制而成的,目前流行的汉字输入码的编码方案已有很多,如全拼输入法、双拼输入法、自然码输入法、五笔字型输入法等。对于同一个汉字,不同的输入法有不同的输入码。例如,"中"字的全拼输入码是"zhong",而五笔型的输入码是"kh"。这种不同的输入码通过输入字典转换成统一的国标码。

③ 汉字内码

汉字内码是为了在计算机内部对汉字进行存储、处理和传输而编制的汉字代码,它能够满足存储、处理和传输的要求。当一个汉字输入计算机后就转换为内码,然后才能在机器内流动、处理。目前,对应于国标码,一个汉字的内码也用2个字节存储,并把每个字节的最高二进制位置"1"作为汉字内码的标识,以免与单字节的 ASCII 码产生歧义。如果用十六进制来表述,就是把汉字国标码的每个字节上加一个 80H(即二进制数 10000000),所以,汉字的国标码与其内码有下列关系:

$$汉字内码 = 汉字国标码 + 8080H$$

例如,已知"中"字的国标码为 5650H,则根据上述公式得:

"中"字的内码="中"字的国标码 $5650H+8080H=D6D0H$

④ 汉字字形码

汉字字形码又称汉字输出码。经过计算机处理的汉字信息,如果要显示或打印出来阅读,则必须将汉字内码转换成人们可读的方块汉字。每个汉字的字形信息是预先存放在计算机内的,常称汉字库,汉字内码与汉字字形码一一对应。输出时,根据内码在汉字库中查到其字形描述信息,然后显示或打印输出。描述汉字字形的方法主要有点阵字形和轮廓字形两种。

点阵字形方法比较简单,就是用一个排列成方阵的点的黑白来描述汉字。具体如下:

汉字是方块字,将方块等分成有 n 行 n 列的格子,简称它为点阵。凡笔画所到的格子点为黑点,用二进制"1"表示,否则为白点,用二进制"0"表示,这样,一个汉字的字形就可以用一串二进制数表示了。例如,16×16 汉字点阵有 256 个点,需要 256 位二进制位来表示一个汉字的字形码,这就是汉字点阵的二进制数字化。

计算机中,8 位二进制位组成一个字节,它是度量存储空间的基本单位。可见一个 16×16 点阵的字形码,需要 $16\times16/8=32$ 字节存储空间;同理,24×24 点阵的字形码需要 $24\times24/8=72$ 字节存储空间;32×32 点阵的字形码需要 $32\times32/8=128$ 字节存储空间。

显然,点阵中行、列数划分越多,字形的质量越好,锯齿现象也就越少,但存储汉字字形码所占用的存储空间也越大。

汉字输出时经常要使用汉字的点阵字形,所以把各个汉字的字形码以汉字库的形式存储起来。为了满足不同的需要,还出现了各种各样的字库,如宋体字库、仿宋体字库、楷体字库、简体字库和繁体字库等。汉字的点阵字形的缺点是放大后会出现锯齿现象,很不美观。

轮廓字形方法比点阵字形复杂,一个汉字中笔画的轮廓可用一组曲线来勾画,它采用数学方法来描述每个汉字的轮廓曲线。中文 Windows 下广泛应用的 TrueType 字形就是采用轮廓字形法。这种方法的优点是字形精度高,且可以任意放大、缩小而不产生锯齿现象;缺点是输出之前必须经过复杂的数学运算处理。

§6.5 电脑配置

电脑的配置是衡量一台电脑性能高低的标准,主要看 CPU、显卡、主板、内存、硬盘、显示器等。国外的有 HP、apple、松下、东芝等,国产的有华硕、宏碁、神舟、海尔、联想等。

6.5.1 中央处理器 CPU(Central Processing Unit)

(1) CPU 的性能

中央处理器 CPU 的性能指标主要取决于频率和二级缓存、三级缓存、核心数量。频率越高,二级缓存越大,三级缓存越大,核心越多。速度越快的 CPU 只有三级缓存影响相应速度。运算速度作为衡量电脑性能的一项重要指标,它通常采用主频高低来描述。市场上流行的双核 CPU,在主频速度提高的同时,采用多核技术,总体的主频越高,运算速度就越快。

(2) CPU 的分类

主流桌面级 CPU 厂商主要有 INTEL 和 AMD 两家。

Intel 平台的低端是赛扬和奔腾系列,高端是酷睿第六代,现在酷睿 i7—

6950x 已经生产,是目前最高端的桌面级 CPU。

AMD 平台的低端是闪龙,高端是速龙、皓龙;最常用的是两者的中低端。AMD 处理器方面,在中高端有 e7400,可以搭配频率更高的 DDR3 内存,这一点是 AMD 中高端平台中难以实现的。

图 6-8 "AMD"和"inter"

(3) INTER 和 AMD 的对比

AMD 具有较高的性价比,价格相对便宜,适用面大,针对学生、家庭、中低端游戏玩家、普通消费能力者,非常适用。INTEL 具备更好的自执行与处理能力,掌握高端技术,并且散热相对较好,适合发烧级游戏玩家等使用。从技术与处理能力上,INTEL 压倒 AMD;但从价格与适用面积上,AMD 胜过 INTEL。

6.5.2 内存

(1) 内存的性能

内存的存取速度取决于接口、颗粒数量多少与储存大小(包括内存的接口,如 SDRAM133、DDR333、DDR2-533、DDR2-800、DDR3-1333、DDR3-1600、DDR4-2133),一般来说,内存越大,处理数据能力越强;而处理数据的速度主要看内存属于哪种类型(如 DDR 就没有 DDR3 处理得快)。

内存是 CPU 直接访问的存储器,电脑中所有需要执行的程序与需要处理的数据都要先读到内存中。内存大小反映了电脑即时存储信息的能力,随着操作系统的升级和应用软件功能的不断增多,对内存的需求容量越来越大。

(2) 内存分类

常用内存条有 3 种型号:① SDRAM 的内存金手指(就是插入主板的金色接触部分)有两个防呆缺口,168 针脚。SDRAM 的中文含义是"随机动态储存器"。② DDR 的内存金手指只有一个防呆缺口,而且稍微偏向一边,184 针脚。DDR 中文含义是"双倍速率随机储存器"。③ DDR2 的内存金手指也只有一个防呆缺口,但防呆缺口在中间,240 针脚。DDR2SDRAM 内存的金手指有 240 个接触点。

6.5.3 显卡

显卡作为电脑主机里的一个重要组成部分,对于喜欢玩游戏和从事专业图形设计的人来说显得非常重要。民用显卡图形芯片供应商主要包括 ATI 和 nVIDIA 两家。(ATI 已被 AMD 收购改名 AMD)要注意显卡的流处理能力以及显存大小和显存位宽,越大越好。这项与运行超大程序软件的响应速度有着直接联系,如运行 CAD2007、3DStudioMAX、3DMAX 等图形软件以及玩大型 3D 游戏显卡除了硬件级别上的区分外,也有"共享显存"技术的存在,和一般自带显存芯片的不同,就是该"共享显存"技术,需要从内存读取显存,以处理相应程序的需要。或有人称之为:动态显存。这种技术更多用在笔记本电脑中。

显卡是将 CPU 送来的影像数据处理成显示器可以接收的格式,再送到显示屏上形成画面。NVIDIA、ATI 显卡作为市场上比较流行的显卡芯片,以独立显卡容量大小作为衡量显卡性能指标的尺度。市场上以独显 2G 甚至更高作为主流显卡。

6.5.4 硬盘

硬盘分为固态硬盘(SSD)、机械硬盘(HDD)、混合硬盘(SSHD),固态硬盘速度最快,混合硬盘次之,机械硬盘最差。越大的硬盘存的文件就越多(如存放电影、音乐等),首先是硬盘的数据读取与写入的速度和硬盘的转速(分高速硬盘和低速硬盘,高速硬盘一般用在大型服务器中,如 10000 转、15000 转;

低速硬盘用在一般电脑中,包括笔记本电脑),台式机电脑一般用7200转,笔记本电脑一般用5400转,这主要是考虑到高速硬盘在笔记本电脑中由于电脑移动振动意外刮伤硬盘盘片以及功耗和散热原因。

硬盘速度又因接口不同,速率不同,一般而言,分IDE和SATA(也就是常说的串口)接口,早前的硬盘多是IDE接口,相比之下,存取速度比SATA接口的要慢些。

硬盘也随着市场的发展,缓存由以前的2M升到了8M、16M或32M或更大,就像CPU一样,缓存越大,速度会快些。

如果想看看自己电脑的配置,那就单击"开始"→"程序"→"附件"→"系统工具"→"系统信息",里面包括硬件版本、性能指数、软件版本信息等。

电脑速度的影响因素不仅要考虑上述几项的性能指标,我们还需要考虑电源、主板等硬件的影响。所以一般来讲,电脑速度的响应并不能说是某个单个硬件的影响,它们需要彼此的互相匹配。当然,硬件占主要因素的同时,我们还需要软件的优化设置。

复习题

1. 第一台电子计算机的名字是_____。
2. 中央处理器(CPU)由_____和_____组成。
3. 计算机能直接识别和执行的语言是_____。
4. 在微型计算机上用键盘输入一个程序时,首先存于_____的_____中,如果希望将这个程序长期保存,就应该把它存储于_____中。
5. 内存中,ROM 称为_____,对它只能进行_____操作,断电后数据_____;RAM 称为_____,对它可进行_____和_____操作,断电后数据_____。
6. 微型计算机的外部设备包含_____、_____和_____,常见的输出设备有_____和_____等,常见的输入设备主要有_____和_____等。
7. 第二代电子计算机使用的电子器件是_____。
   A. 电子管   B. 晶体管
   C. 集成电路   D. 超大规模集成电路
8. 设汉字点阵为 32×32,那么 100 个汉字的字形状信息所占用的字节数是_____。
   A. 12800K   B. 3200K   C. 32×3200K   D. 128K
9. 大写字母 B 的 ASCII 码值是_____。
   A. 65   B. 66   C. 41H   D. 97
10. 一个完整的计算机系统包括_____。
    A. 计算机及其外部设备   B. 主机、键盘、显示器
    C. 系统软件和应用软件   D. 软件系统和硬件系统
11. 中央处理器 CPU 的主要部件是_____。
    A. 控制器和内存   B. 运算器和内存
    C. 控制器和寄存器   D. 运算器和控制器
12. 计算机能够直接识别和执行的语言是_____。
    A. 汇编语言   B. 编辑语言
    C. 机器语言   D. 高级语言

13. 下列不能用作存储容量单位的是_____。
    A. Byte   B. MIPS   C. KB   D. GB
14. 下列叙述不正确的是_____。
    A. 激光打印机属于非击打式打印机
    B. 所有计算机的字长都是固定不变的,都是 8 位
    C. 计算机的存储容量是计算机的性能指标之一
    D. 各种高级语言的编译系统都属于系统软件
15. 计算机内部采用的数制是_____。
    A. 十进制   B. 二进制   C. 八进制   D. 十六进制
16. 组成 CPU 的主要部件是_____。
    A. 运算器和控制器   B. 运算器和存储器
    C. 控制器和寄存器   D. 运算器和寄存器
17. 在标准 ASCII 码中,英文字母 a 和 A 的码值相差的十进制值是_____。
    A. 20   B. 32   C. —20   D. —32
18. 下列关于汉字编码的叙述中,错误的是_____。
    A. BIG5 码是通行于中国香港和台湾地区的繁体汉字编码
    B. 一个汉字的区位码就是它的国标码
    C. 无论两个汉字的笔画数目相差多大,它们的机内码的长度是相同的
    D. 同一个汉字用不同的输入法输入时,其输入码不同,但机内码却是相同的
19. 下列说法中,正确的是_____。
    A. 同一个汉字的输入码的长度随输入方法不同而不同
    B. 不同汉字的机内码的长度是不相同的
    C. 一个汉字的机内码与它的国标码是相同的,且均为 2 字节
    D. 同一汉字用不同的输入法输入时,其机内码是不相同的
20. 计算机的发展经历了哪几个阶段?各个阶段的主要特征是什么?
21. 计算机系统由哪几部分组成?各个部分功能是什么?
22. 简述我们现在常见的外存储器都有哪些。
23. 字长与字节如何区别?计算机的容量是以什么来衡量的?

第 7 章　中文输入法

学习目标

◎ 熟悉键盘布局。
◎ 掌握正确规范的键盘输入姿势和击键要领。
◎ 了解五笔输入法输入汉字功能。
◎ 能够使用搜狗、百度等流行的拼音输入法输入汉字。
◎ 通过练习提高打字速度。

有一个有趣的调查,100%的人在电脑上最先打出的汉字是自己的姓名。你想不想把自己的姓名输入电脑?你想不想在电脑前打文章?你想不想用电脑给朋友制作贺卡发E-mail?作为中国人,不能在电脑上灵活处理自己的"母语",电脑是学不精的,是不能成为电脑高手的。

在使用计算机时,最常用的操作就是鼠标单击和键盘操作,人们可以通过键盘来输入字母或者汉字等各种信息。本章将介绍键盘的基本操作、汉字的输入方法及正确规范的计算机操作姿势。

§7.1　认识键盘分区

使用键盘可以向计算机中输入英文、中文、特殊字符或者各种数据信息等。为了加强用户的记忆,本节将把键盘分为几个区域分别进行介绍。

7.1.1　键盘简介

键盘是最常用的输入设备,使用它可以方便用户输入文字。标准键盘可以划分为5个区域,如图7-1所示,分别是主键盘区、功能键区、控制键区、状态指示灯区和数字键区。

图 7-1 键盘的布局

7.1.2 主键盘区

主键盘区又称打字键区。它在键盘中占有大块的区域,主要用于输入英文、数字和符号,包括字母键、数字键、符号键、控制键和 Windows 功能键等。

(1) 字母键

每个字母键的键面上方都有一个字母,其键位安排与英文打字机相同,从[A]到[Z]共26个键位,用于输入英文字母或汉字编码。

默认情况下输入的字母是小写字母,若要输入大写字母,则须按一下大写字母键"Caps Lock",然后再按字母键即可输入相应的大写字母;再按一下"Caps Lock"键后,又可输入小写字母。

提示:按住"Shift"键不放,按其他任意字母键也可以输入大写字母。

(2) 数字键

在字母键的上方有10个数字键,即0~9。数字键的每个键位由上下两种字符组成,又称为双字符键。上面的字符称为上档字符,下面的字符称为下档字符。若要输入下档字符,直接按相应的键即可;若要输入上档字符,则须按住"Shift"键不放,再按该键。

(3) 符号键

主键盘区中共有11个符号键,每个键位由上下两种不同的符号组成,与数字键一样。若要输入下档字符,直接按相应的键即可;若要输入上档字符,则须按住"Shift"键不放,再按该键。

(4) 控制键

控制键包括"Tab"、"Caps Lock"、"Shift"、"Ctrl"、"开始菜单"、"Alt"、"Back Space"、"Enter"、"Space"、"快捷菜单"。其中"Shift"、"Ctrl"、(开始菜单)、"Alt"键各有两个,它们在打字键区的两边基本呈对称分布。

① "Tab"键:又称制表位键。"Tab"是英文"Table"的缩写,每按一次该键,光标向右移动一定的距离,可实现光标的快速移动。

② "Caps Lock"键:又称大写锁定键。按下此键,输入的字母为大写字母,该键只对字母键起作用,对符号键、数字键等不起作用。

③ "Shift"键:分为左右两个(左"Shift"键与右"Shift"键功能相同),按下此键和一个字母键,则输入此字母的大写字母;按下此键和一个字符键,则输入的是该键位上面的字符,如按"Shift+8",输入的是" * "。

④ "Ctrl"键:"Ctrl"是英文"Control"的缩写。该键分为左右两个键,功能相同,在不同的软件中有不同的功能定义。

⑤ "Alt"键:又称转换键。"Alt"是英文"Alternating"的缩写,该键和"Ctrl"键相同,不单独使用,在与其他键组合使用时产生一种转换状态。在不同的工作环境下,"Alt"键转换的状态也不同。

⑥ "Back Space"键:又称退格键,也叫删除键。可以用它来删除光标左侧的字符,同时,光标向左移一个字符的位置。

⑦ "Enter"键:又称回车键。按此键表示开始执行所输入的命令,在输入文字时,按此键后光标移至下一行。

⑧ "Space"键:空格键。键盘上最长的键,按下此键光标向右移动一个空格。

⑨ "开始菜单"键:键面上印着 Windows 窗口的图案,按下该键后会打开"开始"菜单。该键还可与字母键组合,完成一些特定的任务。如按"开始菜单键+E"键可快速打开 Windows 的"资源管理器"窗口,按"开始菜单键+R"键可快速打开"运行"对话框等。

⑩ "快捷菜单"键:该键位于打字键区的右下角,按下此键后可弹出相应的快捷菜单。

7.1.3 功能键区

功能键区位于键盘的最上面,包括"Esc"键、"F1"~"F12"键、"Power"键、"Sleep"键和"Wake Up"键。

(1)"Esc"键:通常称为退出键。按此键将退出当前环境,并返回原菜单。按"Esc"键也可以取消输入的命令,此键功能也常常被软件重新定义。

(2)"F1~F12"键:在不同的应用程序中具有不同的作用,如在通常情况下按"F1"键可启动当前程序的帮助系统,按"F2"键可对选择的文件重命名。它们也可以与其他控制键组合使用,如按"Alt+F4"键可退出程序。

(3)"Power"键:关闭计算机电源。

(4)"Sleep"键:使计算机处于睡眠状态。

(5)"Wake Up"键:使计算机从待机状态恢复到正常运行状态。

7.1.4 控制键区

编辑键区位于主键盘区和数字小键盘区的中间,共 13 个键。它集合了所有对光标进行操作的键位以及一些页面操作功能键,各键的作用如下。

(1)"Print Screen"键:打印屏幕键,用于将当前屏幕的所有信息传送到打印机输出,或者传送到剪贴板中。用户可以从剪贴板中把内容粘贴到特定的文档中,也可以使用"Alt + Print Screen"键将当前窗口的所有信息传送到剪贴板中。

(2)"Scroll Lock"键:屏幕锁定键,按下此键屏幕将停止滚动,此键一般不用。

(3)"Pause Break"键:暂停键,按下此键可以暂停正在执行的程序或停止屏幕滚动。

(4)"Insert"键:插入键,插入字符或汉字。

(5)"Home"键:光标移至当前行的开头。

(6)"Page Up"键:光标上移一页。

(7)"Delete"键:删除键,删除光标所在位置后面的字符或汉字。

(8)"End"键:光标移至当前行的行尾。

(9)"Page Down"键:光标下移一页。

(10) ↑:光标上移一格。

(11) ↓:光标下移一格。
(12) ←:光标左移一格。
(13) →:光标右移一格。

7.1.5 数字键区

数字键区(又称小键盘区)位于键盘的最右边,共有 17 个键。该区提供用于数字操作的键,包括数字键、运算符号键。其大部分键和打字键区的某些键是重复的,而且功能也是完全相同的,使用这些数字键可以用来快速进行数学运算。

(1) 数字键:0~9,用来输入数字,与主键盘区的数字键功能相同。
(2) 符号键:+、-、* 和 /与主键盘区的符号键功能相同。
(3) "Enter"键:回车键,与主键盘区"Enter"键功能相同。
(4) "Num Lock"键:称为数字锁定键,按下该键,键盘中的指示灯亮后,可以输入数字;再次按下该键,指示灯熄灭,此时为光标控制状态。

7.1.6 状态指示灯区

状态指示灯区位于数字键区的上方,包括三个状态指示灯,用于指示键盘的工作状态。

第一个灯的意思一般是代表数字键盘键的"NumLock"键,该键一般在数字键 7 的上面。一般电脑开启的时候就自动点亮。这个灯亮的时候如果需要输入数字的时候就直接从数字键盘上输入即可。如果这个灯未亮的话,按数字键盘的数字键是没反应的。

第二个灯是字母大小写的切换键,它是按住 Caps lock 也就是大写锁定的意思,该键在字母 A 的左边。按住该键即可点亮第二个灯,同时在输入字母的时候就是大写字母了。如果没有亮灯的话就是小写字母。

最后一个灯也就是第三个灯,很多用户都不是很了解。一般用途都不大。那么开启和关闭指示灯的方法是"ScrollLock"键,有的时候简称 Scroll 了。它是在 F12 的右边的第二个键。如果该灯点亮就是开启了滚动键锁定的意思,按下此键后在 Excel 等按上、下键滚动时,会锁定光标而滚动页面;如果放开此键,则按上、下键时会滚动光标而不滚动页面。但是,它基本上不用,只需要了解即可。

§7.2 键盘操作规范

在使用键盘时,不仅要分清各个手指的活动范围,还要使用正确的打字姿势进行练习,只有掌握正确的键盘操作规范,才可以快速地提高打字速度。

7.2.1 主键盘区手指分工

使用键盘时,十个手指都有自己的"管辖范围",每个手指只能在自己的范围内活动,这样有利于熟练操作键盘,初次操作键盘时一定要注意这一点,如果有放错键位或越界的情况,必须马上纠正。

手指的键位分工就是把键盘上的键位合理地分配给10个手指,使得每个手指在键盘上都有明确的"管辖区域"。除拇指外,其余8个手指各有一定的活动范围,把字符键位划分成8个区域,每个手指负责一个区域字符的输入,图7-2所示是打字键区的手指分布图。

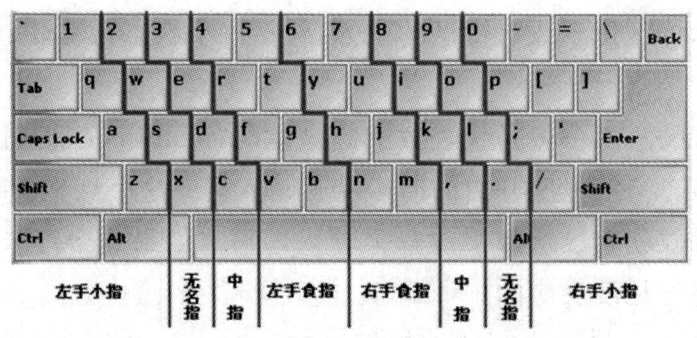

图 7-2 打字键区的手指分布

7.2.2 数字键区的手指分工

数字键区与主键盘区一样,也有基准键位,数字键区的基准键位是4,5,6。其手指分工如下。

大拇指:0键的输入;食指:1,4,7键的输入;中指:2,5,8,/键的输入;无名指:3,6,9,*和·键的输入;小指:-,+,Enter键的输入。

7.2.3 击键方法

在进行键盘操作时,还应掌握以下几点击键规则,以便准确、快速地输入文字。

(1) 字符键的击法

① 击键主要靠手指的灵活运动,不是移动手腕寻找键位。
② 平时手指稍微拱起轻放在基准键上,手腕平直悬起,不要压住键盘。
③ 输入时,手稍微抬起,只有需要击键时,手指才可伸出击键,击键后立即缩回基准键,不可以用摸触手法,也不可以停留在已击的键上。
④ 注意是击键而不是按键,触摸键要瞬间发力,并立即反弹,击键要力度适当、节奏均匀。

(2) 空格键的击法

右手从基准键上迅速上抬 1~2 cm,大拇指横着向下一击并立即回归,每击一次输入一个空格。

(3) 回车键的击法

抬起右手小指,击一次"Enter"键,击后立即返回原基准键位,在回归过程中小指弯曲,以免把","键带入。

(4) 上档键的击法

当左手需要输入大写字母的时候,用右手小指按着右边的"Shift"键,同时左手敲字母键,然后两手同时回归到基准键位。同样,当右手需要输入大写字母的时候,用左手小指按着左边的"Shift"键。

7.2.4 打字姿势

正确的坐姿有利于提高打字的准确率和速度,因此,操作时必须注意以下三点。

(1)坐姿要端正,并稍偏于键盘右方,双脚自然平放在地面上。身体稍向前倾,离键盘的距离应为 20~30 cm。座位高低远近要适当。图 7-3 所示为打字的正确姿势。

图 7-3　打字的正确姿势

（2）肩部要放松，上臂自然下垂，手指自然弯曲并轻放于规定的基准键位上。

（3）显示器放在键盘的正后方，输入击键前先将键盘右移 5 cm，再将原稿紧靠键盘左侧放置，以便阅读。

提示：要想熟练操作键盘，勤于练习才是熟练操作键盘的唯一途径。在进行键盘指法练习时，注意保持一定的击键频率，认真体会其中的节奏感，反复敲击同一个键位，直到能够正确熟练地掌握各基准键和其他各键的距离和位置。

7.2.5　指法练习

指法练习主要是根据键盘上的字符键，以基准键为中心，从易到难分为若干组，下面依次介绍各组练习方法。希望初学者认真做好每一个练习，循序渐进，以准确和熟练为准。

（1）基准键"F"、"S"、"J"、"L"

① 基本要点：将左、右手轻放在基准键上。左手：小指为"A"键，无名指为"S"键，中指为"D"键，食指为"F"键；同样右手：小指为"；"键，无名指为"L"键，中指为"K"键，食指为"J"键；空格键用大拇指。基准键的位置不可混乱，也不可跨越。固定手指位置后，就不要再看键盘，而应集中视线于原稿，双手击键要稳、准、快。

② 注意：在练习中，初学者往往是敲键、按键，影响录入质量。由于指法

生疏容易出现小指和无名指向上翘起,小指和无名指应自然下垂。

(2) 基准键"A"、"D"、"K"、";"

"A"、"D"是左手的基准键,"K"、";"是右手的基准键。

① 基本要点:左、右手指自然下垂,轻放在基准键上。

"A"、";"键分别是左、右手小指完成的。

"D"、"K"键分别是左、右手中指来完成的。

两目专注原稿,两手指稳、准、快地击键,击完及时回位。

② 注意:体会手指弹击与收回时的伸缩性。小指与无名指相比,小指弹击时的力度及伸缩性次于无名指,在练习中,手指容易翘起。

(3) 键"G"、"H"、"R"、"U"

"G"、"R"键在左手"F"键的右方和左上方,"H"、"U"键在右手"J"键的左方和左上方。

① 基本要点:精神高度集中,专注原稿。

"G"、"R"、"H"、"U"键是左、右手食指的范围键。"G"、"R"键是由左手食指来完成的,敲击"G"键时,左手食指向右伸展,敲击"R"键时,右手食指微向左上方伸展;"H"、"U"键是由右手食指来完成的,右手食指向左方伸展敲击"H"键,微向左上方敲击"U"键。

为了避免打错,首先要复习基准键的敲击方法,自然熟练,回位准确,要练习一种习惯动作。

② 注意:初学者键位感差,容易敲击在两字符键之间,如"R"与"T"、"U"与"Y"等;小指容易翘得较高。

(4) 键"T"、"V"、"Y"、"M"

"T"、"V"键在"F"键的右上方和右下方,"Y"、"M"键在"J"键左上方和右下方。

① 基本要点:"T"、"V"键由左手食指来完成,敲击"T"键时,左手食指向右上方伸展,向右下方微弯曲敲击"V"键;同样,敲击"Y"键时,右手食指向左上方大斜度伸展,向右下方微弯曲敲击"M"键。在敲击这4个键时,其他手指不要离位太远,完成敲击后及时回位。通过练习,体会食指移动的角度、距离

和回位动作。

②注意:这4个键不易准确敲击,初学者容易把食指敲在"V"、"B"键或"N"、"M"键夹缝中。

(5) 键"E"、"I"、"C"、","

"E"、"I"键分别在"D"键和"K"键的左上方,是左手中指和右手中指的范围键;"C"、","键分别在"D"键和"K"键的右下方,也是左手中指和右手中指的范围键。

① 基本要点:"I"键由右手中指向左微斜上伸敲击,","键同样用右手中指向右微弯曲向下方敲击。"E"键由左手中指向左微斜上伸敲击,"C"键同样用左手中指右向微弯曲向下方敲击。精神高度集中,迅速敲击后立即回位。

在练习中,出现一指从下一排(或上排)到上一排(或下排)、中间不回位的敲击方法(也就是不回到基准键位,跳过基准键直接从上到下或从下到上敲击)。进行这种练习必须以基准键上的中心为基础,依靠手的触觉能力,逐渐产生键位感,这种方法是微机键盘录入的基本方法,因此必须认真掌握。

②注意:手指上下伸展欠灵活,敲击时手指容易翘起。

③练习:从本节以后,可常做些自我检测,时间为5~10分钟,以无差错为准,做完这节练习应达到每分钟敲击80~90个字符。

(6) 键"B"、"F"、"N"、"J"

"B"键在"F"键的右下端,"N"键在"J"键的左下端。

① 基本要点:假设"F"、"G"、"V"、"B"这4个键形成一个平行四边形,那么"B"键就是"F"、"B"对角线的一个顶点,因此敲击"B"键时须左手食指大斜度直向下伸展;同理,敲击"N"键,则须右手食指微向下弯曲。精神集中,敲击时稳、准、快,敲击完毕后立即回位。

②注意:键位感不易掌握,错误率增加。

(7) 键"W"、"Z"、"O"、"/"

"W"、"O"键分别在"S"键和"L"键的左上方,"Z"、"/"键分别在"A"键和";"键的下方。

① 基本要点:敲击"W"、"O"键时,左、右手的无名指分别微向上方伸展;

敲击"Z"、"/"键时,左、右手的小拇指分别微向右下方弯曲。在敲击时逐渐产生键位感,小指的指法练习应作为重点来突破,注意正确率。

② 注意:小指的灵活性很差,敲击时其他手指易翘得过高,错误率增加。

(8) 键"Q"、"X"、"P"、";"

"Q"、"P"键分别在"A"键和";"键的左上方,"X"、"."键分别在"S"键和"L"键的右下方。

① 基本要点:敲击"Q"、"P"键,用左、右手小拇指向左上方微斜伸展;敲击"X"、"."键,用左、右手小拇指向下方微弯曲。加强小拇指和无名指的练习,敲击时准确迅速,敲击完毕后立即回位。

② 注意:键位感差,容易出现对称性错误。

(9) 数字键、符号键练习

计算机数据录入时,往往有大量的阿拉伯数字需要录入。一般的数字录入分为纯数字录入和西文、数字混合录入。纯数字录入指法分两种。

① 将手直接放在键盘第一排的数字键上,与基准键排列相对应。

② 用右手敲击编辑小键盘上的数字键。将右手食指放在6键上,食指范围键是7、4、1,无名指范围键是9、6、3,中指范围键是8、5、2。西文、数字混合录入是将手放在基准键上,按常规指法录入。

§7.3 输入法设置

7.3.1 打开/关闭汉字输入法

在 Windows 界面下按"Ctrl+Space(空格)"键,可以启动中文输入法;再次按"Ctrl+Space"键,则可以关闭中文输入法。也可以用鼠标单击任务栏上的输入法指示器,在弹出的输入法列表中选择输入法。

7.3.2 切换汉字输入法

连续按"Ctrl+Shift"键,可以不断地切换其他的中文输入法。例如,第一次按"Ctrl+Shift"键启动了"全拼"输入法；再按"Ctrl+Shift"键，屏幕上显示为"郑码"输入法；还可以再按"Ctrl+Shift"键，直到选中的汉字输入法出现为止。

7.3.3 输入法状态说明

当启动中文输入法后，桌面上会出现输入法状态条。输入法状态条由中/英文切换按钮、输入法名称框、全角/半角切换按钮、中/英文标点切换按钮、软键盘开/关切换按钮等组成。

下面介绍输入法状态条的使用方法。

(1) 中/英文切换按钮■：用鼠标单击该按钮，按钮变为■状态，表示可输入英文大写字母，否则为中文输入状态。

(2) 全角/半角切换按钮■：在全角方式下输入的所有符号都是纯中文方式，数字、英文字母、标点符号与原来的西文方式（即半角方式）不同，需占用一个汉字的宽度（即半角方式下两个西文字符的宽度）。全角/半角标识用●和☽符号来表示，用鼠标单击●或☽符号即可完成全角/半角的切换。按"Shift+Space"组合键也可以完成同样的功能。

(3) 中/英文标点切换按钮■：切换到中文标点符号状态时，按相应的键可得到中文标点符号。

(4) 软键盘开/关切换按钮■：单击此按钮，可以打开和关闭软键盘。用鼠标右键单击软键盘按钮，可弹出 13 种软键盘布局，当用户选择一种软键盘后，相应的软键盘会显示在屏幕上。

7.3.4 添加输入法

输入法通常是我们选择用什么输入文字或字母的输入途径之一，在进行操作之前应当先检查计算机语言栏■内的输入法是否有自己需要的。先选择屏幕中的语言栏■，然后单击查看输入法内容。如图 7-4 所示。

第 7 章 中文输入法

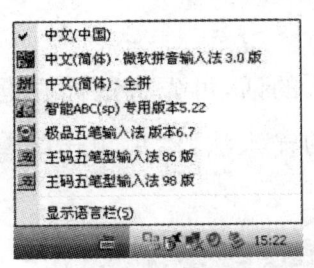
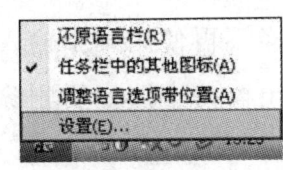

图 7-4 输入方式切换　　图 7-5 语言栏设置

当看到图 7-4 中没有用户需要的输入法时,我们就需要在语言栏上单击鼠标右键,找到"语言栏设置",如图 7-5 所示。

单击语言栏设置后,就出现一个"文字服务和输入语言"窗口,此时窗口中间部位显示在"已安装的服务"内的内容是我们计算机已经安装的输入法,在这里可以观察一下已经设置了哪些输入法,如图 7-6 所示。

观察计算机已有输入法后,发现若没有用户所需的输入法时,我们就单击窗口内的 添加(D)... 按钮,此时又弹出一个"添加输入语言"窗口;我们先将这个窗口内的输入语言选择为"中文(中国)",再单击"键盘布局/输入法"选择所需的输入法进行添加,处理后选择 应用(A) 按钮即可对计算机进行添加输入法设置。

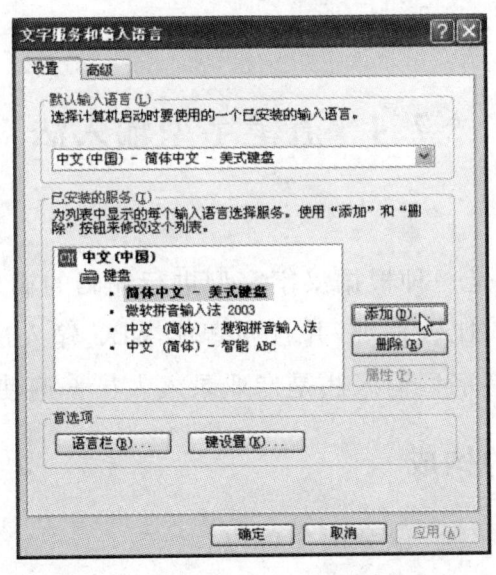

图 7-6 文字服务和输入语言窗口

7.3.5 删除输入法

当用户不再使用或不常使用的输入法占用输入法状态栏时,就需要将不需要的输入法进行删除处理。

如果用户已经不再使用某个输入法的话,可先将鼠标右键选中语言栏,单击设置后在弹出窗口中选择要删除的输入法,然后单击 删除(R) 按钮,再按 应用(A) 按钮即可,如图 7-7 所示。

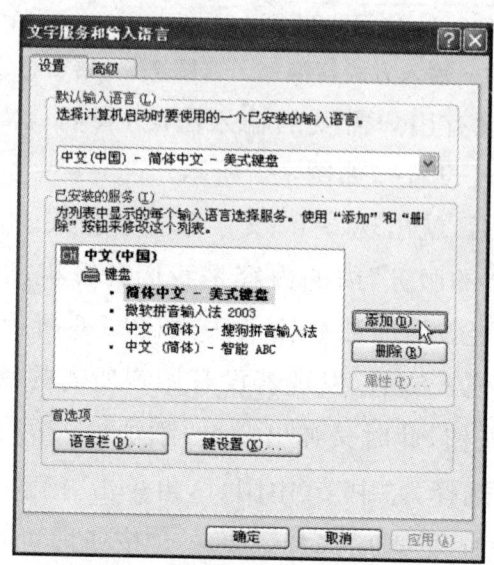

图 7-7　删除输入法

§7.4　五笔字型输入法

五笔字型输入法是一种根据汉字字型进行编码的输入方法。它采用汉字的字形信息进行编码,比较直观,并且与智能 ABC 输入法相比,击键次数少,重码率低。因此,五笔字型输入法是专业录入人员普遍使用的一种输入法。

7.4.1　汉字的构成

汉字的构成包括笔画、偏旁两个单位。

首先我们认识笔画,笔画是构成汉字的点与线,同时又是汉字的最小构成单位。偏旁按照是否可再切分偏旁分为单一偏旁和复合偏旁。除了很少一部分字外(如一、乙等),其他的汉字都是由多笔画来构成的。那么,在这些笔画中,我们又对它进行了比较详细的分类,有单一笔画、复合笔画。单一笔画就是由点、横、竖、撇、捺、提六种组成。复合笔画主要是以两种或两种以上的笔画连接组成的,如丑、丹、女、凹、西等。

而在五笔字型中把汉字的结构划分为笔画、字根、单字三个层次。其中,"笔画"是指连续书写时不间断的线条。五笔字型一共归纳出了五种笔画,如表 7-1 所示。

表 7-1 五笔字型的五种笔画

笔画名称	笔画走向	笔画及其变形
横	左→右	一
竖	上→下	丨
撇	右上→左下	丿
捺	左上→右下	丶
折	带转折	乙

7.4.2 五笔字根

由笔画或笔画复合连线交叉而形成的一些相对不变的结构称为"字根"。五笔字型一共归纳出了 130 个字根,并把它们分布在 25 个英文字母键位上(不包含 Z 键)。五笔字型规定所有的汉字都是由这 130 个字根组合而成的,字根是组字和拆字的依据,是汉字的基本要素,我们刚刚讲到的五种笔画就是这 130 个字根中最简单的字根。字根与键位的排列如图 7-8 所示。

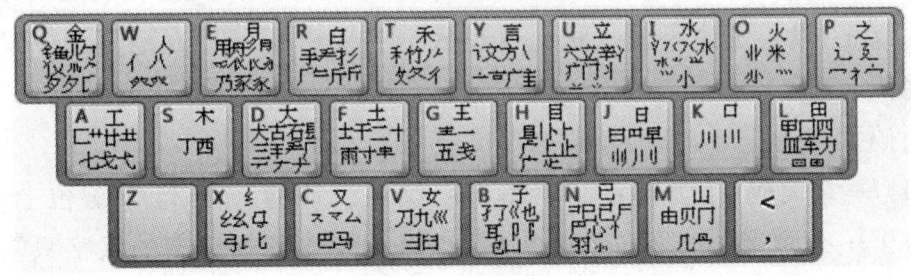

图 7-8 字根分布

"单字"是由笔画和字根组合而成的汉字。有些字根本身就是单个的汉字,在录入时可以直接使用。

7.4.3 汉字的拆分原则

汉字拆分,就是将汉字拆分成若干个字根。五笔字型规定,对汉字的拆分要以字根为基本单位,按照汉字的书写习惯,从上到下,从左到右,从外到里,进行汉字的拆分。拆分汉字的方法是按照汉字的基本字根间相互关系(单、散、连、交)的不同进行的。

在具体拆分时,应当注意以下几个要点:

(1) 能散不连。当一个汉字结构是由几个基本字根以散的关系组成时,那么就不需要按照连的关系来拆分。例如,"百"应拆分成"厂、日",而不需拆分成"一、白"。

(2) 兼顾直观。拆分汉字是为了给汉字的字根编码,字根具有较好的直观性,可以帮助联想记忆,同时使输入方便。

(3) 能连不交。一个汉字结构能按连的关系进行拆分,就可以不按交的关系进行拆分。例如,"于"应拆为"一、十"。而不应拆分成"二、丨"。

(4) 取大优先。在拆分方法中为了保证书写顺序,在输入时尽可能输入大的字根,也就是说该字根再加一笔就不能构成汉字的基本字根。

拆分汉字时应当考虑到上面的几个拆分要求,一般来说,应当每次拆分出最大的基本字根,在拆分汉字字根数目相同时,"散"比"连"优先,"连"比"交"优先。再者,拆分中还需注意,一个笔画不能分割出现在两个基本字根中。例如,"里"不能拆分成"田、土",而需拆分成"日、土"。

7.4.4 汉字的输入

为了提高用户的汉字输入速度,五笔字型对常用的汉字(特别是使用频率较高的汉字)设置了简码输入法。这里我们主要讲解一下五笔字型中汉字简码的输入。

简码共分为三级,分别介绍如下。

(1) 一级简码,是为特定高频率出现汉字设计的。在 25 个键位上,都各自安排了一个常用的汉字与其相对应,也就是说这类频率高的汉字只需要按上一次对应的字母键后,再按一次空格便可正确输入。

一级简码的键位分布如下:

```
1 区  一 G(11)   地 F(12)   在 D(13)   要 S(14)   工 A(15)
2 区  上 H(21)   是 J(22)   中 K(23)   国 L(24)   同 M(25)
3 区  和 T(31)   的 R(32)   有 E(33)   人 W(34)   我 Q(35)
4 区  主 Y(41)   产 U(42)   不 I(43)   为 O(44)   这 P(45)
```

5区 民 N(51) 了 B(52) 发 V(53) 以 C(54) 经 X(55)

例如,当输入一个"上"时,只需按字母 H 后按下空格键就可以输出来。

(2) 二级简码,是由单字全码的前两个字根所组成的。使用二级简码共可以编码25×25个常用汉字,但为了避免造成重码,所以实际用到的二级简码通常只有600多个汉字。拥有二级简码特征的汉字只需在输入时将两个字根的字母再加上空格键就可以正确输入。

例如,化(WX)、信(WY)、李(SB)、张(XT)等就是按二级简码输入的。

(3) 三级简码,是由汉字全码前的三个代码所组成的。使用三级简码共可以编码25×25×25 个常用汉字,但通常操作使用到的只有4 400多个汉字。输入这种汉字时,只需输入汉字前3个字根的代码,再加上空格键就可以正确输入。

由于使用简码编码的汉字已有5 000多个,占据常用汉字的绝大部分,所以掌握简码输入可以有效地提高汉字的输入速度。

有时同一个汉字具有多种简码,例如:

经:一级简码(X)、二级简码(XC)、三级简码(XCA)、全码(XCAG)。

在使用简码输入的过程中用户一定要养成正确的输入方式,并牢记简码输入表进行输入操作。

§7.5 紫光拼音输入法

7.5.1 紫光拼音输入法介绍

紫光拼音输入法的前身是李国华设计的考拉拼音输入法。

紫光拼音输入法是一个完全面向用户的、基于汉语拼音的中文字、词及短语输入法。提供全拼和双拼功能,并可以使用拼音的不完整输入(简拼)。双拼输入时可以实时提示双拼编码信息,无须记忆。大容量精选词库收录8万多条常用词、短语、地名、人名以及数字,优先显示常用字词,而字词的使用频度从一亿七千万字语料中统计而来。支持 GBK 大字符集,智能组词能力为:对于词库中没有的词或短语,紫光拼音输入法可以搜寻相关的字和词,帮您组成所需的词或短语。组词算法同样以一亿七千万字语料的统计信息为基础,组词速度快、准确率高。词和短语输入中的自学习能力包括自动造词、动态调整词频、自动隐藏低频词。智能调整字序,可根据用户前一次的输入情况,动态调整汉字的优先选择顺序。

7.5.2 紫光拼音输入法操作

(1) 全拼方式输入

输入拼音串时键入字词的全部拼音;如果是词语输入,部分字词需要手工进行音节切分。紫光拼音输入法支持不完整的拼音(简拼)输入,即在输入中可以省略字词的韵母部分,例如,输入"祖国"时,可以省略韵母,只输入拼音串"zg"。

(2) 双拼方式输入

用两键输入一个汉字拼音的方式,对所有声母和韵母,可以用单个字母键对它们进行编码。例如,定义 ch=A,ang=S,之后键入"as"将输入拼音"chang"。

紫光拼音输入法提供了可定义的双拼编码和零记忆的实时双拼编码提示功能,便于用户输入。

使用双拼也可以使用简拼方式输入,但当声母键同时定义为韵母时,需要手工键入音节切分符号"'"(单引号)来切分。

(3) 音节切分

全拼词输入时,两个或多个字的拼音串之间需要切分每个字的音节,每个字的音节之间使用英文单引号隔开。紫光拼音输入法会自动切分各个字的音节,并在大部分情况下是正确的。对于有多重含义而无法切分的音节,需要手工切分,这时需要键入英文单引号以切分音节。例如,输入"西安"时,需要键入"xi'an",其中单引号需要输入,否则输入法将理解为输入"现"。

(4) 自动造词

在连续输入多个字的拼音串时,输入法将提示词和字的信息。如果没有对应的词,可以逐个选择字(或词),输入法将所选择的字自动造词,在下一次输入时,输入法将能找到该词。

7.5.3 使用软键盘

在紫光拼音输入法中,软键盘用于输入各种符号。按照符号的不同意义,共有13类软键盘符号。使用输入法系统菜单中的"软键盘…"一项选择需要的符号类别的软键盘,如图7-9所示。使用输入法控制窗口中的软键盘按钮打开、关闭当前软键盘。

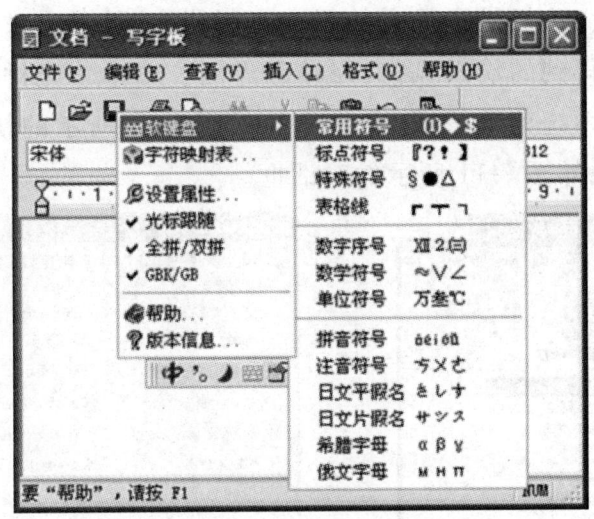

图 7-9 紫光拼音输入法的软键盘

7.5.4 特殊输入

(1) 中文状态下的英文输入

大小写结合的英文串可以直接输入,无须切换到英文状态。此外,在使用全拼输入时,使用字母"v"可以直接输入英文串,用法是输入 v 打头的英文串,输入法将忽略第一个"v"字母,而直接输入随后的英文串。在 CapsLock 开启的状态下,可以直接输入大写英文字母,并结合 Shift 键输入小写英文字母。

(2) 中文数字和常用单位

在使用全拼输入时,使用字母"i"和"u"可以输入中文的数字和常用单位。用法是以字母"i"或"u"开头,跟随数字和单位代号,其中"i"用于输入中文数字的小写形式(一、二、三等),"u"用于输入中文数字的大写形式(壹、贰、叁等)。

(3) 数字和小数点

在键盘的 NumLock 开启状态下,使用键盘的数字小键盘可以直接输入数字、小数点以及英文的加减乘除符号。

7.5.5 输入法的定制

紫光拼音输入法提供了强大的用户定制能力,可以通过输入法的属性设置功能定制希望得到的输入风格、习惯和界面。单击紫光拼音输入法状态条右下角的输入法系统菜单按钮,在弹出的如图 7-10 所示的快捷菜单中,单击"设置属性",出现如图 7-11 所示的对话框。

图 7-10 输入法快捷菜单

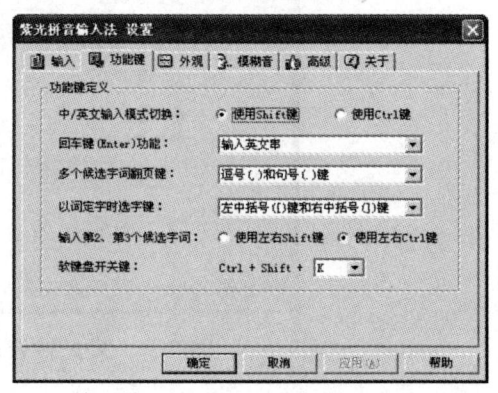

图 7-11 输入法设置对话框

(1) 输入设置

单击"输入"选项卡,出现如图 7-11 所示的对话框。

① 输入风格

输入风格栏提供了两种输入风格,选择"输入完拼音,按空格键后再显示汉字"单选钮后,激活"用字母键选择候选字词"复选框,不选择此复选框则使用数字键选择候选词。选择"在输入拼音的同时显示汉字"单选钮后,输入拼音时立即显示对应的字词(即敲即现)。

② 光标跟随

两种输入风格都可以设置是否让输入栏窗口跟随应用程序的光标移动（光标跟随）。清除该选项时，可以用鼠标拖动输入栏窗口改变位置。

光标跟随选项还和应用软件有关，在一些不支持光标跟随的应用软件中，该选项设置是无效的。

③ 全拼/双拼

可以选择"用全拼或简拼形式输入"，还可选择"用双拼或简拼形式输入"。使用双拼形式输入时，可以设置是否需要实时提示双拼编码信息。

④ 字/词调整

选择"动态调整词频"复选框后，输入法记录用户选择词及用户自造词的情况，将常用词的候选位置前移。

选择"总显示系统词库中的词"复选框后，输入法的候选词中将显示词库中所有的词（包括用户自造的词）；否则，输入法将根据词的使用频率，自动隐藏很少使用到的词。

选择"最近输入的字优先候选"复选框后，最近输入过的字在单字候选中将处于前面的位置。

（2）功能键定义

单击"功能键"选项卡，出现如图 7-12 所示的对话框。

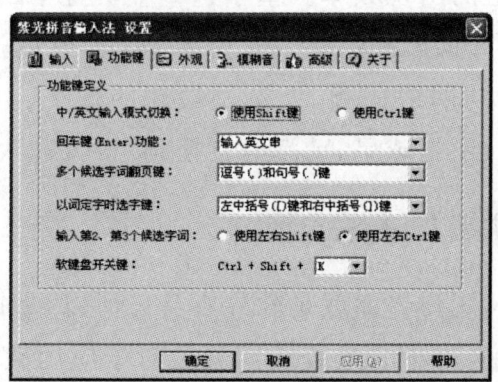

图 7-12 "功能键"选项卡

① 中/英文输入模式切换：在打开输入法的状态下，可以使用单键切换中

文和英文输入模式,也可以选择使用"Shift"键或选择"Ctrl"键。

② 回车键(Enter)功能:可定义回车键的功能,包括用回车键输入缺省的候选字词(相当于空格键);用回车键输入英文串;在有多个候选字词的情况下,用回车键翻页到第一个单字。

③ 多个候选字词翻页键:输入栏窗口一次只能显示有限数目的候选字词,候选字词数目多时,可使用翻页键翻页显示。缺省的翻页键是逗号和句号键,分别为往前翻一页和往后翻一页。

④ 以词定字时选字键:采用以词定字功能键入字时,使用选字键选择词中的字。缺省的选字键为左中括号键和右中括号键,分别为选择词中的第一个字和最后一个字。

⑤ 软键盘开关键:软键盘开关键是"Ctrl+Shift"和一个字母键的组合,可以选择某个字母键。缺省的软键盘开关键是"Ctrl+Shift+K"。

§7.6　搜狗拼音输入法

2006年,"搜狗"拼音输入法发布了最早的测试版,于是一个新型智能输入法出现在广大用户面前。说"搜狗"输入法智能,其实主要原因在于这款输入法打破了输入法静态词库的传统,"搜狗"拼音输入法依托于搜索引擎的开发,抓取了互联网40亿的网页,利用程序不间断地发现和整理互联网新词热词,并且统计这些词汇的出现频率。基于这些宝贵且不断更新的数据,输入法的两个关键性问题——词库和词频——得到了突破性的进展。由于获得了最全的网络词库和精准的网络词频,无论是最新的歌手、电视剧、电影名、游戏名,还是球星、软件名,还是球星、动漫等,"搜狗"拼音输入法都能顺利打出。

7.6.1　搜狗拼音输入法介绍

对大多数人来说,用户界面就是软件本身。所以,掌握用户界面设计的技巧与技术是让软件走向市场的最直观因素。对于应用软件来说,一个基本现实就是:用户界面是面向用户的。用户需要的是开发者开发的应用软件满足其需求,并且易于使用。搜狗也正是在这个核心的设计理念下不断地在功能上完善自身,在交互界面设计上最大程度地满足用户的需求,为用户量身定做的软件当然是没有人会反对的。

搜狗输入法的出现,里程碑式地开创了新一代中文输入法,即动态更新的词库以及强大的众多自定义功能,使输入法从传统的简单字词输入,向着符号、表情表达等更多元化发展,更效用于现在网络上年轻人的潮流风格。搜狗输入法是真正地实现了为用户"量身定做"这个理念,在现有的输入法市场中已经占据了很高的地位,同时有了较好的品牌形象。搜狗输入法是真正的未来输入法发展趋势的展望人、领头羊,它的设计理念一直都是把打字变得快捷轻松。

7.6.2 搜狗拼音输入法操作

(1) 全拼方式输入

全拼输入是拼音输入法中最基本的输入方式。你只要用 Ctrl+Shift 键切换到搜狗输入法,就能输入完整的拼音序列来输入汉字,如"sougoushurufa"。其如图 7-13 所示。

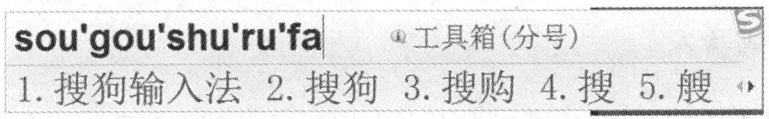

图 7-13 "搜狗输入法"全拼输入

(2) 简拼方式输入

简拼输入是用输入声母或声母的首字母来进行输入的一种方式。有效地利用简拼,可以大大地提高输入的效率。搜狗输入法现在支持的是声母简拼和声母的首字母简拼。例如:你想输入"张靓颖",你只要输入"zhly"或者"zly"都可以输入"张靓颖"。

同时,搜狗输入法支持简拼全拼的混合输入,例如:你输入"srf"、"sruf"、"shrfa"都是可以得到"输入法"的。

(3) 笔画输入

U 模式是专门为输入不会读的字所设计的。在输入 u 键后,然后依次输入一个字的笔顺,笔顺为 h 横、s 竖、p 撇、n 捺、z 折,就可以得到该字,同时小键盘上的1、2、3、4、5也代表h、s、p、n、z。这里的笔顺规则与普通手机上的五笔画输入是完全一样的。例如："upspzs"就代表"你"。

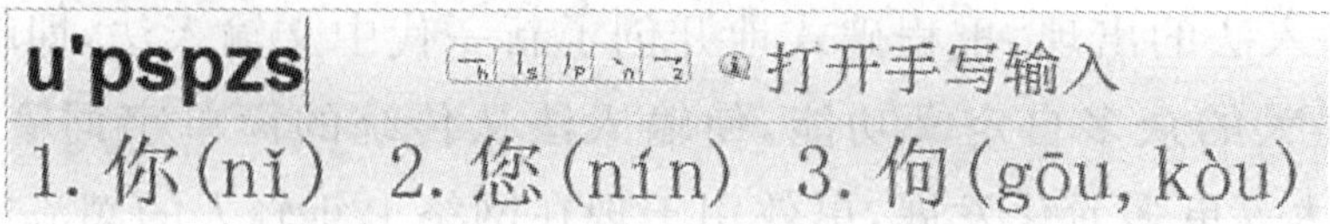

图 7-14 "搜狗输入法"笔画输入

(4) v模式输入

v模式中文数字是一个功能组合，包括多种中文数字的功能。只能在全拼状态下使用：

① 中文数字金额大小写：输入【v424.52】，输出【肆佰贰拾肆元伍角贰分】。

② 罗马数字：输入99以内的数字。例如，输入【v12】，输出【Ⅻ】。

③ 年份自动转换：输入【v2008.8.8】或【v2008－8－8】或【v2008/8/8】，输出【2008年8月8日】。

④ 年份快捷输入：输入【v2006n12y25r】，输出【2006年12月25日】。

(5) 手写输入

在对话框  中点击搜狗工具箱，然后点击搜狗工具箱中的"手写输入"按钮，首次使用此功能时需要下载，下载后方可使用。如图7-15、7-16 所示。

图 7-15 "手写输入"对话框

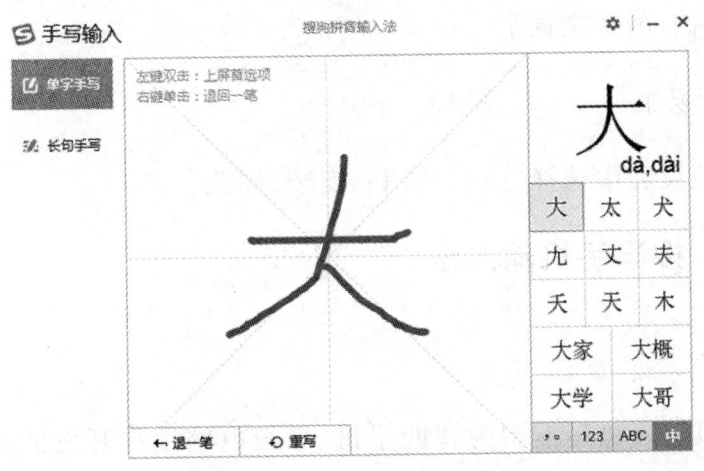

图 7-16 "手写输入"界面

7.6.3 搜狗拼音输入法主要特色

(1) 网络新词

搜狐公司将网络新词作为搜狗拼音最大优势之一。鉴于搜狐公司同时开发搜索引擎的优势,搜狐声称在软件开发过程中分析了 40 亿网页,将字、词组按照使用频率重新排列。在官方首页上还有搜狐制作的同类产品首选字准确率对比。用户使用表明,搜狗拼音的这一设计的确在一定程度上提高了打字的速度。

(2) 快速更新

不同于许多输入法依靠升级来更新词库的办法,搜狗拼音采用不定时在线更新的办法。这减少了用户自己造词的时间。

(3) 输入统计

搜狗拼音提供一个统计用户输入字数、打字速度的功能,但每次更新都会清零。

(4) 细胞词库

细胞词库是搜狗首创的、开放共享的、可在线升级的细分化词库功能。细胞词库包括但不限于专业词库,通过选取合适的细胞词库,搜狗拼音输入法可以覆盖几乎所有的中文词汇。

(5) 截图功能

可在选项设置中选择开启、禁用和安装、卸载。

7.6.4 搜狗手机输入法

(1) 简介

搜狗手机输入法是搜狗为智能手机、平板电脑用户开发的具有自主知识产权的手机输入法软件。其以用户体验为指导＋技术创新，极大方便了用户手机输入的使用，提高了输入的效率。

搜狗手机输入法继承了搜狗输入法的产品理念，同时结合手机特点进行了大量创新，保留了拼音输入法超强词库、超准词频、在线词库更新、个性皮肤、丰富的符号表情、模糊音设置、多种个性化设置等诸多特点，还专门针对手机用户做了多项产品优化，如支持导入通讯录词库、成对符号自动联想、快速英文输入、"1"键快速上屏、免摇杆选词、英文单词自动追加空格等；在按键的键位和流程上精心设计，更符合手机用户的输入习惯，大大提升了用户的输入速度。

搜狗手机输入法目前支持拼音、笔画、五笔、手写、智能英文等多种常见输入方式，同时为满足用户快捷、精准输入的需要，提供智能语音输入、多媒体输入两大输入方式。

(2) 特色功能

① 语音输入

根据用户说话的语音及语速，可以智能断句，并自动添加标点符号，同时首创语音修改功能，通过语音指令修改输入内容，彻底解放双手。如图7-17、7-18所示。

第 7 章 中文输入法

图 7-17 "安卓版"语音输入界面

图 7-18 "ios 版"语音输入界面

② 快速分享功能

快速分享功能可以根据用户的聊天场景进行智能情景感知；根据用户的需要，通过不同的方式为用户提供聊天时需要的餐厅、团购、音乐、影视、购票、地图、百科、新闻、图片、动图等分享内容。如图 7-19 所示。

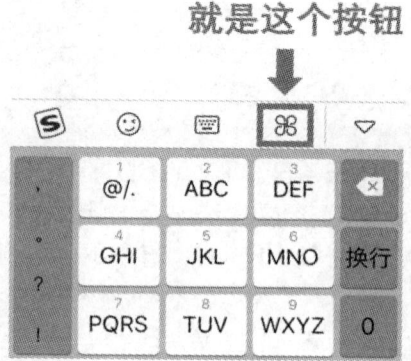

图 7-19 快速分享功能

③ 智能回复

智能回复模块融合了搜索、大数据以及深度学习 LSTM 等人工智能领域的前沿技术,可以即时分析出用户当前对话的语境,根据沟通过程中对方发来的信息给出相应的回复建议。比如,对方发来"今天的事情谢谢你了",搜狗输入法小米版即刻给出回复备选"不客气"和"不用谢"等。支持系统及版本:搜狗输入法小米开发版,小米最新版 MIUI8 系统。如图 7-20 所示。

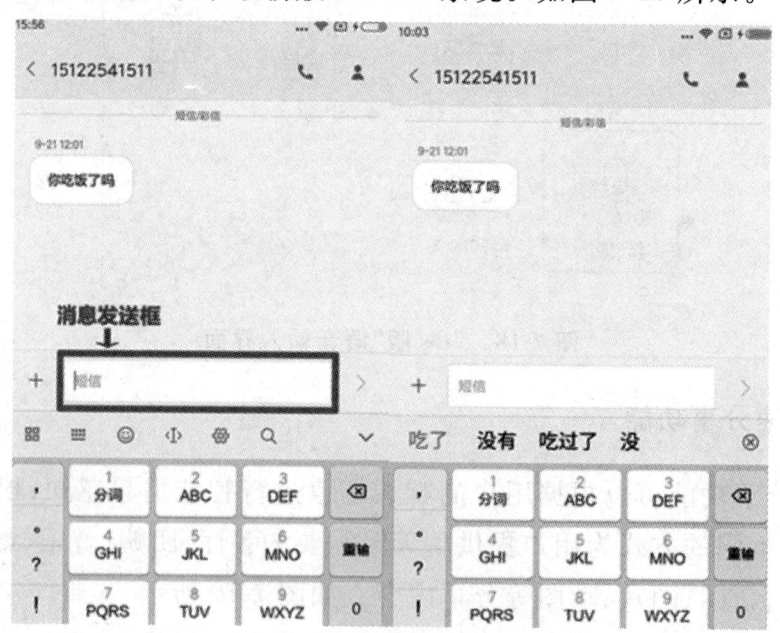

图 7-20 智能回复

④ 智能分享

"智能分享"功能不仅可以让用户在微信、QQ 聊天时不必跳出聊天场景直接在输入法中查询需要的信息,从餐厅、团购、翻译、音乐到电影、地图、百科等内容无所不包,而且不需要再切换到其他应用,免去跨屏来回切换的烦恼。如图7-21所示。

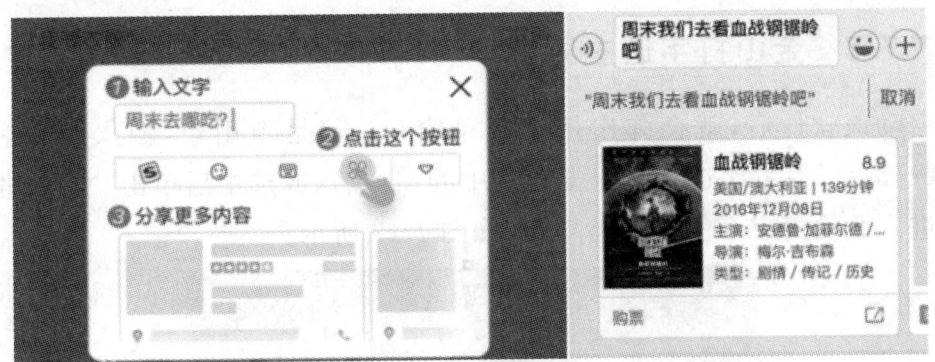

图 7-21　智能分享

§7.7　打字练习

金山打字通2013是一款功能齐全、界面友好、集打字练习和测试于一体的打字软件。

7.7.1　安装金山打字通

安装金山打字通具体步骤如下:

(1) 将下载下来的安装包解压,双击运行"typeeasy_setup_40.109.exe"文件到软件安装的欢迎界面,单击"下一步"。

(2) 在金山打字通2013官方版的许可安装界面上选择"我接受"——继续安装。

(3) 在金山打字通2013官方版安装界面中我们可以看到有一个可以让我们选择安装"WPS Office"的一个选项,如果打钩就会自动安装"WPS OFFICE"到我们的电脑中。这里根据用户需求进行选择性安装。

(4) 金山打字通2013官方版安装路径的选择:建议您不要安装在C盘,因为C盘是系统盘,如果什么软件都安装在C盘的话会影响您的计算机的运行速度。

（5）接下来到了软件选项安装界面，在这个界面我们可以看到金山打字通 2013 给我们提供了多种软件的选择性安装，将金山打字通 2013 官方版安装到您的电脑中。

7.7.2 金山打字通主界面

启动该软件后，就会弹出用户登录窗口。若是新用户，输入用户名，按"Enter"键登录；下次进入时双击列表中的用户名，或选中后单击"登录"按钮，就会进入金山打字 2013 的主界面。如图 7-22 所示。

图 7-22　金山打字主界面

7.7.3 打字练习

（1）新手入门

主要介绍认识键盘、打字知识、基准键位、手指分工、Numlock 的使用方法、小键盘基准键位及手指分工基础知识，如图 7-23 所示。

第 7 章　中文输入法

图 7-23　新手入门

(2) 英文打字

英文打字包括单词练习、语句练习及文章练习,如图 7-24 所示。

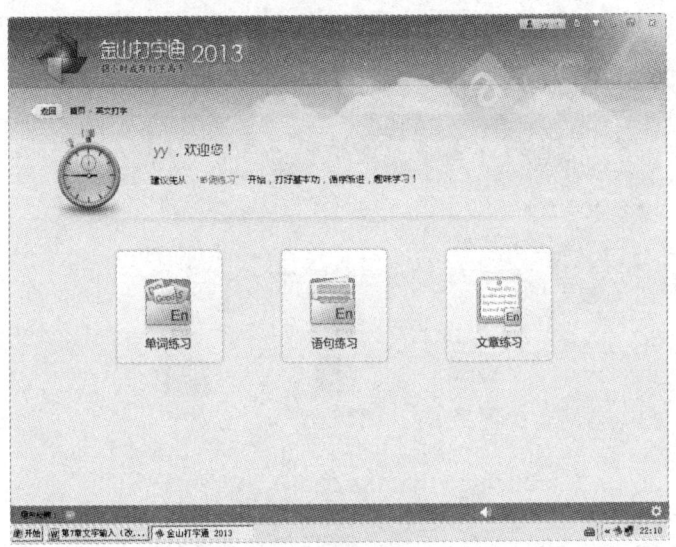

图 7-24　英文打字

(3) 拼音打字

拼音打字是为那些打字能力比专业打字员要求低的用户准备的,所以这个部分练习的强度相对较低一些,分为拼音输入法、音节练习、词组练习和文章练习四个部分,如图 7-25 所示。

图 7-25　拼音打字

（4）五笔打字

在五笔打字练习中也能进行分类训练,主要包括字根分区及讲解、单字练习、词组练习和文章练习等,如图 7-26 所示。

图 7-26　五笔打字

复习题

1. 为了便于用户使用，键盘被分成了_____、_____、_____、_____、_____5个区域。
2. 打字键区位于功能键区的下方，是4个键区中键数最多的，共有_____个键，其中包括_____个字母键、_____个控制键、_____个数字和符号键。
3. 在打字键区的正中央有8个键位，即左边的_____键和右边的_____键。这8个键位被称作基准键，是打字时手指所处的基准位置。
4. _____键是强行退出键，它的功能是退出当前环境，返回原状态。
5. 将字母键在大写和小写间进行切换时，需使用_____键。
   A. Ctrl   B. Caps Lock   C. Shift   D. Alt
6. 下列键位不属于右手中指负责的是_____。
   A. E   B. I   C. K   D. ,
7. 在输入上档字符或大写字母时，需要按下_____键。
   A. Ctrl   B. Caps Lock   C. Shift   D. Alt
8. F键是右手_____负责的键位。　　　　　　　　　　　　（　　）
9. "BackSpace"键是退格键，位于打字键区的最右上角，按下该键可使光标左移一个位置，同时删除当前光标位置上的字符。　　　　　　　　　　（　　）
10. 为什么在打字时需要有正确的坐姿？正确的坐姿包括哪几部分？
11. 在进行英文输入练习时都有哪些练习要点？它们在英文输入中起着什么作用？
12. 在输入英文时都需要遵守哪些击键要点？

第 8 章 Internet 应用

学习目标

◎ 了解计算机网络及 Internet 的基础知识。
◎ 能够将计算机连接到 Internet 上浏览网页、收发电子邮件、网上聊天。
◎ 能够用迅雷等专用软件下载文件。

随着 Internet 网络的发展,地球村已不再是一个遥不可及的梦想。我们可以通过 Internet 获取各种我们想要的信息,查找各种资料,如文献期刊、教育论文、产业信息、留学计划、求职求才、气象信息、海外学讯、论文检索等。您甚至可以坐在电脑前,让电脑带您到世界各地做一次虚拟旅游。只要您掌握了在 Internet 这片浩瀚的信息海洋中遨游的方法,就能在 Internet 中获得无限的信息宝藏。

本章主要介绍计算机网络及 Internet 的基础知识,掌握 Internet 的基本操作方法,如查询信息、收发电子邮件、网上购物、网上娱乐、网络即时通信等。

§8.1 计算机网络和 Internet 的基本知识

8.1.1 计算机网络概述

计算机网络是现代通信技术与计算机技术相结合的产物。对于计算机网络概念的定义和理解,随着计算机网络本身的发展,人们提出了不同的观点。

所谓计算机网络是指分布在不同地理位置上的具有独立功能的多个计算

机系统,通过通信设备和通信线路相互连接起来,在网络软件的管理下实现数据传输和资源共享的系统。它综合应用了很多现代信息处理技术、计算机技术和通信技术的研究成果,把分散在广泛领域中的许多信息处理系统连接在一起,组成一个规模更大、功能更强、可靠性更高的信息综合处理系统。

(1) 计算机网络的分类

计算机网络的分类标准很多,按网络覆盖的地理范围(距离)进行分类是最普遍的分类方法,它能较好地反映计算机网络的本质特征。依照此分类方法可以把计算机网络分为三类,即局域网、广域网和城域网。

① 局域网

局域网(Local Area Network,LAN)是一种在小区域内使用的网络,其传送距离一般为 0.1km～25 km。它是在微型计算机大量推广后被广泛使用的、适合于一个部门或一个单位组建的网络,如在一个办公室、一幢大楼或一个学校里。局域网具有传输速率高(10 Mb/s～1 000 Mb/s)、误码率低、成本低、容易组网、易维护、易管理、使用灵活方便等特点,因而深受广大用户的欢迎。

② 广域网

广域网(Wide Area Network,WAN)也叫远程网络,覆盖地理范围比局域网要大得多,可从几十千米到几千千米。广域网覆盖一个地区、国家或横跨几个洲,可以使用电话线、微波、卫星或者它们的组合信道进行通信。后面即将介绍的因特网就是典型的广域网。广域网的传输速率较低,一般在96 kb/s～45 Mb/s。

③ 城域网

城域网(Metropolitan Area Network,MAN)是一种介于局域网和广域网之间的高速网络,覆盖地理范围介于局域网和广域网之间,一般为几千米到几十千米,传输速率一般在 50 Mb/s 左右。其用户多为需要在市内进行高速通信的大单位或公司等。

(2) 计算机网络的组成

计算机网络按照物理结构,可以分为网络硬件和网络软件两大部分;按照逻辑功能,可以分为资源子网和通信子网两大部分。

① 网络硬件

计算机网络硬件主要包括服务器、工作站、通信介质以及连接设备。

服务器主要负责网络的正常运行或提供专用服务,为网络中的各个工作站发出的请求提供服务。它的性能要求较高,必须具有很高的稳定性、可靠性及连续工作的能力。

工作站也称为客户机、客户端或节点,是指连接到网络中的计算机。它是网络资源的使用者,也是用户可直接操作使用的终端。通信介质是连接网络中各种资源的物理线路,目前常用的通信介质包括双绞线、同轴电缆、光缆和无线通信媒体。

网络中的连接设备主要有网卡、集线器、中继器、网桥、路由器、交换机以及调制解调器等。

② 网络软件

计算机网络软件包括网络操作系统和通信协议两大部分。网络操作系统是运行在网络硬件基础上为网络用户提供共享资源管理服务、基本通信服务、网络系统安全服务及其他网络服务的软件系统;通信协议是指计算机网络中通信各方事先约定的通信规则。

③ 资源子网

资源子网包括拥有资源的用户主机、请求资源的用户终端、通信子网的接口设备和软件,它主要提供访问网络和处理数据的能力。

④ 通信子网

通信子网包括交换部分的节点交换机和传输部分的高速通信线路,它主要提供网络通信功能。

8.1.2 Internet 简介

Internet 是网际互联的意思,也称为"因特网",它是由多个网络相互连接而成的网络。Internet 中的每个网络都是通过通信线路与 Internet 连接在一起,通信线路可以是电话线、数据专线、微波、通信卫星等。

Internet 采用 TCP/IP 协议进行数据传输,TCP/IP 协议由传输控制协议(TCP)和网际协议(IP)组成。传输控制协议的作用是表达信息,并确保该信息能够被另一台计算机所理解;网际协议的作用是将信息从一台计算机传送到另一台计算机。

8.1.3 Internet 基本服务

通过因特网,用户可以与世界各地的计算机用户进行信息交流和资源共享。Internet 上的信息资源非常丰富,信息服务的种类也是多种多样,主要有万维网服务(WWW)、电子邮件服务(E-mail)、文件传输服务(FTP)、电子公告牌服务(BBS)、远程登录服务(Telnet)、网上新闻服务、电子商务等。

(1) 万维网服务(WWW)

WWW 也称万维网,是目前因特网上最受欢迎、最为流行的信息检索服务系统。它采用多媒体和超链接技术,将世界范围内的 WWW 信息有机地联系起来,而且为用户提供了图、文、声并茂的信息。

(2) 电子邮件服务(E-mail)

电子邮件是 Internet 上应用最为广泛的一种服务。与传统的邮件相比,电子邮件不仅传递速度快,而且价格低廉。用户可以通过它来传输各种文本、声音、图像、贺卡、视频等信息。电子邮件的收发过程与普通信件的收发过程相似,主要区别在于,普通信件传送的是具体的实物,而电子邮件传送的是电子信号。

(3) 文件传输服务(FTP)

FTP 是文件传输的主要工具,它允许用户在两台计算机之间传送文件和程序,也可以将远程计算机上的软件或资料下载到本地计算机上,例如,下载需要的各种文本文件、图像文件、声音文件、数据压缩文件、程序软件等。

(4) 电子公告牌服务(BBS)

电子公告牌又称网上论坛,用于发表公告、新闻、文章等,现在的 BBS 大都是围绕一个专题进行讨论的,如广播电台的 BBS 就是专门针对一个节目的内容进行讨论的论坛。

(5) 远程登录服务(Telnet)

Telnet 协议是 TCP/IP 通信协议中的终端机协议。在 Telnet 协议的支持下,用户可以将自己的计算机模拟成一台异地主机的远程终端,用它来访问远程的主机,并与远程主机实现交互。它的主要作用是将本地计算机直接连接到远程服务器上,进行信息资源的共享与使用。

(6) 网上新闻服务

网上新闻服务就是通常所说的新闻中心,它是将当天或最近发生的社会新闻、体育新闻、娱乐新闻等通过服务器发送至网上,并且对各种新闻进行分类,以便于用户查阅。

(7) 电子商务

电子商务最初发源于美国,其主要功能包括网上的广告、订货、付款、客户服务、销售服务等。基于电子商务而推出的商品交易系统方案、金融电子方案和信息安全方案等已经成为国际信息技术市场竞争的焦点。

8.1.4 Internet 常用术语

网络中的各台计算机之间如果要进行正常的通信,必须要按照一定的规则来运行,这个规则就被称为网络协议。目前,Internet 采用的网络协议是 TCP/IP 协议。

(1) IP 地址

IP 地址又称为网络协议地址。连接在 Internet 上的每台主机都有一个全球范围内唯一的 IP 地址,它通常由 4 个字节组成,并分为两部分,第一部分是网络地址,第二部分是主机地址。

IP 地址通常以十进制数的形式出现,如 192.167.1.220。根据网络的规则,可以将 IP 地址分为 3 类,分别为 A 类 IP 地址、B 类 IP 地址和 C 类 IP 地址。

A 类 IP 地址的最高位为 0,前 8 位代表网络地址,后 24 位代表主机地址,其使用范围为 0.0.0.0～126.255.255.255。

B 类 IP 地址的最高两位为 10,前 16 位代表网络地址,后 16 位代表主机地址,其使用范围为 128.0.0.0～191.255.255.255。

C 类 IP 地址的最高 3 位为 110,前 24 位代表网络地址,后 8 位代表主机地址,其使用范围为 192.0.0.0～223.255.255.255。

(2) 有关说明

① A 类网络 ID 的高序位总是设置为 0,此约定将 A 类网络 ID 的数量从 256 个减少到了 128 个。

② 首 8 位设置成 00000000 的地址是不能被分配的,因为它们构成了被保留的网络 ID。

③ 首 8 位设置成 01111111(1270)地址是不能被分配的,因为是为环回地址保留的,所以,A 类网络 ID 共有 126 个。

(3) URL

URL 称为统一资源定位器,用来指示 Internet 上各种信息资源的位置及存取方法,通常以协议名开头,后面是负责管理该站点的组织名称,后缀则标识该组织的类型,URL 的标准格式为:协议类型://主机名/文件名。例如,http://www.163.com 的网址提供如下信息:http 表示 Web 服务器使用 HTTP 超文本传输协议;www 表示站点;在 World Wide Web 上,163 表示 Web 服务器位,.com 表示商业组织。

(4) 域名

由于 IP 地址由数字代表主机的地址,比较难记,因此,Internet 采用域名作为主机的地址,这样便于用户记忆和理解域名。Internet 使用域名系统为 IP 地址指定名称,并且可以根据不同的命令在域名和 IP 地址之间进行转换和映射。

域名由小数点分隔的几组字符组成,每个字符串被称为一个子域,一般包括 4 个子域。域名中最右边的子域级别最高,被称为顶级域;最左边的子域级别最低,代表 Internet 上主机的名字。

域名中,第一级域名通常表示主机所属的国家或地区的代码,如.cn 代表中国、.us 代表美国;第二、三级是子域;第四级是主机的名称。例如,网易的域名是 http://www.163.com,在这个域名中,顶级域名是.com,它代表商业组织;二级域名是 163,它代表网易;四级域名是 www,它代表某台主机的名称。

(5) 子网掩码(subnet mask)

子网掩码是每个使用互联网的人必须要掌握的基础知识,只有掌握它,才能够真正理解 TCP/IP 协议的设置。

子网掩码——屏蔽一个 IP 地址的网络部分的"全 1"比特模式。故 A、B、C 三类 IP 地址默认子网掩码依次为:255.0.0.0,255.255.0.0,255.255.255.0。

实际应用中,每个 A、B、C 类网络内部所划分的子网个数及主机台数有所不同,所需子网掩码需要计算得出。例如,将 B 类 IP 地址 168.195.0.0 划分成 27 个子网后的子网掩码为 255.255.248.0;将 B 类 IP 地址 168.195.0.0 划分成若干子网,每个子网内有 700 台主机,则子网掩码为 255.255.252.0。

§8.2 用 Internet Explorer 浏览网页

8.2.1 进入 Internet

Internet 中文译名为因特网,又叫作国际互联网,它是由那些使用公用语言互相通信的计算机连接而成的全球网络。Internet 目前的用户已经遍及全球,有超过几亿人在使用 Internet,被认为是人们生活和工作中不可缺少的部分。

选择"开始"→"程序"→"Internet Explorer"命令即可启动 Internet Explorer,并打开 Internet Explorer 的默认网站主页。

Internet Explorer 界面由以下几部分组成。

(1)"菜单栏":此栏中包含了用户对 Internet Explorer 浏览器的所有操作指令。

(2)"工具栏":中包含了常用的快捷按钮,单击这些快捷按钮 Internet Explorer 即可快速执行相应的操作。

(3)"地址栏":用户可在此文本编辑栏中输入所要浏览网站的网址。

(4)"浏览区域":本区域中显示用户所浏览网站的页面信息。

(5)"状态栏":本栏中显示操作浏览器的辅助信息,如网络链接和网页下载进度等内容。

8.2.2 浏览网上新闻

随着人们生活质量的不断提高,人们获取新闻信息不再满足于看报纸、听广播和看新闻等传统的方式,互联网新闻以其及时的报道、内容的多样化、发布的大众化受到了人们的青睐。

国内比较著名的网站有新华网、网易网、新浪网等,用户只需在"地址栏"输入相应的网址,如新浪网 *www.sina.com*,按下"Enter"键即可打开网站的首页,如图 8-1 所示。

图 8-1 新浪网主页

网站的导航栏提供有新闻中心的超链接,如图 8-2 所示。

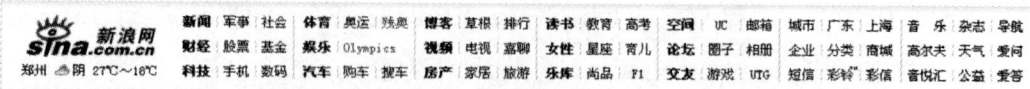

图 8-2 网站导航栏

单击"新闻"超链接,浏览器转入新闻中心页面,如图 8-3 所示。

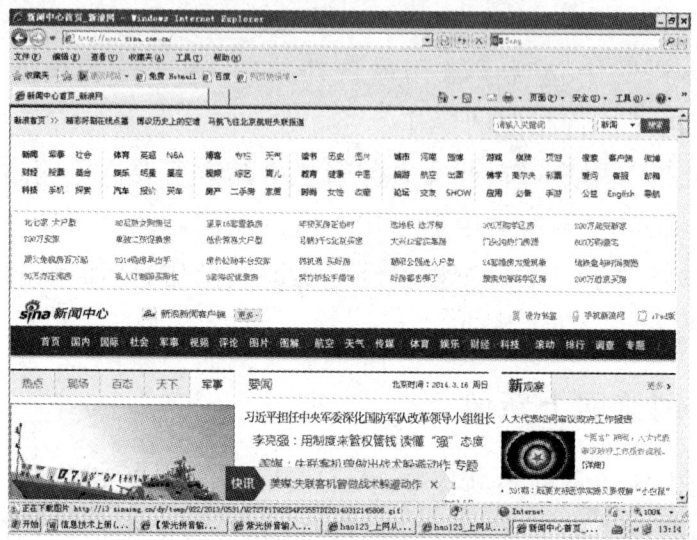

图 8-3 新闻中心网页

用户可以单击并拖动浏览器右侧的滚动条来浏览本页面的新闻标题链接,单击新闻标题链接,如《习近平担任中央军委深化国防军队改革领导小组组长》,即可弹出新闻详细报道页面,如图 8-4 所示。

图 8-4 新闻报道页面

单击并拖动浏览器右侧的滚动条可浏览本条新闻的全部内容,浏览完毕之后单击浏览器右上角的■按钮可关闭当前新闻浏览窗口。

8.2.3 设置 Internet Explorer 主页

为了方便用户使用，Internet Explorer 浏览器还提供了自定义主页的功能。选择"工具"→"Internet 选项"命令，弹出"Internet 选项"选项卡，如图 8-5 所示。

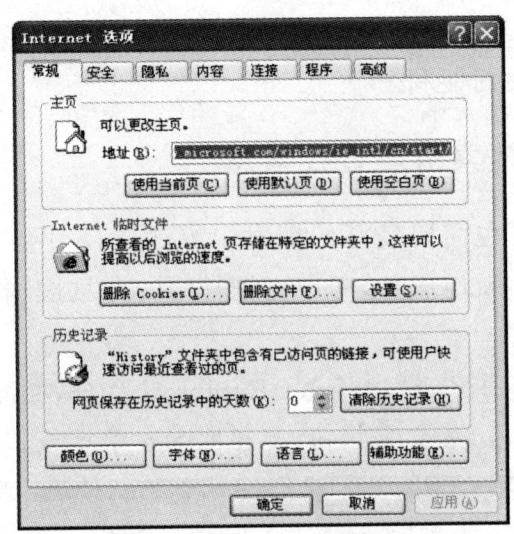

图 8-5 "Internet 选项"选项卡

在"常规"选项卡的"主页"区域可以定义 Internet Explorer 浏览器的主页，Internet Explorer 为用户提供了三种方案：

"使用当前页"：单击此按钮，Internet Explorer 将把用户当前浏览的网页设置为其主页。

"使用默认页"：单击此按钮，Internet Explorer 将把微软公司的 Internet Explorer 产品宣传网页设置为主页。

"使用空白页"：单击此按钮，Internet Explorer 主页将为空白网页。

除了上述三种方案外，用户还可以直接在"地址"文本编辑栏中输入要设置成主页的网址，如 www.baidu.com，然后单击 应用(A) 按钮，并单击 确定 按钮完成保存。

设置完成后，用户启动 Internet Explorer 或者单击 按钮，浏览器会自动打开用户所设置的网页。

§8.3　资源搜索与下载

互联网吸引人的另一个原因就是包罗万象的信息数据库，用户利用搜索引擎对其进行信息搜索，可以快速地查阅到符合条件的相关信息，为人们的工作和生活带来了极大的便利。

8.3.1　使用搜索引擎查找信息

再强大的数据库也需要良好的搜索引擎的支持，网络搜索引擎技术也随着互联网的发展而不断地成熟，用户比较常用的有雅虎、谷歌和百度等专业的搜索引擎。

选择"开始"→"程序"→"Internet Explorer"命令，在浏览器"地址栏"输入搜索引擎网址，如 *www.baidu.com*，打开搜索引擎主页，如图8-6所示。

图8-6　"百度"搜索引擎主页

百度搜索引擎提供了"新闻"、"网页"、"贴吧"、"知道"、"MP3"、"图片"和"视频"等7个种类的搜索选项，用户可以单击所要搜索内容的种类，然后在"搜索栏"文本编辑框中输入所要搜索的内容，如选择"网页"选项，搜索"嫦娥三号"，单击 百度一下 按钮，浏览器将跳转至搜索结果页面，如图8-7所示。

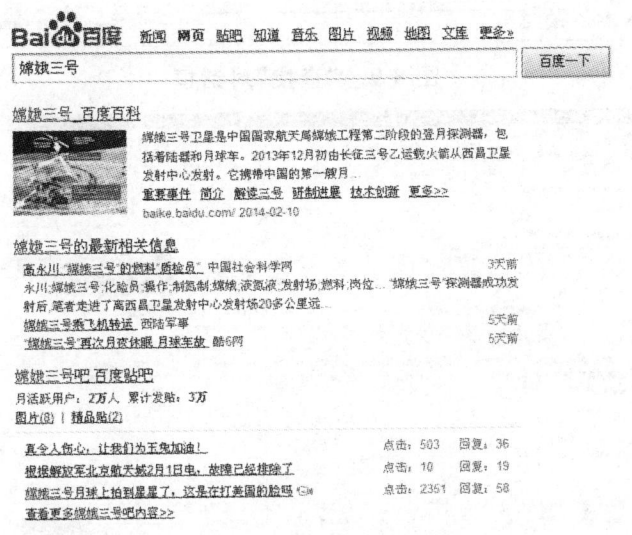

图 8-7　搜索结果页面

用户可在搜索结果页面中查找自己需要的信息,单击需要的信息即可在弹出的窗口进行浏览。

(1) 搜索网页中的文字

用户搜索到的网页可能包含大量文字信息,利用 Internet Explorer 中的"查找(在当前页)"命令,可以快速搜索到网页中的所需内容。

图 8-8　将要进行文字搜索的页面

例如,打开如图 8-8 所示网页,网页中内容为嫦娥三号卫星,用户若要在此页面中搜索"月球车",则需选择"编辑"→"查找当前页"命令,弹出"查找"对话框,在文本编辑框中输入"月球车",如图 8-9 所示。单击"下一个"按钮,即可显示出搜索结果,如图 8-10 所示。

图 8-9 "查找"对话框

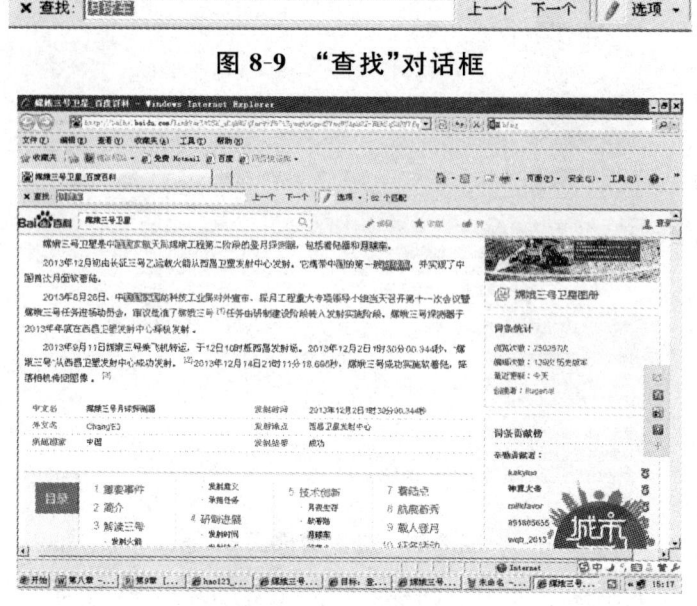

图 8-10 "查找"结果

(2) 搜索网上"地图"信息

打开百度地图搜索引擎,在"搜索栏"文本编辑框中输入所要搜索的地图名称,如"河南省",如图 8-11 所示。

单击 百度一下 按钮,可转至搜索结果页面,如图 8-12 所示。

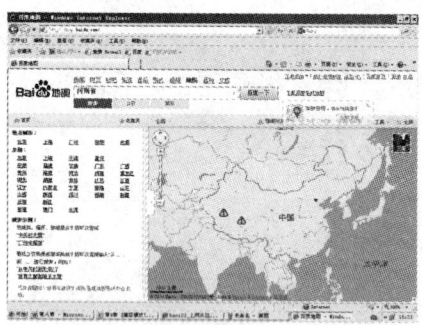

图 8-11 搜索"地图"

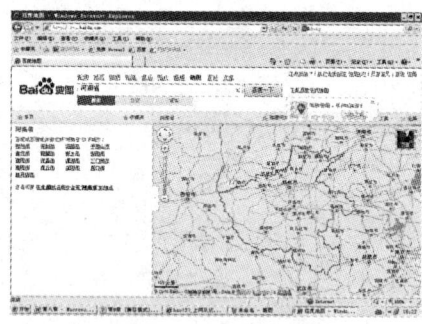

图 8-12 搜索结果

(3) 搜索网上"火车车次"信息

打开百度搜索引擎,在"搜索栏"文本编辑框中输入"火车车次",单击 百度一下 按钮,浏览器转至搜索结果页面,如图 8-13 所示。

第 8 章　Internet 应用　　　　　　　　　　　　　　　　　　·213·

图 8-13　搜索结果

在此页面中，为用户提供了三种车次查询方法：

"按车站名称查询"：使用此种查询方法，将查出用户所输入车站的所有列车时刻信息。

"按列车车次查询"：使用此种查询方法，将查出用户所输入车次的列车时刻信息。

"按出发地点－目的地查询"：使用此种查询方法，将查出用户所输入出发地和目的地区间的列车时刻信息。

（4）搜索网上"天气预报"信息

打开百度搜索引擎，在"搜索栏"文本编辑框中输入所要搜索天气预报的城市（区域），如"河南天气预报"，单击 百度一下 按钮，浏览器转至搜索结果页面，如图 8-14 所示。

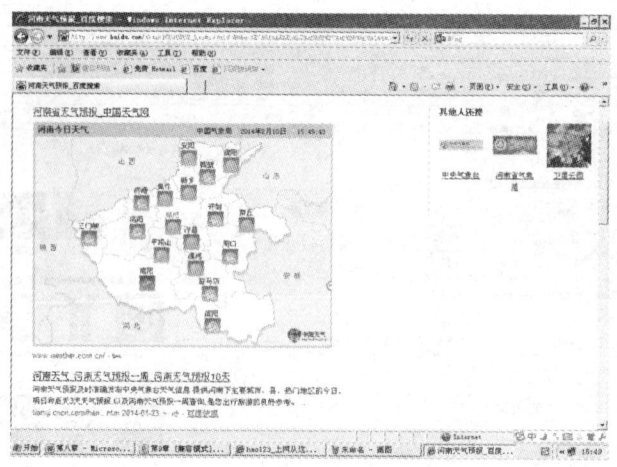

图 8-14　天气预报搜索结果

8.3.2　网络资源下载

（1）直接下载

当用户在网络中找到需要的文件或资料后,就可以将其下载到计算机磁盘上,如果该文件较小,用户可以直接在网络中单击相应的下载链接进行下载。下面以下载 QQ 2007 为例,介绍在浏览过程中直接下载文件的方法。

（1）打开 IE 浏览器,在地址栏中输入 QQ 官方网站的网址 $http://pc.qq.com/index.html$,按回车键即可打开其主页,如图 8-15 所示。

（2）单击"立即下载"按钮,打开文件下载窗口,如图 8-16 所示。

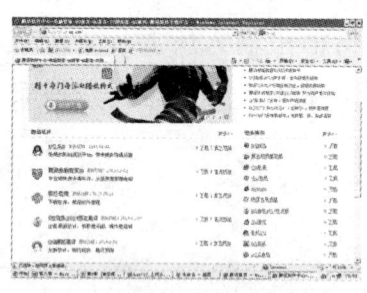
图 8-15　"腾讯"软件中心主页

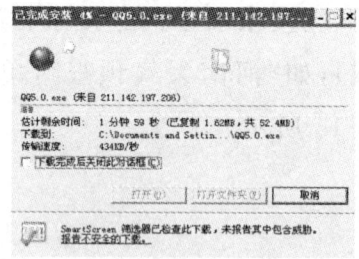
图 8-16　文件下载窗口

（3）下载完成后,会弹出"另存为"对话框,用户在该对话框中输入文件名及其保存路径,单击"保存"按钮即可。

（2）使用工具软件下载

如果用户找到的资料或文件较大,则可以使用下载工具下载。下面以迅雷为例,介绍下载工具的使用方法。

(1) 在网站中找到下载链接,用鼠标右键单击该链接,在弹出的快捷菜单中选择"使用迅雷下载"命令,如图 8-17 所示。

(2) 弹出"建立新的下载任务"对话框,如图 8-18 所示,在"网址"文本框中输入文件所在的网址;在"存储目录"下拉列表框中选择下载的类别及文件存放的路径;在"另存名称"文本框中可以输入文件被下载后保存的名字。设置好相关参数后单击"确定"按钮,即可进行下载。

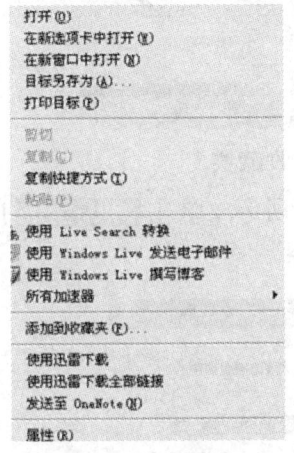
图 8-17 快捷菜单

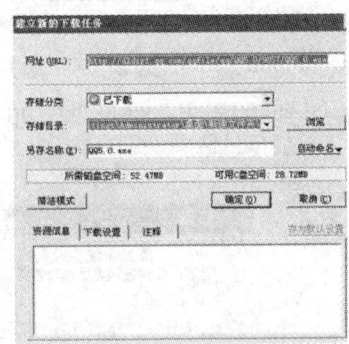
图 8-18 "建立新的下载任务"对话框

§8.4 使用"收藏夹"

Internet Explorer 还为用户提供了类似"书签"的服务,用户可以把喜爱的网页添加到"收藏夹"中,以便下次浏览。

8.4.1 添加收藏网页

添加网页到"收藏夹"有以下三种常用方法。

(1) 选择"收藏"→"添加到收藏夹"命令,将如图 8-19 所示的网页添加到收藏夹。

图 8-19　添加网页到"收藏夹"

弹出"添加到收藏夹"对话框,如图 8-20 所示,单击 确定 按钮完成网页添加。

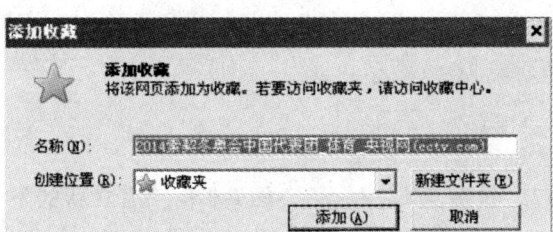

图 8-20　【添加到收藏夹】对话框

（2）单击 Internet Explorer 工具栏中的 收藏夹 按钮,弹出"收藏夹"窗口,如图8-21所示。

图 8-21　"收藏夹"窗口

单击"收藏夹"窗口中的 添加... 按钮可弹出"添加到收藏夹"对话框,最

后单击 确定 按钮便可将当前浏览的网页添加入"收藏夹"。

（3）用户还可以直接右键单击所要添加到收藏夹的网页的空白区域，在弹出的菜单中选择"添加到收藏夹"命令，也可以添加网页到收藏夹，如图8-22所示。

图 8-22　利用右键菜单命令添加网页到收藏夹

8.4.2　整理"收藏夹"

利用"整理收藏夹"选项卡，可对收藏夹中的内容进行整理。

（1）选择"收藏夹"→"整理收藏夹"命令，或者在"收藏夹"窗口中单击 整理... 按钮，弹出"整理收藏夹"选项卡，如图8-23所示。

（2）单击 创建文件夹(C) 按钮，可在"收藏夹"中创建一个新的文件夹，如图8-24所示。

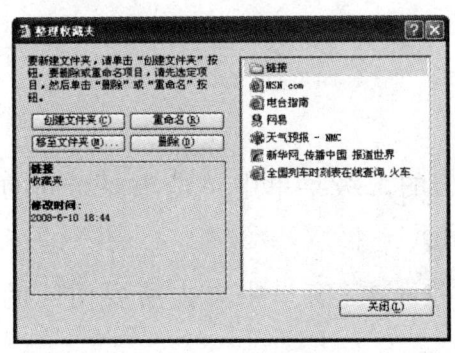
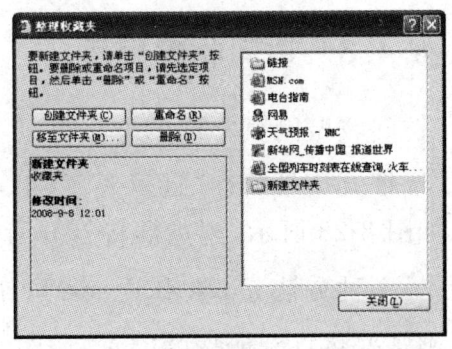

图 8-23　"整理收藏夹"选项卡　　　　图 8-24　在"收藏夹"中新建文件夹

（3）选中"收藏夹"中的网页或者文件夹，单击 重命名(R) 按钮，可自定义其名称，如图8-25所示。

（4）选中收藏夹中的网页或者文件夹，例如，选择"天气预报－NMC"网页，单击 移至文件夹(M) 按钮，弹出"浏览文件夹"对话框，如图 8-26 所示。

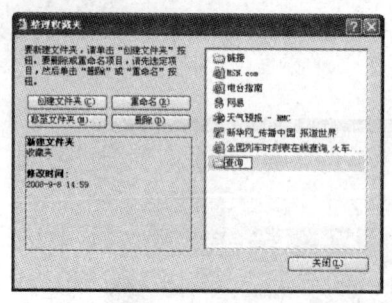

图 8-25　重命名文件夹

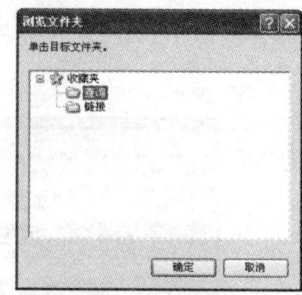

图 8-26　"浏览文件夹"对话框

（5）用户选择目标文件夹，如"查询"，单击按钮，可以将选中内容转移到目标文件夹，如图 8-27 所示。

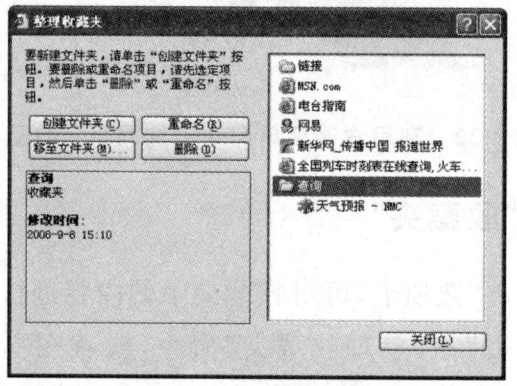

图 8-27　转移文件结果

（6）选中收藏夹中的网页或者文件夹，单击 删除(D) 按钮，可以删除选中的内容。

8.4.3　访问收藏网页

访问收藏网页常用的方法有以下两种。

一种方法是选择"收藏夹"菜单，在弹出的二级菜单中单击想要访问的网页，如图 8-28 所示，浏览器将打开所选的网页。

另一种方法是，单击 ☆收藏夹 按钮，在"收藏夹"窗口中单击所要访问的网页，浏览器将打开所选的网页，如图 8-29 所示。

第 8 章 Internet 应用

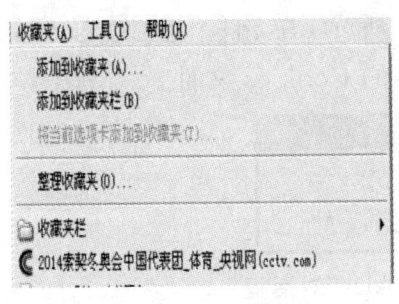

图 8-28 选择收藏的网页

图 8-29 利用"收藏夹"窗口

§8.5 浏览器设置与应用

在保护用户隐私和保护浏览器安全方面,通过设置能够清除用户在使用浏览器时留下的记录,定义浏览器的安全级别。

8.5.1 清除电脑的"记忆"

选择"工具"→"Internet 选项"命令,弹出"Internet 选项"选项卡,选择"常规"选项卡,如图 8-30 所示。

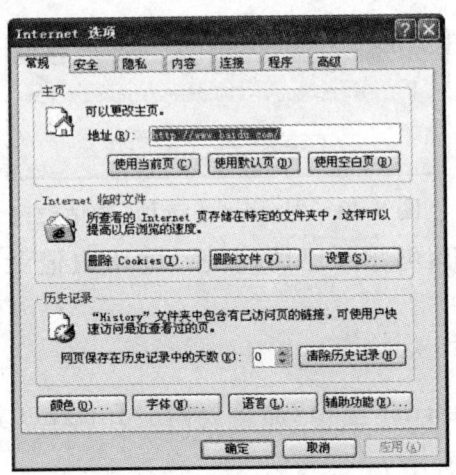

图 8-30 "常规"选项卡

(1) 删除 Internet 临时文件

在"常规"选项卡的"Internet 临时文件"区域中,单击 删除 Cookies(I)... 按钮,弹出"删除 Cookies"对话框,如图 8-31 所示,单击 确定 按钮,可删除"Temporary Internet Files"文件夹中所有的 Cookies 文件。

图 8-31 "删除 Cookies"对话框

单击 删除文件(F)... 按钮,弹出"删除文件对话框",如图 8-32 所示,单击 确定 按钮,可删除 Internet 临时文件夹中的所有内容,若选中"删除所有脱机内容",可同时删除脱机文件。

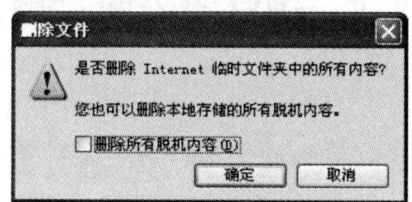

图 8-32 删除文件对话框

(2)清除历史记录

单击【历史记录】区域中的 清除历史记录(H) 按钮,弹出"Internet 选项"选项卡,如图8-33 所示。

图 8-33 "Internet 选项"对话框

单击 是(Y) 按钮,可删除已访问网站的历史记录。

(3)清除表单记录

选择"工具"→"Internet 选项"命令,弹出"Internet 选项"选项卡,选择"内容"选项卡,如图 8-34 所示。

单击"内容"选项卡中的"个人信息"区域中的 自动完成(U)... 按钮,弹出"自动完成设置"选项卡,如图 8-35 所示。

第 8 章 Internet 应用

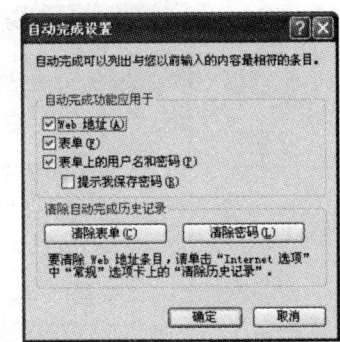

图 8-34 "内容"选项卡　　图 8-35 "自动完成设置"选项卡

单击 清除表单(C) 按钮,可清除浏览器中保存的除密码外的所有表单内容。

单击 清除密码(L) 按钮,可清除浏览器中保存的所有密码。

8.5.2 设置安全级别

选择"工具"→"Internet 选项"命令,弹出"Internet 选项"选项卡,选择"安全"选项卡,如图 8-36 所示。

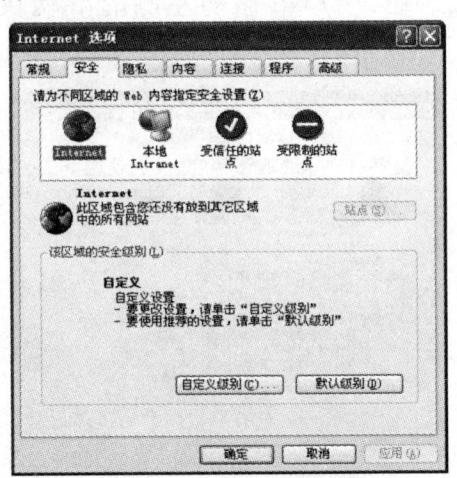

图 8-36 "安全"选项卡

在"请为不同区域的 Web 内容指定安全设置"区域中有"Internet"、"本地 Internet"、"受信任的站点"和"受限制的站点"等 4 个选项图标,单击图标,"该区域的安全级别"区域将显示所选项目的安全级别设置。例如,选择"Internet"选项,该区域则显示"Internet"选项的安全级别设置。

单击 自定义级别(C)... 按钮,弹出"安全设置"选项卡,如图 8-37 所示。

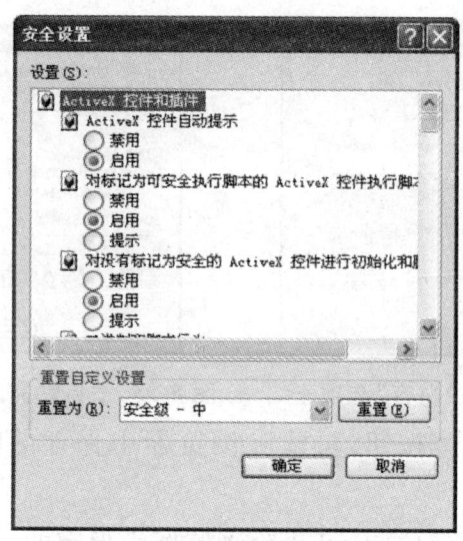

图 8-37 "安全设置"选项卡

用户可在该选项卡中手动选择 Internet Explorer 的安全设置,也可在"重置为"下拉菜单中选择安全级别;下拉菜单提供了高、中、中低和低等 4 种安全级别。

单击 默认级别(D) 按钮,用户可移动左侧的滑动块来设置该区域的安全级别,如图 8-38 所示。

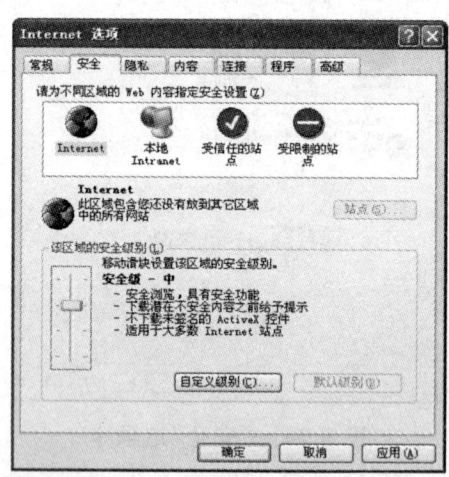

图 8-38 移动滑块设置安全级别

设置完毕后,单击 应用(A) 按钮保存设置。

§8.6　Internet 应用

8.6.1　网上购物

随着科技的不断发展,Internet 已经进入寻常百姓家庭,而且不断地改变着人们的工作、生活和学习方式。现在,随着电子商务的蓬勃发展,家庭上网的用户越来越多,足不出户即可享受网络给人们带来的便利,如网上购物等。网上购物时,应先寻找商品,找到合适的商品后,才能开始购物。

(1) 寻找商品

在网络中寻找商品,用户既可以使用搜索引擎查找商品,也可以直接登录到网上商城中寻找商品,这样既节省时间,又非常方便。

(2) 开始购物

下面以当当网为例,介绍在网络上购物的具体操作方法。

① 打开 IE 浏览器,在地址栏中输入网址 $http://home.dangdang.com$,按回车键即可进入当当网的首页,如图 8-39 所示。

② 网页中提供了各式各样的商品,单击"箱包"图标,打开"商品说明"窗口,如图 8-40 所示。

图 8-39　当当网首页

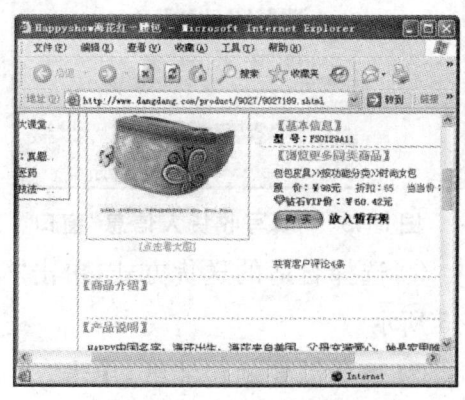

图 8-40　"商品说明"窗口

③ 单击"购买"按钮,打开"购物车"窗口,如图 8-41 所示,在该页面中可对商品的数量进行修改。

④ 确认修改后,单击"下一步"按钮,即可进入登录页面。如果用户已经在该网站上进行了注册,在该页面中输入相关登录信息即可;如果用户还没有进行注册,可以选中"我要注册"单选按钮,单击"下一步"按钮,在打开的"注册"窗口中输入相关注册信息,如图8-42 所示。

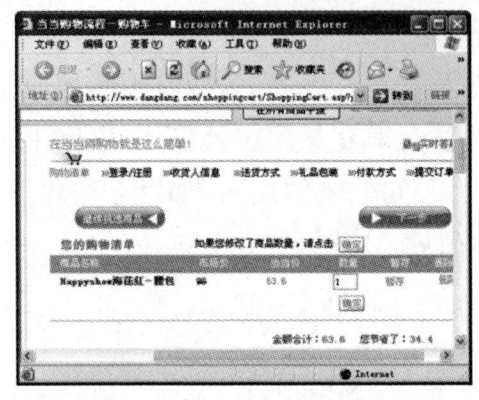

图 8-41 "购物车"窗口　　　　　图 8-42 "注册"窗口

⑤ 填完注册信息后,单击"下一步"按钮,打开"填写收货人信息"窗口,如图 8-43 所示。

⑥ 填写好收货人信息后,单击"下一步"按钮,打开"选择送货方式"窗口,如图 8-44 所示。

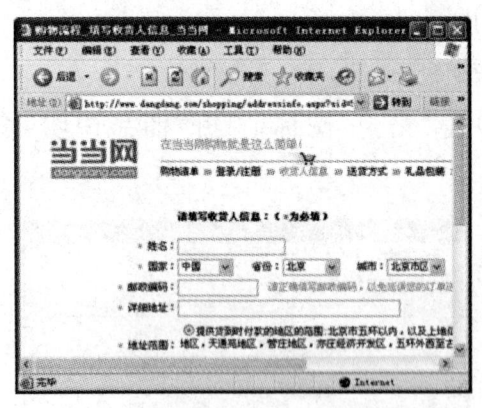 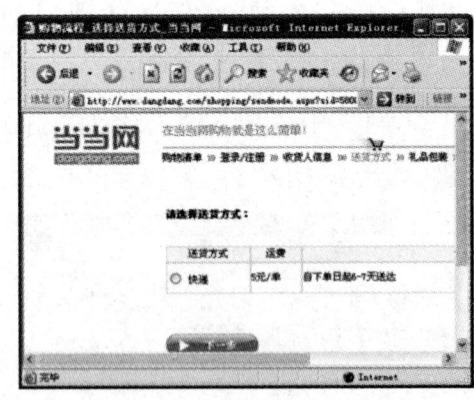

图 8-43 "填写收货人信息"窗口　　　　图 8-44 "选择送货方式"窗口

⑦ 选择合适的送货方式,单击"下一步"按钮,打开"选择包装纸"窗口,如图 8-45 所示。

⑧ 选择需要的包装纸,单击"下一步"按钮,打开"选择付款方式"窗口,如图 8-46 所示。

第 8 章　Internet 应用

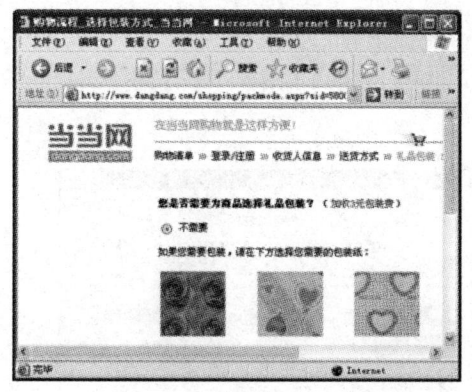
图 8-45 "选择包装纸"窗口

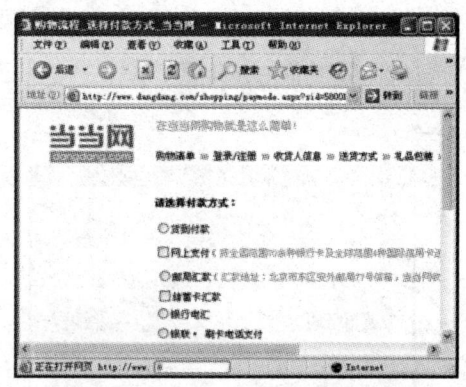
图 8-46 "选择付款方式"窗口

⑨ 在该窗口选择合适的付款方式,单击"下一步"按钮,打开"付款方式"窗口,用户可在该窗口选择合适的付款方式。

⑩ 单击"下一步"按钮,打开"订单信息"窗口,如图 8-47 所示,用户可在该窗口中对订单信息进行核对。

⑪ 确认无误后,单击"下一步"按钮,打开"购物完成"窗口,如图 8-48 所示,用户可对本次购物的所有信息及注意事项进行查看。

图 8-47 "订单信息"窗口

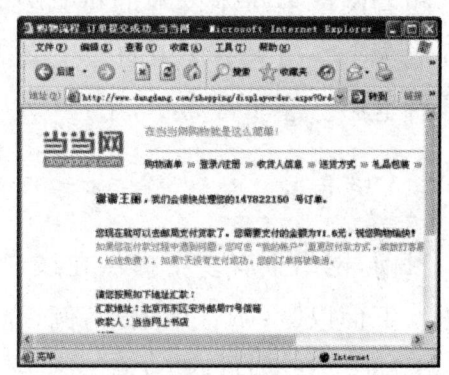
图 8-48 "购物完成"窗口

8.6.2　网上求职

随着 Internet 的高速发展,很多公司及个人都将人才供求信息或个人的求职信息发布到网上,供求职者或招聘人才的单位进行浏览选择。目前,较流行的招聘网站有中华英才、招聘网、51job 等。下面以 51job 为例讲述具体的求职过程。在 51job 中查找求职信息的具体操作步骤如下。

(1) 在 IE 浏览器的地址栏中输入网址 $http://www.51job.com$,按回车键即可进入 51job 的首页,如图 8-49 所示。

(2) 在地区招聘选项区中选择要就职的工作区域,在打开的职位查询窗口中选择要查询的信息,单击"搜索"按钮,即可搜索到相关的信息,如图 8-50 所示。

图 8-49　"51job"的首页　　　　　图 8-50　搜索到的招聘信息

(3) 单击职位名称超链接,即可查看该招聘信息的详细内容。

8.6.3　网上娱乐

随着网络多媒体技术的迅猛发展,MP3 格式的音乐以其压缩比高、音质好而成为 Internet 中常用的音乐格式,并且随着网络技术的日益成熟,在网上在线看电影已经非常简单,用户可以足不出户,在网络中观看精彩的影片。

(1) 听音乐

目前,网络上有多个提供在线音乐的网站,用户可以登录到这些网站中听音乐。下面以"一听音乐吧"为例,介绍"在线"听音乐的方法。

① 打开 IE 浏览器,在地址栏中输入"一听音乐吧"的网址 $http://www.1ting.com/$,按回车键即可打开其首页,如图 8-51 所示。

图 8-51　"一听音乐吧"首页

② 用户可在该窗口中单击任意一个歌曲对应的超链接,即可打开其对应的视听窗口,如图 8-52 所示的为单击"漫步人生路"超链接后打开的视听窗口。

图 8-52　音乐视听窗口

(2) 看电影

网络电影采用了一种全新的编码技术,将视频和音频数据进行压缩并传送到网上,然后利用相应的解码软件接收数据并还原为视频和音频图像,这种传输技术可以很大程度地降低电影数据的传输量,以便更多的用户看到网络电影。在网络上看电影的具体操作步骤如下:

① 打开 IE 浏览器,在地址栏中输入乐视网的网址 $http://www.letv.com/$,按回车键即可进入其首页。

② 在该页面中单击任意一个"影片"超链接,即可进行在线观看。

8.6.4　收发电子邮件

要收发电子邮件,首先要向 ISP 机构申请一个电子邮箱,然后才可以使用邮箱密码登录邮箱。ISP 提供的邮箱既有收费邮箱,也有免费邮箱。收费邮箱的容量大、安全性强和服务较好;免费邮箱容量和服务相对较少,但可以满足普通用户的需求。

(1) 申请免费邮箱

在使用免费邮箱之前,必须先申请一个免费邮箱,其具体操作步骤如下:

① 打开浏览器,在地址栏中输入网址 $http://www.126.com$,进入 126

邮箱的主页,如图 8-53 所示。

② 单击"注册 3G 免费邮箱"按钮,即可进入用户注册页面,输入有关信息,就可以申请一个免费邮箱,如图 8-54 所示。

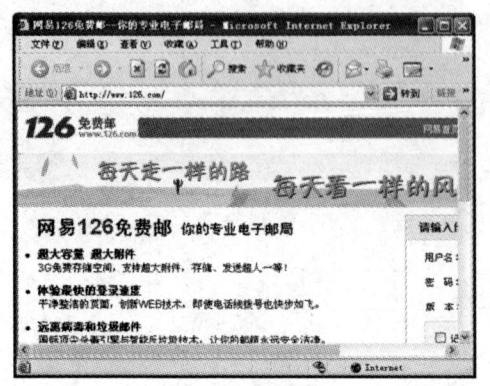 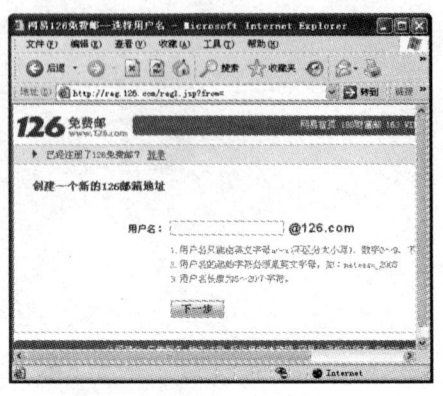

图 8-53　邮箱的主页　　　　　　　　图 8-54　用户注册页面

（2）登录邮箱

在登录界面输入用户名及其密码信息,登录到邮箱,如图 8-55 所示。

图 8-55　邮箱登录界面

（3）接收和阅读邮件

在电子邮箱页面中单击"收件箱"按钮,打开收件箱,在收件箱的主题列表中单击相关的信件名称,即可打开信件内容进行阅读,如图 8-56 所示。

第 8 章　Internet 应用

图 8-56　接收和阅读邮件

(4) 创建和发送邮件

在电子邮箱页面左边的功能列表框中单击"写信"按钮,打开发件箱。在"收件人"文本框中输入收件人的电子邮箱地址;在"主题"文本框中输入该信件的主题;在"主题"下边的文本框中输入信件内容,单击"发送"按钮,即可发送邮件。如图 8-57 所示。

图 8-57　创建和发送邮件

8.6.5　网络即时通信

"腾讯 QQ"现在是国内最为流行的娱乐工具之一,用户可以使用电脑或手机等终端设备通过 Internet、移动与固定通信网络进行实时交流。

(1) 申请号码

申请 QQ 号码的具体操作步骤如下。

① 双击桌面上的"腾讯 QQ"快捷方式图标,打开"QQ 用户登录"窗口,如图 8-58 所示。

② 单击"注册账号"超链接,打开"注册号码"窗口,如图 8-59 所示。

 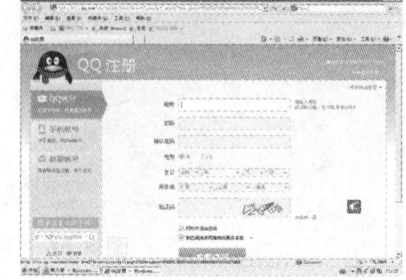

图 8-58　"QQ 用户登录"窗口　　　　图 8-59　"注册号码"窗口

③ 在该网页中仔细填写用户资料,填写完毕后,单击"下一步"按钮,打开如图 8-60 所示短信验证窗口。

图 8-60　短信验证窗口

④ 填写手机号码发送短信,然后单击"下一步"按钮,弹出如图 8-61 所示的申请成功网页,该网页中间的绿色号码即为申请到的 QQ 号。

图 8-61　申请成功网页

(2) 登录

双击桌面上的"腾讯 QQ"快捷方式图标,打开"QQ 用户登录"界面,输入

QQ 号码和密码,单击"登录"按钮,登录后会打开 QQ 好友界面,如图 8-62 所示。

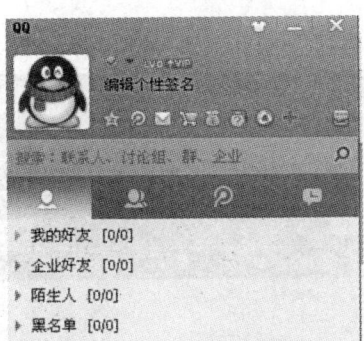

图 8-62 好友界面

① 单击 QQ 界面下方的"查找"按钮,打开如图 8-63 所示的窗口。

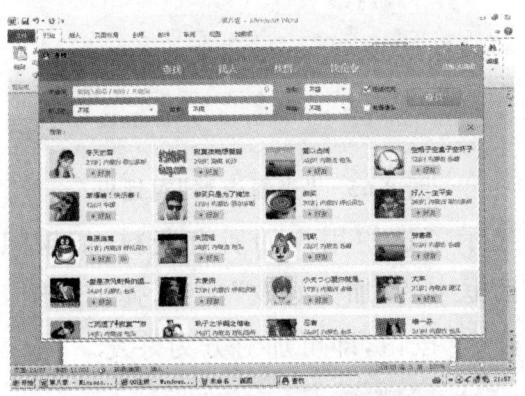

图 8-63 查找好友

② 如果不知道对方的 QQ 号码或者昵称,那就只能利用"看谁在线上"的方式进行查找,输入有关信息,单击"查找"按钮后弹出如图 8-64 所示的对话框。

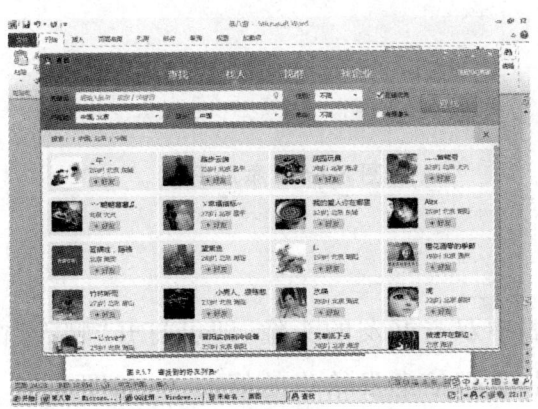

图 8-64 查找到的好友列表

③ 该对话框中的好友列表框列出了当前在线的所有 QQ 用户的号码、昵称和所在地,用鼠标双击一个用户后,即可弹出"查看资料"对话框,如图 8-65 所示。

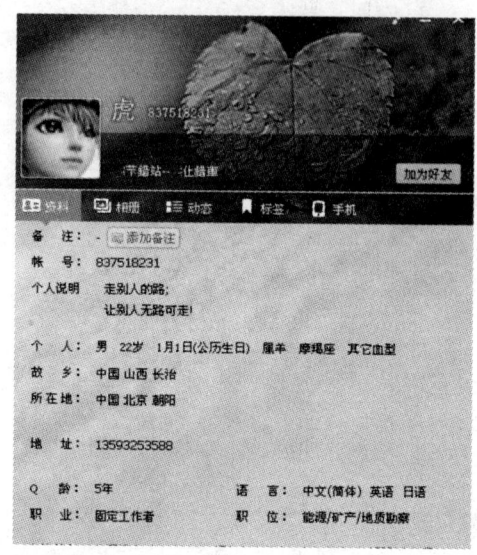

图 8-65 "查看资料"对话框

④ 该对话框中显示了选中用户的所有资料,如果想将该用户添加为好友,就可以单击该对话框中的"加为好友"按钮,弹出如图 8-66 所示的对话框,单击该对话框中的"确定"按钮,即可加对方为好友。

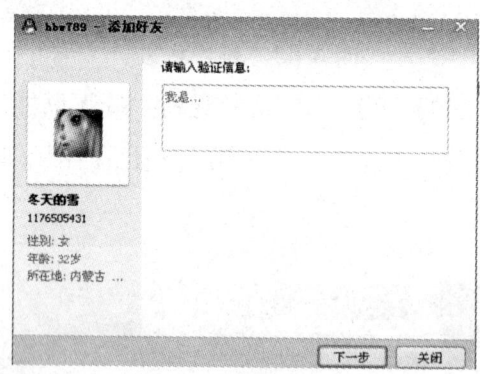

图 8-66 添加好友

(3) 聊天

在 QQ 好友列表中双击好友的头像,即可打开"聊天"窗口,在窗口输入信息,单击"发送"按钮,就把信息发给你的好友了,如图 8-67 所示。

① 在聊天时单击"视频"按钮,在有摄像头的情况下可邀请好友进行视频

聊天,这样不仅可以听到对方的声音,还可以看到对方。

② 单击"文件传输"按钮,可以和好友进行文件传输,可以在聊天时给好友发送表情、图片等。

③ 单击"表情"按钮,在弹出的"表情"列表框中选择表情,选择后单击"发送"按钮即可将其发送给对方。

图 8-67 "聊天"窗口

§8.7 实例演练

搜索网页,了解有关"月球车"图片信息,操作步骤如下。

(1) 选择"开始"→"程序"→"Internet Explorer"命令,启动 IE 浏览器。

(2) 在浏览器的"地址栏"中输入"$http://www.baidu.com$",按回车键,打开百度主页,如图 8-68 所示。

(3) 单击"图片"超链接,打开百度图片搜索页面,如图 8-69 所示。

图 8-68 百度主页

图 8-69 图片搜索页面

（4）在文本框中输入文本"月球车"，单击"百度搜索"按钮，即可打开搜索到的月球车页面，如图 8-70 所示。

（5）在该页面中单击需要的图片，即可打开相应的图片，如图 8-71 所示。

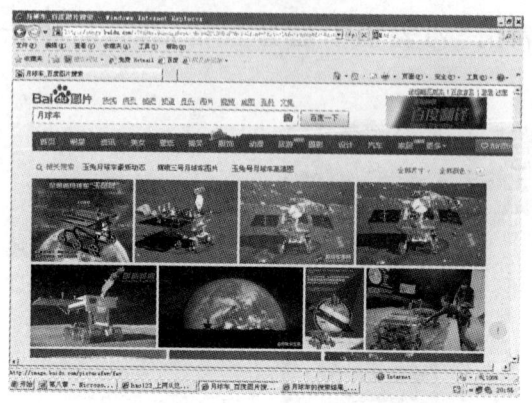
图 8-70　月球车页面

图 8-71　月球车登月着陆页面

复习题

1. _____是因特网上的信息实时发布系统,通过它可以发布各种信息。
   A. 电子邮件 B. 新闻组
   C. 电子公告板 D. WWW
2. 下面选项中,不属于计算机网络基本功能的是_____。
   A. 资源共享 B. 数据传递
   C. 提高工作可靠性 D. 收发传真
3. 下面选项中,属于 C 类 IP 地址的是_____。
   A. 0.255.255.255 B. 126.255.255.255
   C. 191.255.255.255 D. 192.255.255.255
4. Internet 提供的众多服务中,人们最常用的是在 Internet 各站点之间漫游,浏览文本、图形、声音等各种信息,这项服务为_____。
   A. 电子邮件 B. WWW
   C. 文件传输 D. 网络新闻组
5. Internet 是一个相当复杂的巨型_____,是由世界范围内的成千上万台计算机组成的一个巨大的_____。
6. Internet 采用 TCP/IP 协议进行_____。TCP/IP 协议由_____(TCP)和_____(IP)组成。
7. 域名中,第一级域名通常表示_____,第二、三级是子域,第四级是_____。
8. Internet 通过_____协议进行数据传输。
9. IP 地址分为两部分,第一个部分是_____,第二个部分是_____。
10. WWW 又称_____或_____,是指在 Internet 上以超文本为基础形成的信息网。
11. 简述 Internet 上常用的服务项目。
12. 上机操作题:
    (1) 使用 Internet Explorer 浏览器访问新浪网(www.sina.com)。
    (2) 将 http://www.chinaren.com 设置为主页。
    (3) 申请一个免费邮箱,给朋友发一封邮件。

（4）把 ftp 站点 ftp://ftp.microsoft.com 文件夹 MISC 中的 CBCP.TXT 下载到自己的学号姓名文件夹中。

（5）将济源职业技术学院网站（http://www.jyvfc.com）设置为 IE 主页，清除历史记录。

（6）访问自己学校的网站，查找自己所学专业方面的信息，将其中一篇文章的文字资料保存到自己的学号姓名文件夹中，文件名是"专业介绍.txt"。